편편상

마해송 전집 8 수필집
편편상

초판 1쇄 2015년 4월 24일

지은이 마해송
펴낸이 주일우
펴낸곳 ㈜문학과지성사
등록번호 제1993-000098호
주소 121-894 서울 마포구 잔다리로7길 18(서교동 377-20) 문지빌딩
전화 02)338-7224
팩스 02)323-4180(편집) 02)338-7221(영업)
전자우편 moonji@moonji.com
홈페이지 www.moonji.com

ⓒ 문학과지성사, 2015. Printed in Seoul, Korea

ISBN 978-89-320-2744-9
ISBN 978-89-320-2412-7(세트)

이 책의 판권은 지은이와 ㈜문학과지성사에 있습니다.
양측의 서면 동의 없는 무단 전재 및 복제를 금합니다.

이 도서의 국립중앙도서관 출판예정도서목록(CIP)은 서지정보유통지원시스템 홈페이지(http://seoji.nl.go.kr)와 국가자료공동목록시스템(http://www.nl.go.kr/kolisnet)에서 이용하실 수 있습니다.(CIP제어번호: CIP2015010556)

마해송 전집 8 수필집

편편상

문학과지성사
2015

서문

마해송 전집을 펴내면서

　마해송 선생이 세상에 태어난 것은 1905년, 우리나라에 개화의 물결이 밀려오기 시작할 무렵이었다. 가부장제의 완고한 가풍 속에서 자라난 그는 불과 열세 살 나이에 부친의 강요로 결혼을 한다. 하지만 안정을 찾지 못하고 방황하던 중, 열다섯 살 때 기차에서 만난 네 살 연상의 초등학교 여교사와 사랑에 빠진다. 그때 마해송은 고향인 개성을 떠나 서울에서 유학 생활을 하고 있었던 것이다. 그러나 부모 몰래 한 사랑이 아름다운 결실을 맺을 수는 없었다. 이 일로 인하여 그는 일본 유학 중 고향에 불려 와 가택 연금까지 당하는 수모를 겪는다. 개화기 신문물에 일찍 눈뜬 조숙한 소년이 불합리한 인습의 굴레에서 벗어나려고 몸부림친 모습을 역력히 볼 수 있다.

　그가 열여덟 어린 나이에 '조선소년단'을 조직(1922년)하여 순회 공연을 다니면서 동화 구연을 하고, 생애 후반기에는 '대한민국어린이헌장'을 기초(1957년)하여 정부로 하여금 반포하게 하는 등 아동 인권 회복 운동에 깊이 간여하게 된 것도 자신이 어린 시절에 겪은 마음의 상처가 너무나 컸기 때문일 것이다. 그는 청년 시절 일본에서 식민지 지식인이라는 약점을 극복하고 유명 잡지의 명편집자로, 그리고 발행인으로 명성을 떨치기도 했다. 그러나 해방 7개월 전 모든 것을 훌훌 털어 버리고 고향인 개성으로 돌아와 1966년 만 61세로 세상을 떠나기까지 오로지 문필에만 전념한 1세대 아동문학가요 수필가였다.

마해송 선생이 한국 아동문학 개척에 기여한 공로는 참으로 크다. 우리나라의 아동문학이 아직 전래동화 개작 수준에 머물러 있던 1920년대 초반, 그는 작가의 개성과 문학성이 강하게 표출된 새로운 동화를 발표하여 이 땅에 창작동화의 길을 열어 놓았다. 지금도 널리 읽히는 「바위나리와 아기별」 「어머님의 선물」이 당시에 발표된 한국 최초의 창작동화로 자리매김되고 있다.

이후 일제 강점기와 광복, 그리고 6·25전쟁과 4·19혁명으로 이어지는 험난한 시대를 살아오면서 그는 수많은 단편과 중·장편동화, 아동소설을 발표하여 읽을거리가 별로 없던 그 시절 어린이들에게 꿈과 희망을 심어 주었다.

그의 작품 세계는 워낙 다양하여 한마디로 말할 수 없으나 한 가지 분명한 사실은 언제나 시대와 현실에 맞서 불의와 모순에 저항하는 자세로 창작에 임해 왔다는 것이다. 일제의 침략과 폭정을 고발한 「토끼와 원숭이」가 그렇고, 광복기 강대국들의 횡포와 경제 침

탈을 풍자한 「떡배 단배」가 그러하며, 자유당 독재 정권의 몰락을 예고한 「꽃씨와 눈사람」이 그러하다. 그 밖에, 6·25전쟁 이후의 가난한 사회상을 배경으로 한 『모래알 고금』 『앙그리께』 등 여러 작품에서도 부패한 권력과 부정을 일삼는 무리들에 대해 준엄한 비판을 서슴지 않았다.

이러한 창작 활동을 통해 그가 독자에게 전하고자 한 메시지는 남의 힘에 의지하지 않고 스스로 주체성을 살려 나갈 때 나라와 사회가 바로 선다는 교훈이었다. 오늘날처럼 세계가 자기 나라의 이익을 위해 치열한 경쟁을 벌이는 시대에 그의 동화가 전하는 교훈은 지금도 되새겨 보아야 할 귀중한 정신이라고 하지 않을 수 없다.

수필문학에서도 마해송 선생이 남긴 자기 고백과 시대 증언적 기록의 가치는 매우 높다. 그의 수필은 크게 세 부류로 나누어 볼 수 있는데 첫째가 자서전적 수필이요, 둘째가 『편편상(片片想)』으로 대변되는 단평 형식의 수필이며, 셋째가 식도락과 고향 산수에 대한 예찬 격의 수필이다.

그가 여교사 '순'으로부터 받은 사랑의 편지와 일기를 인용하며 애끓는 순애의 심정을 토로한 『역군은(亦君恩)』이나, 유·소년기 고향에서의 추억과 가톨릭에 귀의하게 된 사연을 술회한 『아름다운 새벽』은 한 인간이 정신적으로 자기완성을 이루어 가는 모습을 보여 주고 있어 흥미롭거니와, 가히 자전적 수필의 전범으로 삼아도 좋을 만큼 내용이 솔직하고 핍진하다. 이들 수필집 속에는 뒷날 동화 창작의 배경이 되는 일화도 들어 있고, 지금은 사라진 1920~30

년대의 무속과 그 시대 사람들의 생활 모습이 자세히 그려져 있어 그의 문학 세계나 당시의 풍습을 이해하는 데에도 큰 도움이 된다.

그의 트레이드 마크가 되다시피 한 『편편상』은 주로 1940년대 후반 『자유신문』에 연재했던 시사 칼럼으로, 선생의 저널리스트적인 시각이 번뜩이는 글이다. 길이는 짤막짤막하지만 이 글들 역시 대한민국 정부 수립 전후 시기 우리 사회의 단면과 당대의 이슈가 무엇이었던가를 살피는 데 좋은 자료가 될 것이다.

그가 고향의 음식과 산수를 그리워하며 쓴 여러 편의 수필과, 국내외 각지의 술 품평을 한 글들은 오늘날 신문이나 방송에서 특집으로 꾸미는 '맛 기행' '내 고장 자랑'과 같은 기사나 프로그램의 원조 격이 되는 글로서, 담백한 문체 속에 동서고금의 지혜와 선생 특유의 풍류와 멋이 녹아들어 있어 읽을수록 뒷맛이 당기는 명편들이다.

이렇듯 마해송 선생이 한국의 아동문학과 수필문학 발전에 기여한 공로가 크건만 그동안 그의 문학에 대한 연구가 제대로 이루어지지 않은 것은 유감스러운 일이 아닐 수 없다. 더구나 세월이 흐르면서 그의 작품집 대부분이 절판되는 바람에 이제는 도서관에나 가야 찾아볼 수 있는 형편이 되었다.

이를 안타깝게 생각한 (주)문학과지성사는 선생의 탄생 100주년이 되는 2005년에 일차로 '마해송문학상'을 제정·시행해 오면서, 그 여력을 몰아 2011년에는 '마해송 전집' 편집위원회를 구성하고 도서관과 옛 신문 잡지를 뒤져 그의 전 작품을 찾아내는 작업을 벌여 왔다. 그 노력이 헛되지 않아 지금은 제목만 전하고 실체를 알 수 없던 동화와 수필을 여러 편 발굴하는 실적을 올렸다. 그것을 앞에 놓고 다시 고증과 편집 방향을 논의하는 토론을 수차례 거듭한 끝에 비로소 2년 만에 첫 출간을 보게 되어 편집위원회로서도 감회가 깊다.

이 전집의 특색이라면 첫째, 이제까지 찾아낼 수 있는 모든 작품을 한자리에 모아 독자가 손쉽게 감상할 수 있도록 집대성했다는 점이다. 선생 생전이나 사후에 한 번도 이런 작업이 이루어지지 않았다는 점에서 문학사적으로도 의의가 크다고 하겠다. 둘째, 개별 작품마다 최초 발표 연대와 출처를 밝히고 따로 배경 설명이 필요한 작품에는 각주를 달아 사료적 가치를 높였다는 점이다. 이것은 마해송 문학을 연구하는 후학들에게 작으나마 도움이 될 것이다.

오랜 세월 동안 여러 신문과 잡지에 산재되어 있던 글을 모아 처음으로 체계를 잡다 보니 혹시 이번 전집에 오류가 있거나 미처 찾아내지 못한 작품이 새로 발견되는 경우가 생길지도 모르겠다. 앞으로 판을 거듭하면서 잘못되거나 빠진 부분은 계속 수정·보완해 나갈 것을 약속드리며, 모쪼록 이 전집을 보다 많은 독자와 연구자들이 읽어 한국의 아동문학과 수필문학을 한 단계 끌어올리는 디딤돌로 삼아 주기 바란다.

전집이 햇빛을 보는 데는 많은 분들의 도움이 있었다. 유족인 마종기 시인은 소중히 보관해 오던 부친의 유품과 서지 자료 일체를 국립어린이청소년도서관에 기증해 주셨고, 도서관에서는 편집위원회의 열람과 복사·촬영 등 자료 수집 활동에 아낌없는 편의를 제공해 주었다. 또한 마해송 선생을 생전에 가까이 모셨던 문학평론가 김주연 선생은 수시로 자문에 응해 주셨고, ㈜문학과지성사는 제작 일체를 뒷받침해 주셨으며, '문지아이들'의 문지현 씨는 원고 정리와 교정 등 온갖 궂은일을 도맡아 진행했다. 그 밖에, 기초 자료를 제공해 주신 아동문학가 김영훈 선생과 음양으로 도움을 주신 분들께도 이 자리를 빌려 두루 고마운 인사를 드리며, 끝으로 선생의 인품을 한눈에 볼 수 있는 유언을 덧붙이는 것으로 서문을 장식하려고 한다.

    공부도 재주도 덕도 부족한 몸으로 외롭단 인생을 외롭지 않게 제법 흐뭇하게 살고 가게 해 주신 여러분께 감사합니다.
    아껴 주신 여러분 댁내 만복을 빕니다.

— 마해송

편집위원을 대표하여
조대현
(아동문학 편집위원: 조대현, 이재복, 김영순, 김지은)
(수필집 편집위원: 우찬제, 이광호, 원종국)

차례

서문 마해송 전집을 펴내면서 / 조대현 4

역군은(亦君恩) 15

편편상(片片想)
유치원의 위기 119
유아 의자 122
소학생과 소제(掃除) 124
고무신·운동화 126
속·고무신 127
발언 상식 128
푸라나간 신부 129
오자키(尾崎) 노파 130
문맹(文盲)의 양성(養成) 133
상용한자 135

중학생의 과부족 136
국제적인 연령 138
사십 노경(老鏡) 140
몽양(夢陽) 영결(永訣) 142
연료와 정치 145
조선 살림 147
주부 149
사랑방 151
수사(修辭) 변천 153
엄마 생각 155
울음 158
파리 뜬 맥주 160
옷 162

속·옷	164	조선을 사랑하자	183
달팽이	166	정밀(靜謐)	185
최촉(催促)	168	향수	187
자부	169	편편상(片片想)	193
원숭이	170	어린이날과 소파(小波)	197
재언(再言)	171	가난한 조선 어린이	200
아동과 미신	172		
목욕	173	**속 편편상(續 片片想)**	
아동·인간·위대	174	별천지(別天地)	207
나	175	제사	209
후지미(富士見) 고원에서	176	부자·형제	211
방정환 군	178	저작권	213
토끼와 원숭이	181	선심(善心) 반욕(反辱)	215

미용 강좌 217	친할 수 있는 사람 250
과학성 219	주검 253
복잡성 221	구박 받는 문명 256
혼상 난장(婚喪亂場) 223	신화 유죄 258
문화 226	저승 문답 261
부랑자 228	손오공 264
검소와 불결 230	회한 266
재수 없는 날 232	전차와 단장(短杖) 268
비평가 235	차관(借款) 270
노예성 237	그르친 청춘 272
염판 239	과세(過歲) 274
생활의 설계 241	젊은이 노래 276
땡추 중 243	지폐 홍수 278
기업성 245	술·담배 282
미친 기차 247	자주성의 상실 284

면자(面子)·몰유법자(沒有法子)　286
선배·후배　288
한글 반포 오백한 돌날에　290
어린이날을 위하여　294
『편편상』에 대한 비평　298

사회와 인생

어린 날의 회상　305
거리　329
물 한 통　332
고개　335
독서수처정토(讀書隨處淨土)　338
너를 때리고　343

후기　349

미발간 수필

마음의 극장　353
재하방(在何方)　394
양심적(良心的)　398
언론의 자유　400
올림픽과 인민　403
신문의 자유　405
한글날과 한자(漢字)　407
빈람(貧婪)　410
암속도(闇速度)　413

해설 '아기별'을 위한 이야기와 '바위나리' 산문정신／우찬제　415

일러두기

1. 문학과지성사판 『마해송 전집』은 장편동화, 중·단편동화, 동극, 노래가사, 수필 그리고 작가가 발표했으나 단행본으로 발간되지 않은 작품과 미완성작 등을 모두 엮었다.
2. 『마해송 전집』은 작가 생존 시 마지막으로 출판된 단행본을 저본으로 삼았으며, 단행본으로 묶이지 않은 작품은 최초 게재지에 수록된 것을 저본으로 삼았다.
3. 전집의 작품은 장편동화의 경우 최초 발표 연대를, 중·단편동화의 경우 게재지에 처음 발표된 시점을 기준으로 삼아 발표된 순서대로 수록하였으며, 각 작품 말미에 발표 연도와 출처를 밝혀 놓았다.
4. 이 책의 맞춤법은 국립국어연구원의 '한글 맞춤법'에 따르는 것을 원칙으로 하되, 띄어쓰기의 경우 본사의 내부 규정을 따랐다. 단, 작품의 분위기에 영향을 준다고 판단되는 방언이나 구어체 표현·의성어·의태어 등은 작가의 집필 의도를 살려 그대로 두었다(괄호 안: 현행 맞춤법 표기).
   예) ① 의성어·의태어: 허위적허위적(허우적허우적), 꼬기닥거리다(꼬꼬댁거리다)
   ② 형용사·부사: 연해(연달아), 느럭해지다(헐렁해지다), 노랑노랑하다(노릇노릇하다), 움쩟(움칫), 거진(거의), 저으기(적이), 그닥(그다지), 콜콜이(시시콜콜히)
   ③ 기타: 배암(뱀), 위죽거리다(뒤룩거리다)
5. 이 책의 외래어 표기는 국립국어연구원의 '외래어 표기법'에 따라 바꾸었다. 단, 작품의 제목이나 중요한 어휘로 등장하는 경우에는 원본을 그대로 살렸다.
   예) ①후라이(프라이), 침판찌(침팬지) ②레지('종업원'으로 순화)
6. 이 책에 쓰인 문장부호의 경우 단편, 논문, 예술 작품(영화, 그림, 음악)은 「 」으로, 단행본 및 잡지, 시리즈 명 등은 『 』으로 표시하였다. 대화나 직접 인용은 큰따옴표(" ")와 줄표(―)로, 강조나 간접 인용의 경우 작은따옴표(' ')로 묶었다.
7. 마해송 작가 연보는 전집 마지막 권에 수록한다. 전집의 편제는 단편집, 중편집, 장편동화, 수필집 등이다.

역군은(亦君恩)

강호(江湖)에 봄이 드니 미친 흥이 절로 난다
탁료(濁醪) 계변(溪邊)에 금린어(錦鱗魚) 안주 삼고
이 몸이 한가하옴도 역군은(亦君恩)이샷다.

강호에 여름이 드니 초당(草堂)에 일이 없다
유신(有信)한 강파(江波)는 보내느니 바람이라
이 몸이 서늘하옴도 역군은이샷다.

강호에 가을이 드니 고기마다 살지것다
소정(小艇)에 그믈 실어 흘리 띄워 던져두고
이 몸이 소일(消日)하옴도 역군은이샷다.

강호에 겨울이 드니 눈 기피 자이 남다
삿갓 비껴 쓰고 누역으로 옷을 삼아
이 몸이 춥지 아님도 역군은이샷다.

● 원문 출처: 『역군은』(일본 애암사, 1941)

내 나이 열두 살 되던 해 4월 초열홀에 나는 장가를 들었습니다.

해가 질락 말락 한 석양 때 사인교(四人轎)를 타고 개성 장안 큰 길 거리를 나직이 보면서 수십 인의 행차로 쉬이쉬이 소리를 치면서 북부 행길 김 씨네 집으로 들어가서 초례상(醮禮床) 앞에 섰을 때는 무슨 영문인지도 모르면서 그래도 대번 무슨 어른이나 된 것같이 또 훌륭한 사람이나 된 것같이 생각이 되었습니다.

좋은 옷을 여러 차례 갈아입고 두세 번 왔다 갔다 하다가 밤도 늦어 김 씨네 집 안방에서 첫날밤을 지내게 되었습니다.

신부도 열두 살, 학교에도 다니지 않은 규중처녀(閨中處女), 눈을 꼭 감고 있으니 살도 오르지 않은 뺨 모진 턱이 어떻게 보면 좀 무섭게도 보였습니다. 저고리를 벗기면서 혹이나 소리나 지르지 않을까 겁이 났습니다.

그날 밤에 꿈을 꾸었습니다.

내가 감기가 들어서 안방에 누워 있는데 보기에도 무서운 새 한 마리가 날아오더니 대문으로 들어옵니다. 대문에서 중문까지 깡충깡충 뛰어 들어옵니다. 그 새가 점점 들어와 안방 마루까지 오면 내가 죽는다는 것입니다. 땀을 뻘뻘 흘리면서 새만 보고 있습니다. 중문 턱에 깡충 뛰어올랐습니다.

이러한 꿈을 꾸고 놀라서 잠을 깨었습니다. 땀이 흘러서 속옷을 적시었습니다. 방이 몹시 덥고, 서너 번 왔다 갔다 하는 바람에 몸도 피곤하고, 또 세상에 처음 여자와 한 이불에서 잔 까닭이었겠지요.

한 사날은 잔치와 왔다 갔다 하기가 계속되고, 교복이 있으면서 나는 장가갔다는 명목으로 비단옷을 입고 등교한 일이 있었습니다.

그 후에 며칠 만에 한 번씩 김 씨가 고운 옷을 입고 집으로 오는 일이 있었습니다.

몇 달 만에 한 번 얼굴이 마주친 적이 있었습니다. 그 얼굴! 그 얼굴을 보매 번개같이 꿈 생각이 났습니다.

그 사람은 미인이외다.

나는 이것을 써두고 싶습니다. 미인이외다. 무서운 얼굴이 아니요 어여쁜 얼굴이요, 사람의 생김도 좋은 사람이었습니다. 그러므로 내가 그때 번개같이 보고 그때부터 그 연상을 잊을 수 없이 된 것이 결코 그 사람의 탓이 아니요, 또 나의 탓이 아니리라고 생각합니다. 열두 살 먹은 어린애! 남녀, 또 사랑 부부…… 그러한 것을 모르는 때에 이런 큰 사실에 직면한 까닭에 무서운 생각이 먼저 든 것이 아닐까 하고 생각합니다.

공연한 사람 어여쁜 남의 집 규중처녀를 데려다놓고 의미 없이 보기 싫어하며 지낸 지 이태가 되었습니다.

그때 나는 개성서 학교를 마치고 경성에 유학을 할 때였습니다. 토요일에 귀향하고 월요일 새벽에 상경하는 동안에 기차 속에서 가끔 만나는 한 여자를 사랑하게 되었습니다.

우리 남학생들 사이에 화제를 혼자 독점한 미인이었습니다.

개성으로부터 둘째 정거장쯤 되는 시골 보통학교 선생이란 말과, 개성 우리 집으로부터 그리 멀지 않은 곳에 살고, 그러니 아마 우리 누님과 학교가 같았을 것이라는 소문이었습니다.

서울 있으면 그 사람을 보고 싶은 마음이 연해 나고, 마음속에 그의 얼굴을 그리고, 토요일이 되면 그 사람이 탈 만한 시간을 맞춰서 기차를 타고, 그 사람이 타면 멀리서 그의 얼굴 그의 일거일동을 엿보고 만족하고……

*

결혼한 김 씨와는 사랑을 느낄 사이도 없고 부부가 되었다는 자각조차 없이, 이 여선생 이 씨로 말미암아 나는 인생에 눈을 뜨게 되었고 사랑이란 것을 느끼게도 되었으나, 이 씨 역시 이미 결혼한 사람이었습니다.

내가 김 씨를 노방(路傍)의 사람으로 생각한 것과 같이 이 씨 역시 그의 결혼한 남자와 결혼하자마자 별거하고 지낸 지 서너 해가 되어, 그때는 개성 본가에서 학교 교원을 지내던 터였습니다.

편지를 주고받고, 내가 일부러 기차 통학을 하고, 저녁 여덟 시에 내려서 정거장 앞 공원을 산책하고, 그러한 생활을 계속하는 가운데 혹여 집에 머물러 있게 되면 가끔 와 있는 김 씨가 보기 싫고, 그러나 김 씨—아무것도 모르는 김 씨를 싫어하는 자기 자신이 마음에 싫고 밉게도 생각이 되었습니다.

김 씨에게 무슨 죄가 있으랴! 내가 보기 싫어한대도 그 사람의 탓이 아니요, 연분이 없다는…… 그러한 일이 아니랴. 혹여 장래까지도 우리들이 의합이 되지 못한다 하면…… 무서운 일이다. 혹여 이혼이란 문제가 일어난다면……

이렇게 생각하매, 학교에도 다니지 않고 규중에서 자라난 고운 색시의 설움이 얼마나 클까? 혹여 학교에나 다니고 바깥사람들과도 접촉이 있고 세상일도 좀 알고 난다면 행여 약간의 이해가 생기지나 않을까……

나는 그렇게 생각하고 급기야 서울 있는 동안에 김 씨의 부친, 나의 악부(岳父)에게 장문의 상백서(上白書)를 올리게 되었습니다.

─지금 세상에 교육이 없어서는 안 되겠습니다. 수년 동안 학교에 입학시켜 공부를 하게 해주십시오.

이러한 의미의 길고 긴 서장은 마침내 악부의 격찬을 받게 되었고, 오고 가는 사람들에게,

"내 사위 편지! 훌륭한 글! 자기가 공부를 하니까 여편네에게도 공부를 시켜달란 말야! 그럴듯한 말이지!"

악부 씨도 기뻐하며 김 씨를 학교에 들여보내게 되었습니다.

(『여성』 1939년 7월)

내가 그러한 소견으로 김 씨를 공부시키는 줄을 모르는 우리 집, 또 김 씨네 집에서는 신랑이 얌전하고 신랑이 기특하다고 칭찬들을 했다고 합니다.

김 씨는 나이 열다섯에 보통학교(정도의 여학교) 1년에 들어 부끄

럼을 무릅쓰고 공부를 했습니다. 얼마 안 돼서 김 씨는 학교에서도 이름이 났습니다. 성적도 좋거니와 그의 자수(刺繡)는 학교를 대표하는 작품으로 출품되는 일도 있었습니다. 그러나 이런 소식을 들어도 김 씨를 다시 인식한다거나 귀엽게 생각할 도리가 있으리까. 나의 머리 나의 가슴에는 이 씨가 꽉 들어찼던 것이외다.

중앙학교(中央學校) 2년을 마칠 때 학교에는 큰일이 일어났습니다. 신학기부터 교원 자격 문제로, 그때까지 오랫동안 교편을 잡고 있던 우리들이 존경하는 칠팔 인의 선생이 일제히 그만두시게 된다는 소문이 교정에 퍼졌습니다. 그리고 소위 자격이 있다는 고등사범 출신의 새 선생이 바뀌어 들어온다는 것이었습니다.

기미년(己未年) 다음 다음 해.

교정 이 구석 저 구석에 한 떼씩 모여서 수군수군하는 것은 '우리들은 절대 반대다. 학교를 그만두자.' 그러한 의견이었습니다. 그 바람에 나도 몇 사람들과 같이 학교를 전학하게 되었습니다. 보성학교(普成學校) 3학년에.

그해 봄철이었을까. 이 씨가 개성에 있는 학교로 전임(轉任)이 되고, 그 학교 수학여행단이 다른 선생 인솔하에 경성을 왔다가 돌아가는 기차 속에서 만나, 이 선생이 없을망정 그의 학교 그의 생도(生徒)를 만나서 반가워한 일이 있습니다.

곱지 못한 한 여선생과 마주 앉게 되어 내지(內地) 사람이라 이런 이야기 저런 이야기 하는 동안에 이 선생 이야기도 나오게 되었습니다.

그러자 며칠 후에 이 씨로부터의 편지에,

—모(某) 선생이 '정답게 이야기하며 오는 바람에 기차 속이 몹시 즐거웠다'고 하더라. 그것이 부러워서 못 견디었다. 나도 한번 경성까지 갈 터이니 모 선생에게와 같이 친절히 해주시겠소?

이러한 의미의 편지를 받고 가슴이 두근거림을 어찌할 수 없었습니다. 즐겁기도 하고 겁도 나고……

어느 토요일 밤 '이'를 경성역에서 맞아 우리들은 용산까지 나가 한강을 산보하고 용산역 바로 앞에 있는 양식점 이층에서 저녁을 먹고, 다시 달 밝은 용산 거리를 한참 거닐다가 경성으로 들어와 종로, 가회동, 취운정(翠雲亭)까지 가게 되었습니다.

취운정 바로 못미처까지 갈 때, "겐마이(玄米) 빵! 겐마이 빵!" 하고 외치며 걸어가는 사람이 마침 학교 동급생임을 알아차렸을 때 가슴이 덜컥 내려앉았습니다.

갈돕회*원! 밤에 현미빵을 팔러 다니면서 고학(苦學)을 하는 사람과, 비단옷 입은 여자를 데리고 취운정을 산보하는 자기를 돌아볼 때, 문득 떠오르는 '불량(不良)'의 글자! 부끄럽기도 하고 미안한 마음도 일어나 얼른 주머니에서 돈을 얼마 끄집어내서 그의 포켓에 넣어주고 머리를 끄덕이고 지나간 일이 있습니다.

갑자기 머리가 무거워짐을 느끼며 산란(散亂)한 마음으로 취운정

---

* '갈돕'은 "갈한(추수한) 것을 서로 돕는다"는 의미. '갈돕회'는 1920년 6월 경성의 고학생 오십여 명이 '서로 도와 아무쪼록 공부를 계속하도록 하자'는 취지로 만든 상조단체이다.

을 걸어 풀숲을 찾아 계동 계산(桂山)까지 올라갔습니다.

  달은 낮과 같이 밝고, 이 집 저 집에서 등불이 안개 가운데 어렴풋이 보일 뿐이었습니다. 계산 턱 길이길이 큰 소나무 서넛이 있는 잔디 위에 내 봄 외투를 펴놓고, 그 위에 앉아서 나는 내 생각 그는 그 생각, 물끄러미 하늘만 쳐다보다가…… 내가 묵고 있는 하숙은 고향 사람이 경영하는 여관이요 또 한 방에 세 사람이나 같이 묵고 있으므로 하숙으로 데리고 갈 수도 없고, 이미 밤도 늦어서 다른 여관을 찾아가서 그 사람만 자게 한다는 것도 정다운 사람을 모처럼 만난 날 차마 안 되어서, 나만은 이대로 헤어지지 않고 하룻밤을 이 달 밝은 계산에서 지내고 싶었습니다. '이' 역(亦) 밤이 늦다든가 잠이 온다는 말은 한마디 없이 내가 가끔 보내준 서양소설 이야기, 또 고향 이야기가 차례차례 나왔습니다.

  그때 우리들이 읽은 소설이 괴테, 투르게네프, 하이네의 시(詩), 뮈세, 그러한 종류였습니다.
  한참 만에 주물럭주물럭 무엇을 끄집어내서 내게 넌지시 줍니다. 나는 조그마한 그것을 열어 보았습니다.
  은반지 한 개.
  하트 가운데 칠보(七寶)로 '물망초(勿忘草)'라 씌어 있는 고운 반지였습니다.
  "내게?"
  "……"
  눈으로 대답하던 그의 얼굴이 아직도 눈에 선합니다.

"물망초! 아서요?"

나는 그 이야기를 알고 있었습니다.

귀엽고 아름다운 여자가 바다에 흘러가는 아름다운 꽃 한 송이를 건지고 싶어 했다. 그때 남자가 그 꽃을 건지러 바다로 들어갔다. 꽃은 건졌으되 언덕으로 올라올 수가 없다. 점점 멀리 가면서 바다로 빠져 들어가면서 꽃을 높이높이 들며 '잊지 마시오. 잊지 마시오.' 그러한 독일의 옛날이야기.

그 반지를 세상에도 없이 귀하게 고맙게 받았습니다. '잊지 않지요. 잊지 않지요' 하고 마음속으로 몇 번이나 외면서……

서울 올라오느라고 며칠 전부터 이 반지를 생각하고 은방(銀房)에 주문을 하고…… 그것을 가지고 온 '이'가 비할 수 없이 아름답고 고맙고 사랑스러웠습니다.

하늘에는 달이 밝고, 내려다보면 납작납작한 기와집과 초가집 지붕만이 서로 맞붙어 있었습니다. 몇 개 안 되는 등불!

'저 가운데 싸움이 있고, 저 가운데 사랑이 있고, 저 가운데 미움이 있고, 저 가운데서 지금 바로 이 시간에도 몇 사람이 죽고 또 몇 생명이 새로 생겨나고……'

문득 이러한 생각이 나매, '내가 대체 어떠한 길을 걷고 있는가?' 이 생각 저 생각이 한꺼번에 떠올라 정신을 가다듬을 수가 없었습니다.

어느덧 달도 기울고 이 집 저 집 문 여는 소리가 나매, 우리들은 일어나 다리를 펴느라고 한참 동안 넓은 뜰을 거닐다가 산을 내려와 나의 하숙으로 들어갔습니다.

　밤에 안 들어오고 아침에 새벽에 여자를 데리고 들어오는 학생을 어떠한 눈으로 볼는지도 생각지 못하고 아무 소견 없이 하숙 문을 들어섰습니다.

　주인은 어떻게 보았는지 빈 방에 들어가게 하고 조반을 차려주었습니다. 지금 생각하면 도저히 생각조차 할 수 없는 부끄러운 일! 어떻게 그렇게 대담하고 당돌한 짓을 했는지…… 다만 우리들의 사이가 무엇보다도 고결하고 속세를 고려할 필요 없이 청아(淸雅)한 사이라고 생각한, 말하자면 철모르는 어린 사람이 서양문예(西洋文藝)에서 받은 해독이라고 볼 수밖에 없는 노릇이었습니다.

　낮 기차로 내려가는 그를 정거장에서 전송할 때, 그는 서소문을 돌아갈 때까지 차 밖으로 손을 흔들고 나는 홈에 단 혼자 서서 눈물조차 흘렸습니다.

(『여성』 1939년 8월)

　그해 여름.

　그때 서울에는 조선학생대회(朝鮮學生大會)라는 이상한 이름을 가진 각 중학교와 전문학교 학생들의 연합 단체가 있었습니다. 그 회가 연극단(演劇團)을 조직해 가지고 조선 각 지방을 순회하자는 계획을 세웠습니다. 나도 그 회 부회장이란 사람에게 '연극단의 한 사람이 되어달라'는 부탁을 받았습니다.

　나는 방학이 되자 고향에 돌아갔습니다.

집에서는 이미 색시 김 씨와 사이가 좋지 않은 것, 싫어하는 줄을 다 아신 까닭에 적지 아니 걱정을 하시던 터이라, 아버지께서 하루는 나를 부르셔서 여러 가지로 말씀을 해주신 적이 있습니다. 물론 그때가 처음이 아니요, 전에도 여러 번 듣던 말씀이지만, 그것을 여기 기록한다면 내가 그 후에 지은 「황조(黃鳥)」란 희곡에 있는 '부(父)'의 대사 몇 대목을 초록(抄錄)하면 될 것이니,

— 그뿐 아니라 너도 그런 말을 들었겠구나. 예로부터 칠거지악(七去之惡)이 없는 바엔 본처를 박대 못하는 법이요, 여자의 악담이란 5월에도 서리가 날린다. 육례(六禮)를 갖추어 결혼한 본처를 이혼한다면 그의 일생에 되는 일이 없단다.

— 내가 어렸을 때 황해 바다를 건너는데 풍랑이 어찌 심한지 선객들은 다들 죽는 줄 알고 울고만 있었다. 그때 사공들이 뛰어들어 오더니, '이 가운데 본처 박대한 사람이 있느냐'고 소리를 벽력같이 지르니까, 또 어떤 사람이 나오더니 저 사람이 그렇다고 하니까, 사공들이 와락 달려들어 막 때리고 물으니까, 과연 그러하다 소리가 나기 무섭게 갓과 망건을 벗겨서 바다에 던지더라. 그러니까 이상하게도 바람이 자고 파도도 아니 일어나더구나. 그때부터 나는 누구에게든지 그것만은 위하라고 한다.

이러한 '부'의 대사에 대하여 '아들'은,

— (묵묵[默默].)

— (한참 생각한다.)

— (점점 고개 숙인다.)

이러한 일이 계속되다가 혹 "그것은 미신이올시다"라고 소리를 지르는 일도 있고……

그와 마찬가지 미신의 소리라고 반대를 하면서도, 한편 어려서부터 듣던 이러한 이야기를 전부 부인할 수 없을 만치 미신의 교육이 나의 몸속에 가득 차 있었습니다.

그것을 '미신'이라고 타파하고 싶은 마음과, 그러나 그것을 완전히 져버리지 못하게 하는 약한 마음! 이러한 고민 가운데서 지내다가 서울 학생대회의 재촉을 받아 서울로 올라갔으나, 학생대회의 연극단은 '조선교육회'라는 늙은이들만이 모여 있는 단체의 반대로 이루지 못하고 반 달 동안이나 공연히 학생대회 집에서 맛없는 팥밥(그 집에서는 매일 팥밥)만 먹고 지냈습니다.

그해 겨울에 학교에서는 또 문제가 생겼습니다. 제2학기도 끝나려 하는 12월에 역시 선생이 많이 갈린다나, 혹은 싫다는 의미의 스트라이크가 일어나서, 우리들은 학교 동리 어느 절간 뜰에 모여 의논을 히고 다 시골로 내려가기로 결성이 되었습니다.

이렇게 가끔가끔 스트라이크가 일어나고 학교를 쉬게 되는 것이 그때 한 유행이었으니, 그것이 그때 사람들의 일생에 큰 영향을 주었을 것은 물론이려니와, 그렇기 때문에 학업을 소홀히 생각하게 되어 중지한 사람도 많았겠고, 굳은 의지로 이러한 장해를 물리치고 더 잘 공부한 훌륭한 사람도 있었을 것입니다.

나도 그것을 귀치않게 생각하고 '만날 스트라이크 바람에 어디 공부라고 할 수가 있나' 하는 이유와 가까이 지내던 동무들이 동경 유학을 하고 있는 것과, 또 색시가 싫고 이 씨를 사랑하는 일, 그것을 점점 세상 사람들이 알게 되어 가끔 말썽이 일어나게 되고, 또 동경만 가면 한 이태 동안에 배우고 싶은 것을 배울 것도 같아서 동경 유학을 가게 되었으니, 이것이 이때까지도 '중학교 하나 변변히 졸업 못했다'는 이력서를 짊어지게 된 까닭입니다. 그때 유행의 스트라이크가 내게 준 큰 선물이며 나의 인생의 한 큰 분기점이 된 것입니다.

각설. 나는 고향에 돌아가자 백씨(伯氏)에게 동경 유학하고 싶은 말을 올리매, 백씨는 그도 그럴듯하다 하시고 아버님께서 허락하시면 학비를 대주마 하시며 일변 아버님께 말씀까지 해주시니, 나에게는 일생 잊지 못할 큰 은인이십니다.

열여섯 살 때, 겨울 12월 24일. 개성을 떠날 때 동무 사오십 명과 형님들이 전송해주실 때 한 동무가 "이렇게 많이 전송을 나왔지만 꼭 한 사람 빠진 사람이 있네그려" 하고 몹시 웃는 사람이 있어 내 가슴이 선뜻한 일이 있었습니다. 이 씨는 벌써 나를 전송하러 서울로 올라가 있는 때문입니다.

어머님은 바다를 건너 먼 곳으로 간다고 눈물을 흘리시고, 아버님은 큰형의 호의를 받들어 잘 공부하라고 당부를 하시고 둘째 형님더러 서울까지 전송하고 오라고 하시었습니다.

서울에 내리자 둘째 형님은 다른 곳에 볼일을 보러 가시고, 나는 그때까지 묵고 있던 하숙으로 들어갔습니다. 둘째 형님은 다른 곳에서 주무시게 되고 나는 이 하숙집 건넌방이 두 간인데 그 아랫목 방에 이 씨와 같이 있게 되었습니다.

이 방에서 둘이 하룻밤을 지내자고 올라온 것이 아니요, 또 부른 것이 아니었건만, 만나면 헤어지기 싫고 이야기가 많고, 더구나 그날 이 씨가 꺼낸 이야기가 큰 문젯거리였으니 그 문제를 이야기하느라고 밤 가는 줄도 모르고 있었기 때문에, 이것이 후일에 큰일을 일으키게 되었습니다.

어떻게 된 방인지 장판으로 막았는데 벽에 구멍을 뚫어 전등 한 개가 윗방과의 사이 벽에 있어 이 두 간을 밝히고 있었던 것입니다. 그 저편 방에 역시 고향 사람으로 알 만한 사람이 있는 줄은 꿈에도 생각지 못하고, 우리들은 온 밤새도록 속살거리고 혹 필담을 하면서 이부자리도 방석도 없는 방에서 하룻밤을 꼬박 새웠습니다. 이 씨 역시 보통학교 선생으로 지내버림이 아깝고 한번은 동경에 가서 음악 공부를 하려고 학교에서 받은 월급은 거진 손을 안 대고 그대로 맡겨둔 것이 지금은 상당히 불었으니 공부를 갈 수 있고, 또 학생시절 친한 동무였던 사람이 동경에서 살림을 하고 있는데 이 씨더러 오라고 권고하므로 수월 안으로 동경을 가게 되겠다는 말이었습니다. 그러나 북경에 있는 동무가 더 친하고 늘 언니라고 부르던 사람이며, 북경이 동경보다는 돈이 덜 들 것이라고 하므로 북경을 갈까 동경을 갈까 망설이는 중이라는 것입니다.

"그럼 북경으로 가시구려."

"누가 북경 가구 싶다나요. 동경으로 가고 싶으니까 말이지요."

이러는 동안에 밖에는 눈이 펄펄 내려서 아침에는 댓 치나 쌓였습니다.

둘이서 아침 밥상을 받으려 할 때 형님이 마당에 들어오셨습니다. 어쩔 줄 모르고 있을 때 하숙 주인이 긴 담뱃대를 물고 나오더니,

"그 애는 지금 마악 상을 받은 길이니 자네는 하인 데리구 먼저 나가보게그려."

그렇게 말을 하니 나도 방문을 후닥탁 열고 나가서 마루에 우두커니 서 있을 수밖에 없었습니다.

그래서 형님은 하인에게 트렁크를 짊어지우고 먼저 정거장으로 나가시고, 나는 다시 방으로 들어가 밥상을 대했으나 둘이서 몇 술 떠먹지 못하고 그 집을 나와, 종로 네거리에서 나는 전차를 타고 이 씨는 눈이 쌓여서 은세계(銀世界)를 이룬 네거리에 서서 나를 전송하게 되었습니다.

함박눈이 쉴 새 없이 퍼억퍼억 쏟아지는 가운데 흰 두루마기를 입은 이 씨는 흐르는 눈물과 눈을 가리려는 눈과 머리털을 연해 치우며, 지나는 사람들이 보건 말건 손수건을 높이 들어 흔들고 있습니다. 나도 눈물이 핑 돌아 글썽글썽해지니 흩날리는 눈 가운데 그의 그림자조차 보이지 않았습니다.

*

전차는 눈이 너무 쌓여서 잘 가지를 못하고 시간은 점점 닥쳐오고…… 겨우 정거장에 닿았을 때는 개찰구를 마악 닫으려 할 때였

습니다.

　나는 표를 보일 사이도 없이 개찰구를 뛰어넘어서 옴쭉한 차에 올라타니 이리저리 허둥지둥하고 있던 하인이 트렁크를 얼른 찻간에 올려 놓아주며,

　"아, 어디 계실까요. 찾으러 가셨는데요."

하고 이리저리 형님을 찾으려 하나, 형님은 보이지 않고 기차는 벌써 정거장 밖까지 나왔습니다.

　자리도 정할 생각 없이 스텝에 놓인 트렁크 위에 걸터앉아서 쏟아지는 눈물을 어찌할 수 없었습니다.

　동경에 내리자 동무 김성(金星)의 소개로 YMCA에 기숙을 하게 되었습니다.

　YMCA에서 제일 처음 받은 편지는 묵직한 둘째 형님의 하서(下書)였습니다. 무어라 꾸지람을 하셔도 한마디 대답할 말도 없을 만치 죄를 지은 생각에 울렁거리는 가슴을 가라앉히며 방으로 들어가서 책상 앞에서 봉(封)을 떼었습니다.

　한 방에 두 사람씩 있게 되어 내 방에도 그때에 또 한 사람이 있었습니다. 나는 몇 줄을 읽어 내려가다가 눈물이 쏟아져 그 자리에서는 읽을 수가 없이 되었습니다. 그대로 아래층에 내려가 아무도 없는 곳을 찾아 부엌에 들어가서 아궁이 앞에 턱 주저앉아서 엉엉 울면서 편지를 다시 읽었습니다.

　정거장 앞에서 아무리 기다려도 오지를 않는구나. 기다리다 못

해 전차 정류장에 가서 기다려도 오지를 않고, 기차 떠날 시간은 되고, 다시 정거장으로 가보니 하인이 지금 떠났다고 하기에 얼른 개찰구까지 가보니 벌써 기차는 보이지 않고, 이를 어찌 할꼬, 그래도 한 번은 보아야 전송이 되지⋯⋯ 그만 눈물이 핑 돌아, 하인을 돌려보내고 혼자서 용산까지 가면 넉넉히 만나리라고 전차를 잡아타니, 눈은 쏟아지고 앞이 보이지를 않아 어쩌면 전차가 그렇게 느린지, 차 속에서 발만 구르고 있었다. 겨우 용산역 앞에 내려 허둥지둥 눈에 파묻히는 발을 터덜럭거리면서 정거장으로 들어가니, 아아, 어찌할 손 기차는 벌써 떠나고, 아무것도 보이지 않는구나. 서울까지 전송을 왔다가 떠나는 네 얼굴도 못 보고 돌아가서 아버님과 어머님께 무어라고 말씀을 사려야 할 것이냐. 아아, 어찌하면 이렇게도 무정하단 말이냐. 하도 어이가 없어 아무도 없는 그 자리에 서서 한참 동안 흐르는 눈물을 정지할 수가 없었다.

그 다음에 받은 것은 편지가 아니라 한 장의 전보였습니다. 이 씨가 동경역에 도착하는 시간을 알려온 것이었습니다. 그러나 반가워하고 기뻐해야 할 나의 마음은 무거웠습니다.

『여성』 1939년 9월)

사랑하는 이 씨가 동경까지 오는데 어찌하면 그리 박정하게 정거장에 마중도 나가지 않고 학교에를 가버리고 동무 김성으로 하여금 마중 나가게 했던가, 그 일을 생각하면 지금도 진저리가 나게 자기 자신이 싫어집니다. 어쩌면 그렇게 야속한 짓을 했는지…… 첫째로 형님께서 주신 편지에서 받은 타격과, 둘째로 나를 따라 동경 온다면서 먼저 묵을 곳을 정해놓고 그 집이 그의 동무의 집이라 해도 그의 남편의 이름을 볼 때에 약간의 시기도 있고, 그 남편이래야 결혼한 사람이 아니고 시골에는 부인이 있는 사람이 동경서 어떻게 어떻게 만난 사람이라니 그도 재미없고, 셋째로 이 씨에게 대한 조그마한 소문이 있었으므로 그 진부(眞否)를 서울서 물은 일이 있었는데 영영 대답하지 않은 일이 있어 실쭉한 마음으로 그리 된 노릇이었습니다.

김성이 마중을 나가 그 길로 이 씨를 동무 한 씨(韓氏)의 집으로 전송했다는 말과 석양에 YMCA로 찾아온다는 말을 듣고 같이서 이 씨가 오기를 기다렸습니다.

비가 철철 쏟아지기 시작했습니다.

마침내 이 씨가 오매, 김성은 돌아가고 어디선지 저녁을 먹고 이야기하다가 밤이 늦었습니다.

한 씨는 반가이 맞아주었으나, 그의 남편이란 사람은 그리 훌륭한 사람 같지는 않아 한 씨가 참으로 행복일 것같이 보이지 않는단 말, 어린애가 하나 있다는 말, 이층에는 또 다른 사람이 있는 모양이란 말, 그러나 지금 곧 하숙을 정하기도 어려울 것이므로 얼마 동안 있으면서 음악학교에 입학 수속을 마치고 그 집에 피아노도 있으니 한 씨와 같이 연습도 하고 그런 후에 방을 얻어 하숙을 정하겠다는 말, 고향을 떠날 때에 감개가 많았다는 말, 학생들이 울고 보내더란 말……

이런 이야기를 하는 동안에 밤이 늦어 겨우 전차를 탔을 때에는 벌써 열두 시나 되었을까, 코마고메(駒込) 종점에 내려서 비는 쏟아지는데 우산 한 개를 둘이 쓰고 한 씨의 집을 찾아가려니, 석양에 걸어온 길을 잊어버려 이 길일까 저 길일까 망설이는 사이에 전등 하나도 보이지 않고, 집도 거리도 없는 넓은 길 양편에는 길이길이 큰 나무만이 늘어서 있어 비바람에 그 나무들이 흔들릴 때마다 돌팔매 같은 빗방울이 우산을 뚜드리고 또 뒤집으려고 하매,

"아이구, 모르겠어요. 번지(番地)는 적어 왔는데 물어볼 사람도 없구……"

나도 실상 무서운 생각도 있고 사람 하나 없는 곳을 번지만 가지고는 도저히 찾을 수 없는지라, 한참 동안 망설이다가 'YMCA로 돌아가서 얼마 동안 앉아 있으면 날이 새겠지' 하고 되돌아오게 되었습니다.

비는 쉴 새 없이 쏟아지는데, 지곡정(指谷町)까지 걸어오니까 순사(巡査)가 나와서 "어디서 오느냐? 어디로 가느냐? 저 여자는 누구냐?" 하고 물을 때에, 얼른 "누이"라고 대답해버렸습니다. "저렇게 옷을 적셔서 안 되었소. 어서 가시오" 하는 인사까지 받고 YMCA에 이르러 응접실에 전등을 켜고 다 젖은 웃옷을 벗어 걸고 마르기를 기다리고 우두커니 앉아 있을 때, "거 누구 계시오?" 하는 소리가 들리어 나가 보니까, 소변을 보고 이층 기숙사로 올라가려다가 층대(層臺)에 발을 걸치고 이편을 보고 있는 사람의 얼굴은 잘 보이지 않으나 그 목소리로 벌써 그가 춘 선생(春先生)임을 짐작했습니다. 동경 학생들이 오로지 존경하고 무서워하던 사람이니 나도 그를 아

나, 그가 나를 알아볼 줄은 몰랐습니다.

"마(馬) 아니오? 웬일이시오?"

그래서 일이 이렇게 된 연유를 이야기했더니, 한참 동안은 말없이 서 있다가 응접실 안을 기웃거려 보더니,

"거 안됐소! 이래서 되겠소? 어서 방으로 들어가시오. 같이 있는 사람에게 내가 말을 할 테니……"

그러나 기숙사, 더구나 YMCA 기숙사에 여자를 끌어들였다면 말이 아니 되겠기에, 몇 번 싫다고 하고 잠깐만 있으면 훤해질 것이니 그러면 나가 다시 집을 찾아가겠다고 했으나, 춘 선생은 이내 듣지 않고 쿵쿵 이층으로 올라가 나의 방 동숙인(同宿人)에게 말을 해 아마 자기 방으로 데리고 갔는지 나더러,

"어서 들어가서 잠깐이라도 누우시게 하시우."

이렇게 말하고 물러가니, 어찌할 수 없이 방에 들어서서 그래도 방문을 열어놓은 채 다 젖은 망토와 나의 양복저고리를 이곳저곳에 걸쳐놓고 의자에 앉으니 벌써 창밖이 훤해졌습니다.

동경에 오늘 도착해 그길로 비를 맞으면서 돌아다녔으니 몹시 피곤했을 터이나 저편 의자에 앉은 '이'와 이편에 앉은 나는 정신만 긴장되어서 말똥말똥 서로 바라보기만 하고 있었습니다. 그러다가 나는 이곳에서 나의 마음속에 엉키어 있던 문제를 꺼냈습니다. 서울을 떠날 때에 아무리 물어도 영영 대답하지 않던 그에 대한 조그마한 소문의 진부를 다시 묻기 시작했습니다. 그가 책상 위에 있는 종이에 연필로 써내려가는 글자를 읽어가면서 그 소문이 참말인 것을 알게 되매, 선뜻 실망도 하고 분해하기도 하고, 또 그런 사

실을 고백하는 그가 가엾게도 생각되고, 글씨를 쓰는 그의 눈에서 눈물이 방울방울 떨어짐을 볼 때에 내게서도 역시 눈물이 흘렀습니다. 그럴 때에 벌써 창밖이 아주 밝아지고 전차 소리도 들리게 되니 YMCA를 나서서 한 씨의 집에 그를 전송하고 왔습니다.

몸이 견딜 수 없이 피곤해서 얼른 들어가 잠시라도 누우려고 할 때, 나를 부르는 사람은 기숙사 감독 격으로 있는 김 주사(金主事)였습니다. 김 주사는 자기 방으로 들어가서 의자에 앉고 나는 벌받는 소학생같이 문턱에 섰습니다.

벌써 그가 무슨 말을 할는지 대강 짐작이 없을 리가 없습니다. 시골 어느 소학교에 선생으로 있다가 더 공부를 하러 동경 와서 YMCA에서 일을 보면서 학교에 다니는 사람으로서 예수교인이니, 어젯밤 일을 들었다면 참으로 그에게는 청천의 벽력같이 중대한 사건일 것을 나도 짐작한 터이요, 그러니 그 연유를 말한대야 그가 이해할 능력과 관대한 호의를 가지지 못함은 이미 아는 바이니, 여기서 별로 긴 말 긴 시간을 가질 필요가 없음을 깨달았습니다.

'아, 여보 마(馬), 그러니 그럴 수가 있소……'
하고 연설이나 시작할 것 같으며, 나는 그 자리를 나와 자기 방으로 가서 짐을 꾸리고 그것을 인력거에 실리고 김성의 하숙으로 가게 되었습니다. 이렇게 나온 줄을 춘 선생이 이때까지도 아는지 모르는지……

그 후 아직까지 이 두 분을 만난 일이 없으니 이 두 분을 뵙고자 사모하는 마음이 간절합니다. 내가 정한 제목 『역군은(亦君恩)』의 '군(君)'이란 이런 사람들도 함께 생각하고자 한 것입니다. 물론 이 씨가 주인공임에 틀림없으나, 그 외에 나오는 여러 사람, 또 이곳에 이름을 기록하지 않아도 관계 있는 여러 사람들을 다시 한 번 생각하고, 그 은혜를 생각하고 내가 이제 겨우 가정을 이루고 아들을 낳고 행복을 가지게 됨을 감사하고자 함이외다.

*

각설. 이때에 김성이 놀라 맞으며 연해 방 하나를 얻어주니 거기서 지내게 되었습니다.

아침에 학교에 가고, 또 저녁에는 다른 학교에를 가고, 두 학교를 다니면서 공부는 남만 못하지 않게 했다고 한댔자, 이러한 생활을 하게 되니 처음 고향을 떠날 때에 생각한 학비보다 엄청나게 많이 들게 되니 형님께 꾸중이 오고, 또 색시 김 씨에게는 이혼하자는 편지를 보내니 이것을 아시고 아버님께도 꾸중을 듣고, 학생들은 소문을 듣고 우리들을 비방하게 되었습니다. 그때 김 씨에게서 받은 편지를 적어보면,

금월 21일에 수서(手書)하옵신 섯 받자와 뵈옵고 복희만만(伏喜萬萬)이오며 복심이간(伏審伊間)에 여중기체만안(旅中氣體萬安)하옵시고 학업이 취장(就將)하옵신지 복모구구(伏慕區區)오며 ○숙(淑)은 면식(眠食)이 여전하여 입학 이후로 일일도 궐석 아니 하고 우금(于今)까지 다녔습니다. 소교중(所敎中) 월전(月前)에 편지를 ○○학교 내로 하셨다는데 추현(推見)치 못하였으니 중침이 되었는지 문차

(問次)하면 양지(諒知)할 듯하외다. 당신 사상(思想)에는 학교 내로 편지를 부도(付途)하였는데 종무(終務) 회답(回答)허니 ○숙이가 학교에 출석 아니 할 줄 짐작하시나이까. 이 사람은 입학 이후로 비우물론(飛雨勿論)이외다. 이혼(離婚) 2자를 십여 번 기재(記載)하옵셨으니 무삼 말삼인지 죄송 죄송이외다. 이 사람은 참 지금 꿈인지 생시인지 아지 못하고 이 글을 쓰나 이혼 2자가 무삼 사유인지 아지 못하나이다. 아 ○○씨 이게 정말이야요. 이런 말을 ○○씨 손으로 쓰셨습니까. ○○씨가 아무리 망령이 나셨어도 ○숙을 그다지 잊어버리서요. 제 생각에는 아마 그동안 병환이 대단하셨다더니 정신이 흐미하셔서 정신없이 쓰신 글인 듯하오며, 또다시 생각하오면 꿈을 깨지 아니 하고 아주 자진을 해서 꿈속인 듯도 하여이다. 또다시 생각하오면 ○○씨가 이 사람의 뜻을 농락하여 무엇이라 회답을 보시려 함인 듯하고 이리저리 생각하여도 깨달을 길이 암담하외다. 또 할 말삼은 ○○씨가 연전부터 병환이 계셨난데 지금은 아조 쾌차하신 줄 알았더니, 전일(前日)에 시댁에 갔더니 모친은 아니 계시고 큰형님이 말삼하시기를 동경서 편지가 왔는데 병이 대단하다고 말삼하시며 수일간 내에 오라고 편지하셨으니까 수일 내에 올 듯하니 며칠 결석을 하드래도 좀 와 있으라고 하시기에 오늘 가량으로 점심시간에 담임선생께 그 말씀을 하려고 하던 차에 ○○씨의 글을 받아 보니 반가움이 가득하여 그 글을 뜯어 보니 석 장 편지가 철필 글씨외다. 마침 셋째 장이 뵈는데 그 트머리에 '마지막 상서(上書)'라는 글을 보오니 별안간 가슴이 뚝뚝하여 견딜 수 없어요. 아 참 세상에 별일도 다 많아요. 저는 어쩐 가린지 아

지 못하고 가랴 하든 당신 댁에도 못 갔소이다. 명일(明日)이나 가서 양친을 뵈오려 하나이다. 아뢰올 말삼은 무궁첩첩태산이오나 수일만 있으면 옥안을 뵈올 듯하와 뵈온 후 쌓인 회포를 펼가 하옵나이다. 이만 끊고 실례합니다. 억망 중 글이 되어 잘못된 말삼이면 용서하실 줄 아는 바는 ○○씨가 저 무식한 줄은 아시는 바오니까 그대로 부치나이다. 시간 있는 대로 답장 주서요.

김○숙 상서

동경시 신전구 면정3정목 9 미풍관 내(東京市 神田區 綿町三丁目 九 美豊館 內)
마○○ 씨

알아보기 어렵고 꼬부라진 글씨나마 이만큼 편지를 쓰게 된 것을 감복하는 마음은 조금도 없고, 나의 편지에 대한 이러한 답장을 한없이 분개하는 마음으로 읽고 다시 곧 편지를 쓴 모양입니다. 그다음 받은 회답은,

연차(連次) 수시(手書)하옵신 거 주견하였사오며 소시중 언단마다 이혼 2자를 말삼하옵시고 ○숙의 이혼 승락 회답서가 유(有)하여야 돌아가겠다 하셨으니 하 이유가 유(有)하온지 천사만사하와 해득할 수 없으며 지어비관(至於悲觀)이란 말삼까지 하시니 원망치 못한 사정을 기재하심이 하사단인지 이유를 자상히 회시(回示)하옵소서. 어두운 마음을 해득케 하여주옵소서. 할 말 많으나 이만 끈

역군은 39

삽내다.

다이쇼(大正) 10년* 6월 6일

김○숙 상(上)

  이로 보아 내가 얼마나 야속하고 강경한 태도로 이혼을 청했음을 알 수가 있고, 또 김 씨가 그러한 의사가 있었음을 모름이 아니나 영영 처음 듣는 소리와 같이 대답하는 태도에 분개하지 않을 수 없었습니다.

  그러나 벌써 이때에 아버님의 하서를 읽고 어찌 할 줄을 몰랐습니다.

  일전에 사랑에 오는 젊은 사람이 말하기를 네가 동경 유학 떠날 때에 서울 여관에서 어떠한 여자와 같이 있는 것을 그 옆방에서 보았다니 그 말이 참말이냐. 만일 그 말이 참말이라면 그곳에 더 머무를 것 없이 곧 돌아오라.

또 형님의 하서는,

  네가 떠날 때에 약속한바 학비를 수월 동안에 거의 일 년치를 썼으니, 이 이상 보낼 수 없으니 생각하라.

---

* 1921년.

이러한 두 장 하서를 받고 황망하지 않을 수 없었습니다.

유학생 간에 소문이 높아가서 이곳저곳에서 문제를 삼는다는 말은 들려오고, 집에서는 이러한 편지가 오고, 어찌할 줄을 모를 때에 우연히 둘째 형님이 장사 일로 요코하마(橫濱)까지 오셨습니다. 둘째 형님께는 이런 말을 여쭈어도 알아주실 것 같아서 김성과 같이 형님께 이 사실을 여쭙게 되었습니다.

이 전후의 일을 이 씨의 일기로 보면 이러합니다.

다이쇼(大正) 10년 3월 1일.
작일(昨日)은 의외에 마 씨(馬氏) 진 씨(秦氏)가 내방하여 마 씨께 형주(兄主; 중형[仲兄]) 내동(來東)하심을 듣고 동행을 말씀하시매 요코하마 여관으로 가다.
복잡한 여러 사건을 처리함에는 한두 시간으로 될 수 없으므로 귀향하심을 본일(本日)로 정하시다. 여관에 있지 못할 형편으로 지방 요리점(支邦料理店)으로 가다. 오후 두 시, 아! 나는 마 씨의 형님의 말씀으로 나의 애인을 힘 있게 믿게 되었다. 결정은 이 년간 대면치 않고 학업에 힘쓸 일로, 형님은 우리 2인의 약혼에 감독이 되시고 진 씨는 보증인이 되시다. 세 시 요리점을 떠나 공원으로 가다. 사방은 적막하여 아무 소리도 없고 연못 가운데 분수의 떨어지는 소리뿐. 나의 가슴은 뛰었다. 나의 가슴은 꽉 찼었다. 나는 마음으로 마 씨께 포옹을 구하고 나는 그 가슴에 뛰어올랐다. 나의 애인은 두 분으로 떨어져 다만 둘이 완보하였다. 그리고 나의 애인은 "오늘이 며칠인가." "3월 1일이야요."

음력으로는 정월 21일. "이 년 후 오늘 여기서 만날까." "네, 그래요." "그동안 번민이나 없을까." "네, 없어요." 나는 이렇게 대답했으나 이 년 동안을 어찌 기다리나, 그리워서…… 하는 생각을 어찌할 수 없었다. 벤치에 앉은 우리는…… 나의 손은 나의 연인, 아니 나의 남편의 가슴에 놓여 있었다. 나의 손을 나의 애인은 힘 있게 쥐어주었다. 여류(如流)한 시간, 다섯 시가 넘었다. 할 수 없이 4인은 정거장에 와서 한 시간쯤 후, 나의 남편과 형님께 고별하고 진 씨로 더불어 전차에 몸을 실었다. 나는 우리 애인께 건강하심과 학업성취를 마음으로 기도하였다.

차중(車中)에서 진 씨께 마 씨의 제씨(弟氏) 결혼함을 듣고 그 조혼(早婚)을 놀라고 한탄하다.

진 씨는 병인(病因)과 치움을 무릅쓰고 나의 집까지 오시었다. 감독부(監督部)까지 가려고 식은 찬밥 한술로 조반(朝飯)하고 동양음악학교(東洋音樂學校)에 가보다. 그 규칙문란(規則紊亂)함을 놀래다. 여자음악학교까지 가보고 미츠코시 포목점(三越嗚服店)을 구경하다. 귀가 후 석반(夕飯)하고 곧 취상(就床)하다. 나의 애인은 지금 무엇을 하시나. 누우셨나, 주무시나, 나를 생각하시나…… 형님은 떠나시었나?

(『여성』 1939년 10월)

3월 2일

여덟 시경 기상하나 전신의 아픔을 못 견디었다. 오후 여섯 시경 귀숙(歸宿)하였다. 적막한 방 안에 홀로 앉으매 지금껏 생각해보지 못한 애인께 대한 연연(戀戀)한 정은…… 아아 보고 싶다. 말하고 싶다. 아

아 이 년 후 나의 애인이여. 건강하여주서요. (약[略])

3월 5일
　오전 여섯 시 눈을 떴다. 이불 가운데서 꿈에 본 고향 조부주(祖父主) 숙부주(叔父主)를 생각하다. 아아, 어찌나 지내시나. 병환이나 아니 계신가. ○○ 생각을 하였다. 가야 할까. 편지로 할까. 편지로 하겠다고 결정하고 기상하다. (약)
(○○은 그의 남편이 있는 곳을 말함이니, 곧 이혼 수속을 하려고 애쓰던 것입니다.)

3월 7일
　오전 일곱 시 기상. 오전 열한 시경 아무리 기다려도 마 씨는 보이지 않는다. 오후 한 시 이십 분 내방하시다. 아아, 반가웠다. 강정을 같이 먹다. 오후 열 시까지.
　그러나 그는 일어날 줄을 몰랐다. 나는 보낼 생각을 하지 못했다. 남의 집이나 타인의 의시(疑視)를 생각지 못하였다. 단꿈에 깨일 줄을 몰랐다. 나는 그대로 죽음을 원하고 바라다.
(이날 비로소 손목을 잡고, 이날 비로소 키스가 있었음이 기록되어 있습니다. 그러나 아직 최후의 선을 범치 않은 것입니다.)

3월 8일
　오전 세 시까지 이야기하다. (약)
　결백한 그는 경박한 행동을 취치 않다. 무리로 ○○을 만족시키지 않다. 아아, 사랑하는 나의 연인. 나는 당신을 세계 유명한 윌슨보다도 카이젤보다도 공자보다도 그리스도보다도 석가보다도 존경하며 나의 목숨보다도 사랑합니다. 오전 여섯 시 삼십 분쯤 귀가하시다. 조반 시 한 씨의 충고가 있었다. 1, 타인의 비난. 2, 장래에 유망(有望)치 않다. 연소자, 기혼자. 3, 여자로서(유부[有夫]의 여자) 부당연(不當然)한 일이다.

아아, 나는 과연 죄를 범하였다. 그러나 나는 조금도 세평(世評)을 두려워하지 아니한다. 그리고 세상인은 연소자다, 희망이 없는 경박자라 하나 나는 누구보담도 그 인격을 존경한다.

나는 연소자라도 연소자같이 생각되지 않고 항상 존경하며 사랑한다. 오오, 세상 사람이 아무리 경박하다 하나 나는 공경하고 사랑한다. 오오, 나의 사랑하는 당신, 나는 당신의 좌우를 항상 떠나지 아니 하여요. 아아, 세상은 무정하다.

3월 9일

조반 시 한 씨의 충고가 있었다. 장래를 위해 무망(無望)하다고, 심사(深思)하라고. 나는 4항에 나의 마음을 썼다. 그리고 석반 시에 한 씨에게 보이다. 한 씨는 장래까지도 그를 생각하려면 절교하자 한다. 세상은 무정하다. 내 장래가 아무리 비참하더라도 나는 절교할 수 없다. 이 집을 떠나면 그만이지. 한 씨와 친우(親友) 동무와는 절교하더라도. 아아 세상, 야속한 세상, 나는 그대를 버리지 않아요. 내 몸이 맞도록 내 몸이 죽은 후까지라도 나의 장래는 정녕코 행복이 있다. 정녕코! 정녕코! 행복이야. 정녕코 나의 연인은 정녕코 변치 아니한다. 꽉 나는 믿어! 아아 나의 사랑! 아아 나의 연인. 어찌 당신을 잊으리오. 아무리 연소자나, 아무리 공부하는 연소자나 그의 마음 그의 인격을 나는 존경한다. 나는 나는……

3월 10일

조반을 필한 후 나는 정처 없이 집을 나섰다. 혹 셋방이 있나 하고 이리저리 두루 살피며 동판정(動坂町)까지 갔었다. 있기는 하였으나 마땅치 못하므로 금정(錦町)까지 갔다. 학교에 입학원서를 제출하고 돌아왔다. 석반 후 한 씨는 절교를 말하며, 나의 동무는 나를 동정하며 이해하다. 그러나 여필종부(女必從夫)라 할 수 없다. 나는 북경의 형을 생각하였다. 아아, 우리 형님도 나를 배척할까. 아니다. 아니다. 나의 형님은 그럴 리 없지. 세상이 배척하나 나의 형님은 전이나 다름없이 항상 사랑하실 것……

3월 11일

오후 한 시경 진 씨 내방하다. 마 씨의 반가운 글월…… ×× 씨의 놀라운 소식! 아아 ×× 씨, 지금 어디 있소! 응. 아아, 답답해.

내가 이럴제 마 씨는 어떨까. 그 부모께서는 형제분들은…… 아아 가보고 싶다. 찾아다니고 싶다. (하략)

(××은 나의 곧 위의 누님입니다. 누님이 시집을 나와서 공부하러 간다고 집을 떠난 것이었습니다. 기어코 동경에 나타나 여자의학전문학교에 들어 그곳을 졸업하고 몇 해 동안 여의(女醫)로 있다가 고향에서 그만 세상을 떠나게 된 가엾은, 내가 가장 경애하던 누님의 처음 소식이 온 것

이었습니다.)

3월 12일

주울줄 내리는 비— 아아 나의 고향, 우리 집에서는 나의 동생, 우리 어머니, 나를 생각하고 이 비 오는 것을 보고 눈물이나 아니 흘리나! 편지 두 장, 마순임(馬順任)! 깜짝 놀랐다.

누구에게서 왔나 하고! 마 씨 형님께서. 나는 어쩔 줄 몰랐다. 아아 어찌 하나, 어찌 하나. ○○(동생)에게서 북경 형께서— 아아 형님! 형님은 날더러 오라고— 아아, 감사합니다. 형님, 그 은혜 어찌 모르오며 잊으리까. 형님 형님, 부르짖었다. (하략)

3월 17일

(상략) 오후 일곱 시경 전보가 오다. 한 씨에게 함흥서. 석반 후 의논한 결과 다 가기로 정하고 짐을 쌌다. 오전 두 시 삼십 분 취상(就床). (함흥은 한 씨의 고향을 말함이요, 한 씨의 본댁에 사고가 생겨서 전보가 온 까닭에 귀향하게 되었는데, 고향에는 본부인이 있기 때문에 말썽이 많았던 것이겠습니다. 다시 동경으로 오게 되는지 못 오게 되는지 모르므로, 좌우간 잠시 동안 집을 맡아 보게 된 것입니다.)

3월 18일

미풍관(美豊館)으로 가다. 지난 밤 이야기를 하고 돌아오다. 오후 네 시 정거장으로 향하다. 플랫폼에 서 있는 나. 차 안에 앉은 ○○— 눈물이 앞을 가리어서 보지 못하였다. ○○는 외로울 것이니 기어코 같

이 있거라. 타인의 비평 같은 것을 생각지 말고— 꼭 오너라. 어떻게 하든지 꼭 오너라. (중략)

(○○는 한 씨의 아내)

3월 20일

아아, 기다리었다. 기다리었다. 어려운 일이야. 사람 기다림은— 하룻밤을 지내다.

(이날 비로소 나는 이 씨의 방에서 하룻밤을 지내게 되었습니다. 이때도 물론 양편의 문제가 완전히 해결되지 않았으니 경솔한 태도라 할 수 있겠지만 이날까지 몇 해 동안 참으로 몇 해 동안 사랑 사랑하고 지냈으며 서로의 일생을 맡기고 맡고 지냈으나 이날 비로소 최후의 일선(一線)을 범했으니, 경솔한 남녀라는 말은 듣지 않아도 좋을 것 같습니다. 더구나 이날부터 시작된 우리 두 사람의 생활이 이토록 진중한 태도로 얻은 길이나마 열흘도 못 되어서 깨어져 일생의 이별이 되었으니……)

3월 22일

22일. 벌써 22일. 아아, 개성서는 소식이 없구나. 금전의 공황으로 송금치 못하는 것인 줄 알면서도 공연히 심사가 난다. 석반은 하였으나 먹을 생각이 조금도 없다. 아아, 마 씨는 언제나 돌아오시려나……
○○ 씨는 나의 일을 알고 무어라 할까. 학비나 줄는지 아니 줄는지. 아아, 나는 사회의 비평은 무섭지 않다. 조금도 무섭지 아니해. 학비를 아니 주면 어찌할까. 공부를 할까. 그만 둘까.

아아, 나는 사랑하는 이에게 안기어 죽어버리고 싶다. 그것이 나의 가장 바라는 즐거운 일이다.

자리에 누웠다. 어느 때인지 눈을 떠 보았다. 마 씨는 아직 아니 돌아오셨다. 지금껏 맛보지 못한 이상한 느낌이었다.
(○○은 그의 친척으로 그가 돈을 맡겨둔 사람)

3월 23일

반가웠다. 마 씨는 돌아오시다. 아아, 당신은 나의 생명이외다. 나의 혈(血)이외다.

3월 25일

기다리는 전보, 서류는 소식이 없다. 함흥서는 짐을 다 보내라는 전보가 왔다. (하략)

3월 27일

일지 기입하려 할 때 인력거가 온다. 누군가 하고 나갔더니, 아아 의외, 아아 의외, 최가 왔다. (그와 결혼한 남자) 나는 조금도 반갑지 않았다. 오는 것이 싫기만 하였다. 들어오라 한 후, 최 "아 그 편지가 무엇이오. 사람을 그렇게 놀래……" "아, 그 편지가 당신을 놀래려고 한 줄 아시나이까?" 최, "아, 나는 당신 볼 낯이 없소. 나를 용서하고 이 편지를 당신 손으로 찢어버리시오." "네? 왜 잘못하셔요? 제가 잘못하였지요. 저는 이혼을 청한 것이 아니야요. 이혼을 당하였지요. 당할 것이야요." "대체 그 말이 무슨 말이오. 나는 어떠한 죄가 있더라도 용서하겠소." "고맙습니다." 최, "여보, 나는 당신이 내 처(妻) 됨을 영광으

로 아오."(하략)

이러한 일기가 석 장이나 계속되어 있습니다.

그날 나는 학교에서 돌아올 때 거리에서 과자를 사 들고, 혼자 기다리고 있을 '이'를 위로하러 빠른 걸음으로 집으로 돌아왔습니다. 문을 열고 들어서니 웬 병정 구두 같은 것이 하나 있어 멈칫할 때에 '이'가 나오더니 말 한마디 없이 가슴을 밀면서 밖으로 나옵니다.

바깥 길거리의 풀숲까지 와서야,

"왔어요. 최가 왔어요."

하는 그의 눈에는 눈물이 글썽해 보였습니다. 나는 태연히,

"그럼 이거라도 대접하지……"

하고 과자 꾸러미를 주고 그대로 돌아섰습니다.

"곧 돌아오서요."

하는 소리를 듣고 돌아다보며 손짓을 하고 미풍관에까지 와서 김성과 같이 데이코쿠 극장(帝國劇場)에 가부키(歌舞伎) 배우가 하는 신극(新劇)을 보러 갔습니다. 물론 여러 동무가 가는 바람에 같이 따라간 것이었지만 그 자리에서도 별로 '이'의 생각 집 생각을 하지 않고 다시 미풍관으로 돌아와 김성과 같이 자고 말았습니다.

그때에야 '이가 기다리겠지' 하는 생각과, 그래도 집으로 가고 싶은 마음은 없음을 깨달았습니다.

'이'의 일기·속(續)

　　최 씨는 고민. ─ "너무 하오. 너무 하오. 여관으로 가겠소." "가십시오. 인력거를 불러올까요." "아아, 그때의 순(順)은 아니오구려." "그러면요. 그때는 어린애였지요. 지금은 인비인(人非人)입니다." "인비인이라도 좋소." "당신은 좋아도 저는 싫어요." 최 씨는 나의 손을 쥔다. 힘있게 뿌리쳤다. 책상에 부딪혀가며 빼었다. "할 수 없소. 어서 가서 자오." "어서 주무십시오. 고단하신데."

　　6조 방에 홀로 누웠다.

3월 28일

　　여덟 시 기상. 조반 후 ─ 최 "나는 당신의 마음 돌리기만 바라니 지금 떠나는 내 마음을 풀어주오. 너무 그리지 말고." "아아, 듣기 싫여요. 다 그만두고 불쌍하신 부모님을 생각하여주서요. 이 같은 처(妻)는 생각지 마시고……" (중략)

　　미풍관으로 가다. 아아, 마 씨가 밤새도록 공상(空想)으로 지내셨겠지. 미안해 다섯 시에 돌아오시마 한다. 집에 와본 즉 두 시가 지났다. 우육(牛肉)을 사 가지고 와서 구웠다. 굽다가 아니 오시면 어찌해 생각하고 그대로 두었다. 밥상을 차려놓고, 기다리는 다섯 시는 지났다. 여섯 시, 일곱 시가 지났다. 나는 울고 싶었다. 아아, 죽고 싶었다. 미풍관으로 가고 싶었다. 그럴 사이 자리에 누워 잤다. 아아! 꿈, 꿈, 꿈속에서도 기다리었다. 아아! 울고 싶어. 너무 무정하다고 생각했다.

3월 29일

아침에도 아니 돌아오신다. 일어나기도 밥 먹기도 세수하기도 머리 빗기도 싫다.

무정스러워. 내가 이렇게 기다릴 줄 모르고. 아아, 무정하다.

오전 열한 시, 편지가 왔다. ××에게서. 아아, ××는 나로 하여 고통으로 지낸다. 아아, 미안해. 나는 마지막 되는 편지를 쓰고 울었다.

(××는 그의 누이동생. 누이동생의 남편 역(亦) 동경 유학생으로 '이'의 소문을 듣고 '이'가 그렇다면 이혼을 하겠다고 한 편지를 받은 누이동생의 슬픔이요, 그 동생에게 대해서 형제의 의를 끊겠다는 '이'의 마지막 편지를 말함입니다.)

○○ 씨(동생의 남편)께도 썼다.

열두 시경 손 씨 내방. 사회의 비난이 극심하니 집을 가르라고. 왜 조선 도덕을 없애느냐고— 그때에 마 씨가 오시다. 사회의 비난이 극심하다고 신성한 태도가 아니라고 오늘로 분리하라고 한다. 진 씨, 고 씨도 오다.

(소위 동경에 철권단(鐵拳團)이란 것이 있어서 폭력을 행사하는 이들이 있었습니다. 손, 김은 그 의미로 온 것이요 진, 고는 그의 반대로 우리들을 옹호하려는 생각으로 약간 술을 먹고 얼근해서 온 것이었습니다.)

명일(明日) 오후 한 시에 온다, 하고 돌아갔다. 우리는 4인을 보내고 얼싸안고 울었다. (중략)

석반 후, 장래사(將來事)를 의논하다. 이곳을 둘 다 떠나야 하겠다. 나는 북경 형님께로, 애인은 아직 미정. 내가 담근 김치가 익기도 전에. —"죽어도 나의 처(妻)다. 어디 가 있더라도 나의 처다." 나는 또 울었다. ― "울지 마라. 울지 마라. 우리에게는 행복의 전조니까. 지금 이것을 슬프게 생각지 말자. 기뻐해." ― 기쁜 웃음을 웃어야지.

3월 30일

아침은 되었다. 새삼스럽게 또 눈물이 난다. 고향을 떠날 때도 이다지 슬프지 않았고 집사람 이별에도 이다지 슬프지 않았다.

조반 전 책상 등속을 팔았다. 조반 후 짐을 쌌다. 진 씨, 고 씨 내방.

오후 한 시. 아아, 악마 같다. 한 시가……

아아, 미운 오후 한 시. 악마의 사자같이 생각되는 손, 김, 양씨(兩氏)가 오다. 손, 진, 고 씨는 정거장으로…… 짐을 보냈다. 우리는 힘 있게 안았다. (하략)

3월 31일

일기를 기입할 때, 아아, 애인 생각 간절하다. 지금 무엇을 하시나. 나는 생각하였다. 마 씨께 동경을 속히 떠나라고 하고 싶다. 나의 애인을 여러 사람이 이상한 눈으로 보겠지. 아무도 동정 아니하겠지.

아아, 주(主)여! 우리에게 믿음과 사랑을 주시며 우리의 사랑이 변치 않도록 보호하여주옵소서. 아아, 애인이여! 죽어도 어떤 일이 있더라도 나는 당신의 처(妻)야요. 당신의 처야요.

*

'이'의 일기는 이 뒤에 삼사 일 동안까지 기록되어 있으나 한 줄,

혹 두 줄의 간단한 기사(記事)가 있을 뿐이외다.

그동안에는 내가 이사 간 시외(市外) 호총정(戶塚町) 하숙에 왔던 일이 제일 많으니, 그때 그 하숙에서 새벽에 바라지를 열고 보니 비가 부슬부슬 내리는데 뜰에 있는 동백꽃 한 송이가 마당에 털썩 떨어지는 것을 우리들은 바라보며 아무 말 없이 한참이나 눈물을 흘린 일이 있었습니다. 그가 북경 동무, 소위 형님이란 사람을 의지해서 떠나려고 결심하고 우리들이 헤어지게 된 바로 그날 새벽이었을 것입니다.

마침 김성이 고향으로 가게 되므로 그에게 동행해주기를 부탁하고, 김성이 동경역을 떠나기 전에 우리들은 요코하마 역에까지 나갔습니다. 김성이 탄 기차가 요코하마에 도착했을 때, '이'를 태우고 눈물을 흘리고 느껴 우는 그가 창밖에 상체를 내밀고 손수건을 흔드는 것을 보고 나는 돌아서 층대를 뛰어올라버렸습니다. 왜 좀더 서서 있어 그를 전송하지 않았나 하고, 층대 가운데 우두커니 서서 생각했습니다.

차마 못 보겠다는 마음이었는지, 고단한 김에 어서 돌아가 쉴 생각으로 그랬는지, 나의 마음을 내가 분간하지 못했습니다. 어슬렁어슬렁 동경으로 돌아오게 되었습니다.

연락선을 타고 보니 내가 해준 여비는 물론, 돈지갑까지 떨어뜨려 한 푼 없이 되었다는 편지를 김성으로부터 받고 보니, '이'가 그때에 얼마나 슬퍼했고 허둥지둥 황망했음을 짐작할 수 있어, 다시금 가엾은 '이'를 생각하고 무정한 세상을 원망하지 않을 수 없었습니다.

(『여성』 1939년 11월)

'이'가 북경으로 간 후의 나는 '인제 보아라. 두고 보아라' 하는 사회와 인정에 반항하는 마음으로 더욱 공부를 하려 하면서도 점점 방탕한 생활로 흘러감을 어찌할 수 없었습니다. 옛적 사람으로 세상의 이해를 받지 못해서 배척을 받은 시인, 혹 소설가의 생애를 읽고는 비분하고 강개하고 술을 마시고, 그러는 동안에 동경 학생들의 동우회(同友會)라는 데서 연극단을 조직해 가지고 조선 각 지방을 순회할 계획이 있어, 나도 그 한 사람이 되라고 포석(抱石)*이 찾아왔습니다. 그 연습이 YMCA에서 시작되었습니다. 김우진(金祐鎭), 홍해성(洪海星)과 의형제를 맺고 장래에 연극운동을 약속하던 것도 이때였습니다. 윤심덕(尹心悳), 홍난파(洪蘭坡)도 이때 일행이었습니다.

조포석(趙抱石)의 「김영일(金英一)의 사(死)」, 홍난파의 「사랑」, 던세이니(L. Dunsany) 작 김우진 역의 「찬란한 문」, 이 세 가지를 가지고 조선 각 지방을 순회하자는 계획으로 조선신극운동(朝鮮新劇運動)의 시초가 된 것입니다.

그 연습을 하고 있는 동안에 둘째 형님이 또 오시게 되었습니다. 장사 일로 오셨다 하시고 돌아갈 때에 요코하마(橫濱), 오사카(大阪)를 들러서 이곳저곳 같이 간 일도 있으니 장사 일이 없으신 것은 아니었겠지만, 내가 생각하기엔 나의 행실 나쁜 소문이 높고 돈도 많이 쓰고 또 학생들이 그렇게 야단을 했으니 아마 그자들이 고

* 조명희(1894~1938). 시인, 소설가, 극작가. 대표작으로 소설 『낙동강』이 있다.

향집으로 이런 말 저런 말을 써서 보냈는지도 모를 일이요, 그래서 둘째 형님으로 하여금 같이 데리고 나오도록 보내셨는지도 모르는 일이었습니다. 지금도 그때 어떤 사정으로 그렇게 되었는지는 모르나 참으로 그렇다면 부끄러운 일이었습니다. 그러나 그때는 그런 생각 저런 생각 없이 말썽 많은 동경을 떠나는 것도 싫지 않아 떠났습니다.

고향에 돌아오니 아버님도 형님도 말씀을 하지 않으십니다. 어머님도 말씀이 별로 없고 다른 형님, 동생도 그저 쉬쉬하고 있는 양이 보입니다.

어린것이 너무 대담한 짓을 하고 오니, 지금에 그 일을 꾸짖든지 문제를 일으키면 또 어떻게 생각이 들어서 무슨 일을 저지르는지 몰라서 하는 양만 보고 계신 듯싶었습니다.

아침을 먹고는 뜰아랫방에 들어가 혹은 책을 읽고 혹은 누워 있고, 점심을 먹고는 만월대(滿月臺)에 올라가서 늘 같은 자리에 앉아서 시도 읽고 지나온 일을 생각하고, 저녁때가 다 되어서 어슬렁어슬렁 집으로 돌아오고……

그러는 사이에 나의 머릿속에 가득 찬 문제는 동경서부터 가지고 온 큰 문제이니, '이'를 사랑하고 '이' 역(亦) 나를 사랑한다 하나, 그의 결혼한 남편이 아직 그를 잊지 않고 그를 사랑하니 그 사실을 안 이상, 그 남편에게로 돌아감이 마땅한 일이 아닐까. 나 역(亦) '이'로 하여금 남편을 따르게 함이 옳은 일이 아닐까. 나는 참을 수 있다. 내 사랑은 내 가슴속에 간직해 두어도 좋다. 그가 옳은 길을 가서 행복하게 되면 그것이 그를 참으로 사랑하는 일이 되지 않을 것이냐. 지금 곧 남편에게 가라고 한대도 듣지 않을 것이요, 지금 우리가 헤어지자고 한대도 듣지 않을 것이나, 악마의 마음을 가지고라도 헤어지면 얼마 안 돼서 그의 남편과 같이 살게 될 것이다. 그렇게 '이'를 사랑하는 남편을 뿌리치고 나하고 붙어 있어도 내가 '이'를 더 행복되게 할 수가 있을까? 다난(多難)한 길이다. 그보다는 돌려보내는 것이 그를 행복되게 하는 일일 것이다. 그 길이 '이'를 참으로 사랑하는 일이 될 것이다…… 나는 이렇게 생각했습니다. 이 생각은 동경서 그를 북경으로 보낼 때부터 아마 나의 머릿속에 있었던 것이리라고까지 생각했습니다. 고향에 돌아와서 얼마 있는 동안에 그러한 생각은 아주 결정적으로 마음을 먹게 되었습니다.

내생(來生)에나 다시 만나자. 그 길을 싫다 말라. 그 길이 네가 타고난 행복의 길이다. 이렇게 생각하고는 혼자서 만월대에서 눈물을 머금은 일도 있고, 톨스토이의 「산송장」을 사랑하고 한마디 한마디를 귀여워하다가도 나의 길과는 다르다고 내던지기도 하고, 투르게네프의 산문시를 껴안고 고독에 울고 고독을 찬미하고 있을 때에 동우회 극단으로부터 부산까지 오라는 전보를 받고 떠나게 되었습니다.

부산에서 제1회 공연을 한 극단은 연해 마산, 진주, 목포, 광주 각지를 거쳐서 경성에 이르러, 수 년 전에 '학생이 연극이란 무슨 말이냐'고 꾸중을 하던 조선교육회(朝鮮敎育會)에 유숙(留宿)하면서 단성사(團成社)에서 삼 일 동안을 굉장한 환영을 받아 공연을 끝마치고 일행이 북선(北鮮)으로 떠날 때, 나는 이 이상 일행과 같이 떠들고 웃고 돌아다닐 수는 없다는 이상한 마음과, 역시 혼자서 더 생각할 시간을 얻고자 개성으로 내려갔습니다.

역시 일반으로 절도 받지 않으시려는 아버님 어머님, 또 형님. 이러한 가운데서 마주치는 얼굴은 그 누구를 물론하고 흘긴 눈, 노염이 가득 찬 얼굴로만 보였으니, 이 말없는 꾸지람이 나의 몸과 마음을 여지없이 말라들게 해서 세상에 의지할 곳이 없이 외롭고 쓸쓸하고 죄 많은 인간으로만 생각하게 되었습니다. 밖에 나가면 또 장안 사람들이 모조리 나를 이상하게 보는 것같이 생각될 때, 아니나 다를까, 몇몇 군데서 문제를 삼는다는 말을 듣고, 또 동경서 만난 철권단의 한 사람이 이곳 고향에 돌아와 있다는 말까지 듣게 되니 조그마한 나의 몸 하나조차 둘 곳이 없는 것 같았습니다.

북경 '이'가 잉태했다는 편지를 받고는 다만 무서운 생각밖에는 없었습니다. 어떠한 답장을 북경으로 보냈는지 북경서는 곧 뛰어나왔습니다. 와서 '이'도 놀랬습니다. 세상에서 이렇게 비난이 있을 줄은 몰랐던 것입니다. 불과 이삼백 보 사이의 나의 집과 그의 집 사이에 주고받은 편지가 여러 장 있으니, 그때에 받은 편지, 최후의 편지 몇 장은 이래(以來) 이십 년 동안 내가 어디를 가든지 반드시 몸에 지니고 있었던 것입니다. 그의 일기[前揭]와 그의 사진 몇 장과 그의 일곱 장 편지…… 내 몸에 종아리 치며 내 마음을 꾸짖는 의미로 그의 편지 한 장 한 장을 꺼내 읽을 때에, 혹은 산에 올라 혹은 물을 찾아 혹은 자리에 누워서, 얼마나 진땀을 흘렸으며 얼마나 눈물을 흘리었던고.

'이'의 편지 1

해송 씨! 사랑하는 물망초의 해송 씨!

기쁨과 반가움과 슬픔을— 아아 무엇으로 형언할까요. 그리웠던, 보고 싶던, 원망하던 해송 씨를 보고 단지 떨었을 뿐이야요.

말씀드리고 싶은 일은 무한합니다마는 다 그만두옵고 한 말씀을 드리고자…… 아! 일장춘몽이었나이다. 일대명화(一大名畵)였나이다. 아! 사랑! 사랑! 나의 사랑! 사랑이라고 부르짖음도 오늘뿐이겠구나.

과거에 이 같은 자를 사랑하여주시었음을 감사하옵고 나의 사랑이 열광적이었음을 사죄하나이다. 불민한 저로 하여 여러 가지 고생이 많으셨지요. 이것이 순(順)이의 뇌리에서, 죽어 흙이 된들 죽어 재가 된들 잊사오리까. 순○이는 지금까지 무수한 원망의 소리를 끊임없이 토하였습니다. 용서하십시오. 깨달았습니다.

지금에야 깨달았습니다. 결코 당신이 무정함이 아니라 순○이의 결점 많은 탓이니까 자한자원(自恨自怨)할 따름이지요.

해송 씨 원하시는 대로 시행하겠나이다.

연(然)이나 세상만사가 그같이 여의(如意)히 될까요. 네! 최 씨(결혼한 남자)는 벌써 결정되었나이다. 버얼써. 해송 씨! 씨여! 씨여! 순○을 사랑한다고는 말하지 말아주서요.

'사랑하므로 최 씨께'— 저는 평범한 사람입니다. 아무리 생각하여도 그것이 제게 대한 사랑은 아니지요. 최 씨께 대한 동정에 지나지 못하지요.

해송 씨! 저는 당신을 부모보다도 형제보다도 이 세상에 무엇무엇보다도 사랑하였습니다. 사랑하는 마음 가운데는 항상 사랑하는 그 사람을 행복되도록 기쁘도록 하는 것이 제일 요소라고 저는 생각하여요. 둘러 생각하면 해송 씨를 위하여서는 저는 사랑을 끊을 수밖에는 없습니다.

기뻐 헤어지지요. 말씀대로 순○이는 어떠한 경우에 있더라도 당신을 위하여 일촌간장(一寸肝臟)을 베이겠나이다.

해송 씨! 당신의 심리는 잘 이해합니다. 우리의 사랑은 부부까지가 아니었지요. 그것을 허영이었다 하시는 것이지요. 압니다. 압니다. 개성서 온―개성인이 무엇이라고 말하는 줄은 당신도 아시겠지요. 네, 네, 기쁩니다. 기쁩니다. 나의 사랑! 당신을 위하여 기쁩니다.

그러나 세상이 왜 이다지 불공평하여요. 왜 이렇게도 남녀를 너무도 차별 있게 대우합니까. 너무도―

무엇으로 보든지…… 이것이 당연한 일이지요. 참사랑이 나의 마음이라 하면 사랑하는 당신의 장래, 현재를 위하여 원대로 하옵지요.

해송 씨의 장래는 행복뿐입니다. 기쁨뿐입니다. 행복하시오. 건강하시오…… 차차 잊게 되겠지만 하루바삐 이순○을 뇌리에서 끊어버리서요.

하루바삐!

해송 씨를 본받아, 김○숙 씨를 도루 사랑하시라고 하고 싶으나 저는 진심으로 그것을 바라지 않습니다. 그런 앵무와 같은 말은 그

역군은 59

만듭니다.

사랑아! 나의 사랑아! 사랑이라고도 오늘뿐! 해송 씨라는 글자 쓰기도…… 다 오늘뿐이구나.

영원히 가거라. 행복의 길로,
조금도 뒤돌아보지 말고.
일 보 일 보가 너의 신생활이다.
행복된 신생활이다.
사랑아, 나의 사랑아!
나도 간다! 간다! 나 갈 길로……

사랑아! 나의 사랑아! 행복의 길로 가려면 험한 길도 있을 것이요, 평지도 있을지라! 너의 마음을 상(傷)해줄 것도 있고 너의 마음을 기쁘게 해줄 것도 있으리라. 사람의 일생은 오직 고생뿐! 경험뿐이니라. 나는 너의 이상을! 그 고상한 순결무구한 너의 마음을 짐작하나…… 이 세상에 행복을 취하려면 그 고상한 이상을 좀 낮출 필요가 있다.

세상은 「우육(牛肉)과 마령서(馬鈴薯)」*. 보셨어요?

내내 안녕하시고 행복하시오. 행복스럽게 즐겁게 웅장하게 재미스럽게 사시오. 진실하게 살아주서요. 굳세게 살아주서요. 용감하게

---

* 「소고기와 감자(牛肉と馬鈴薯)」. 일본 작가 구니키다 돗포(國木田獨步, 1871~1908)의 소설.

살아주서요. 즐겁게 기쁘게 행복스럽게 살아주서요.
 붓을 놓게 되매 흐르는 눈물을 어찌할 수 없습니다.
 그러면 그러면…… 영원히……

8월 5일, 옛사랑 물망초

 그의 편지를 베끼면서 지금도 나의 몸에는 진땀이 흐르고 눈물이 앞을 가리고 손이 떨립니다.

'이'의 편지 2

 글월 감사합니다. 저는 편지를 주실 줄은 생각지도 못했어요.
 사랑하는 해송 씨! 저는 모든 것을 단념했습니다. 모든 것을! 저에게는 아무것도 없습니다. 사랑도, 명예도, 재산도, 직업도! 다만 죄의 덩어리뿐이야요. 깨달았습니다. 깨달았습니다. 아무리 최 씨가 저를 사랑한대도 저는 이 죄의 몸으로 어찌 인간인 이상 어떻게 어떻게…… 그것은 짐승과 같지요. 최 씨에게 또 간다는 건 너무해요.
 사랑하는 해송 씨! 전의 저의 사랑을 참된 사랑이라고만 생각해 주서요.
 이제부터는 저는 당신에게 사랑이라고 쓰지 않아요. 당신과는 남이 되었지요. 그러니 당신도 사랑한단 말씀을 말아주서요. 태내에 당신의 혈육은 있어도 저와 당신은 남이 되었어요.
 저로부터 자진해서…… 저는 당신에게 적당한 애인도 처도 아니야요. 만일 저에게 또 피가 돌고 경우에 못이길 사정이 있을 때에는 애인을 남편을 구하지요. 최 씨도 아니야요. 당신도 아니야요. 저는 당신의 요구(최)를 들을 수 없어요. 들으려도 그것은 너무 무법(無法)한 악희(惡戲)야요. 인생을 악희로 어찌 살 수가 있어요. 저는 자격, 기타 신체까지도 약해빠져서 견딜 수가 없어요. 저로부터 자진해서 이별을 하겠어요. 남이 되어주서요. 연소(年少)한 당신에게 너무 걱정을 시키기 싫여요.

행복스럽게 살아주서요. 튼튼하게…… 저를 잊으시고……

8월 6일, 이순○

설명을 쓸 필요가 없을 것입니다. 한 구절 한 마디가 내게는 더할 수 없이 존귀하고, 상처를 쑤시는 화살 같습니다.

다음 편지는 어찌할 바를 모르는 애인 '이'가 나를 찾았다가 뱃속의 어린것을 찾았다가, 또 나를 부르는, 글씨조차 알아보기 어려운 편지입니다.

'이'의 편지 3

귀여운 아가! 나의 이 붓을 미워해라. 또 붓을 들었으니……

나는 나는 얼마나 울었나! 가슴에서 솟아 나오는 눈물! 피를 짜는 것 같은 괴로움! 나는 나는, 아아! 나는 참을 수 없다. 아아! 괴로워. 괴로워.

사랑하는 해송 씨. 아니, 귀여운 아가! 나의 사랑하는 아가! 나를 울리지 마라!

　나는 일전에 공원에 가서 마음껏 울고 싶었다. 그렇지만 사람들이 있어 그도 못했지! 불행한 나! 그것까지도 하지를 못해! 이만한 자유도 없을까. 아아, 아가! 당신의 마음을 나는 잘 알고 있었습니다. 내가 동경을 출발한 후의 당신! 나는 나는 그것을 알면서 오해를 했습니다. 자연히 그렇게 생각하지 않을 수 없이 되었습니다. 그는 먼 나라에 홀로 있는 외로운 마음 외로운 여자였으니까…… 귀여운 이여! 공원에서 이 사진을 박았습니다. 무엇 때문에! 한 푼 돈도 부자유한 내가! 아아, 보아주실는지, 얼굴에 나타난 우울! 알아주실까! 받아주실까! 내버리실까! 나는 무엇이든지 감수하겠어요.

　아아, 물망초는 시들어갑니다. 아니, 벌써 말라버렸지요. 사랑의 이슬은 충분하지요. 그렇지만 쪼이는 볕의 폭력에는 견딜 수가 없어요.

　귀여운 이여! 나는 노했다, 원망했다, 울었다, 부르짖었다…… 아아, 나는 노해도 역시 당신이 귀여워! 원망해도 역시 귀여워. 잊으려 해도 역시 만나고 싶어! 그렇지만 틀려! 나는 어떻게 해서든지 같이 있고 싶어! 헤어지기 싫여. 그러나 그것은 당신을 괴롭게 하는 일. 아무 이익도 없어! 당신은 지금 꿈에서 깨어나는 사람이니까……

　사랑하는 해송 씨! 저를 사랑하시면 훌륭한 사람이 되어주서요. 저와 같은 사람은 잊어버리시고. 그리고 다만 이 부정(不貞)한 물망초의 뱃속에 있는 것을 생각해주서요. 저는 저의 몸은 어떻게 되든지 ○○은 기를 터야요. 훌륭한 아버지, 당신에게 드릴 터야요.

당신은 지금은 연소(年少)하시니까, 혈육의 힘이란 그렇게 생각지 않으시겠지만, 떨어지지 못할 무엇이 있어요. 저와는 아주 남이니까요. 미래의 아들을 위해서 훌륭한 아버지가 되어주서요. 저도 4월, 5월, 6월까지는 의심했었어요. 설마! 당신에게 편지 쓸 때에도 의심하면서 쓴 것이야요. 그런데 7월에 진찰을 받고는 확정이 되었습니다.

아아, 저는 얼마나 괴로웠을까요. 자살……도 생각했습니다. 태내의 가련한 그것을……까지 생각했습니다. 그러나 다행히 저는 살았습니다. 저는 깨달았습니다. 해송 씨! 부모님의 명령에 따라 당신의 천재적, 그 옥(玉)을 닦아주십시오. 사랑을 위하여! 사랑의 결정을 위하여! 그뿐입니다, 원(願)은. 물망초는 죽었습니다. 마음도 몸도 명예도 사랑도! 다만 외로운 사명이 남아 있을 뿐입니다.

아아, 해송 씨! 동생은 이혼이 되겠지요. 그도 나 때문에! 내가 원인으로! 동생도 그렇게 말합니다. 형님 때문에 동생까지 소홀히 하는 박정한 남편이면 바라지 않겠다고요. 그렇게 된다면 저에게는 또 한 가지 사명이 생기겠지요. 그러한 능력이 제게 있을까요. 아아!

해송 씨! 저는 당신을 괴롭게 하기 싫습니다. 당신의 지금 경우는 괴롭습니다. 사회, 가정!

아아, 저를 사랑하시면 훌륭한 아버지가 되어주십시오. 당신이 훌륭한 아버지가 되시기까지가 저의 사명입니다. 그때에는 그야말로…… 아아 신이여! 신이여!

나의 사랑하는 해송 씨에게 행복과 건강과 성공을 베풀어주소서.

8월 11일,

물가에 시들어 마른 물망초

이 사진은 이순○의 유물

사랑하는 해송 씨에게

(『여성』 1940년 1월)

*

하루는 저녁때에 둘째 형님이 나를 부르시더니 같이 나가자고 하십니다. 형님을 따라 동부 어느 골 어떠한 집에 들어갔습니다. 이곳이 형님의 일하시는 곳인 것을 비로소 알았습니다.

"이 씨가 올 터이니 만나서 잘 이야기하라."

나는 깜짝 놀랐습니다. 형님이 그렇게 생각해주신 것보다, '이'를 만나기가 싫었던 것입니다. 그때의 심리를 나는 지금에 기록할 수도 없고, 생각하려야 생각할 수도 없습니다.

그때 내 나이 열일곱. 고향에 돌아와서 이미 석 달이 되었습니다. 아무도 말 한마디 안 해주는 석 달 동안, 장안 사람들의 손가락질을 받은 석 달 동안에 나의 마음에는 무서운 것밖에 없었습니다. 죄지은 사람의 무서움밖에는 아무것도 없었습니다. 앉아 있는 그 자리가 무너지지나 않을까, 추녀 끝에서 기와가 떨어지지나 않을까. 박대(薄待)한 김 씨가 무엇이 되어서 나타나지나 않을까, 그의 남편

최 씨가 쫓아와서 야단이나 치지 않을까…… 이러한 공포심밖에는 없었습니다.

반갑다는 말 한마디 없이, 역시 최 씨를 따르라는 말과 이때까지의 일을 잊어버려달라는 말을 하고 나서는 그 자리를 나서서 금시에 집으로 돌아온 것이었습니다.

'이'의 편지 4

어젯밤에는 의외에 당신을 뵈어서 기뻤습니다.

당신은 말씀하셨지요. "아무 말도 아니 하려다가 한다"고. 저는 단념은 했지만 그 말씀을 듣고 몹시 불만하게 생각했습니다. 참말 유감이었습니다. 형님의 말씀으로, 할 수 없이…… 아아 미안합니다. 그렇지만 기뻤습니다. 솟아오르는 눈물을 어찌 참을 수가 있을까요. 가슴을 베는 것 같은 여러 가지 생각을 누르고 누르고, 태연하려고 했습니다. 요사이 저는 슬픔, 괴로움, 아아! 그것을, 태아를 생각하고는…… 기뻐합니다. 저는 생각합니다. 태아가 무엇일까…… 어찌하여 나에게 이렇게 힘을, 기쁨을 주는가…… 아기가 얼마나 귀여운지 무경험한 이 내가…… 아아, 이것이 신의 힘이 아니고 무엇이야요. 이것이 신비의 힘이 아니고 무엇이야요.

해송 씨! 사랑하는 해송 씨! 어찌하여 이 세상이 이렇게 부자유합니까. 마음대로 되지를 않아요. 당신의 마음은 충분히 알았습니다. 그렇지만 너무해요. 너무 무정하지 않아요? 네, 그렇지요. 제가 당신을 단념하겠다고 말씀한 것이 무리였을까요. 사랑이 부족했음이었을까요. 네, 어느 편이야요? 제가 무이해(無理解)일까요?

여자에게 임신이란 변사(變事)가 있을 때에는 그 정신작용, 육체의 변조(變調)가 어떠한지 당신도 아시겠지요. 그러지 않아도 신경질이요 신경과민인 저니까요. 그동안 얼마나 괴로웠을까요. 저는 당신보다 몇 배나 더 괴로웠을 줄 압니다. 요사이는 괴로워하지 않아요. 태아의 장래를 생각하고…… 모체의 고통이 태아에게 끼치는 영향이 크다 하니 힘써 좋은 낯으로 태연하려 합니다.

제가 8월 11일에 올린 편지—당신은 무정으로 당신의 무능력으로 된 일이 아니란 것을 추측하실 줄 압니다. 당신의 무능력이란 것을 생각한다면 당신을 위해서 북경까지 가지도 않았겠지요. 최 씨와의 사이도 결코 최 씨의 무능력을 걱정한 것은 아니었지요.

해송 씨! 조금도 제 걱정을 마서요. 저는 제 힘 자라는 데까지 고통을 참고[물질적] 유아를 교육하고 저도 건강한 몸이 되겠어요. 그렇지만 그것이 되는지 못 되는지는 믿을 수 없어요.

당신이 성공하실 때까지…… 아시는 바와 같이 북경 형님은 성심으로 사랑해주기는 하지만, 그도 여자이니까요. 남편 있는 여자이니 그렇게 자유롭지 못합니다 형님은 사랑도 잘 이해해줍니다. 자기 자신 고통이 있기 때문에 저에게는 진심으로 동정해줍니다. 그러나 긴 세월에는 의외의 일이 생길는지도 모릅니다. 세상에 흔히 있는 결혼 문제입니다. 젊은 여자가 어린것 하나를 데리고 있으면 세상 사람이 어떻게 볼까요…… 그런 때에 형님이 저를 그렇게 봐주실는지요. 저는 믿을 수 없을 것 같습니다. 그때에 제가 반대할 힘이 있을까요. 그게 지금부터 걱정이야요. 세상 사람들은 야심

뿐이니까요.

저는 이러한 공상가가 되었어요. 공상과 같이 된다면 해송 씨에게 미안한 마음, 그 마음뿐입니다. 그래서 저를 아주 당신의 머리에서 없애버리고 되는대로 가다가 다행히 저의 이 사랑을 보전할 수 있다면 이런 기쁜 행복은 없을 줄 압니다. 그렇지 못하면 결정(結晶)인 것을 돌려드리겠습니다.

좌우간 잊어버려주서요. 그리고 부모님의 명령에 순종해주서요. 저의 시기인지도 모르겠지만 당신에게는 이제 지덕겸비(智德兼備)한 이상의 여자가 생길 줄 믿습니다. 그렇게 되면 지금 좀 불행하다고 생각하셔도 장래에는 행복되실 것입니다. 이것은 시기가 아닙니다. 사실일지도, 아니 사실이니까요. 저와 같은 빈약한 사랑…… 아무것도 뛰어난 게 없는 저로서는 저보다도 당신이 가엾다고 생각합니다. 장래에 외국에 있다 해도 공부를 하는 것이 못 되겠으니까요.

예술가의 처 될 자격이 있을까 생각할 때 저는 슬퍼요.

지금 쓴 것은 적나라한 저의 마음입니다. 거짓 없는 저의 생각입니다.

사랑하는 해송 씨! 어쨌든 물망초는 시들은 것, 죽은 것으로 생각해주서요. 그리고 괴로워하지 마시고, 당신의 장래를 바라보고 나아가주서요. 괴로움이 심할 때는 저는 해송 씨를 잊어버리려고 노력합니다. 그러나 힘쓰면 힘쓸수록 잊을 수가 없습니다……

해송 씨! 그러면 8월 이전, 귀개(歸開) 이전에는 어떻게 생각한 줄 아실까요. 그때는 아무것도 생각지 않고 사회도 당신의 사정도…… 아무것도 돌보지 않고 저의 사랑을 성공시키려는 이기적인 생각뿐이었습니다. 이제 겨우 깨달았습니다. 여러 가지…… 쓰고 싶은 말 다 썼습니다. 지나간 꿈의 자취를…… 쓰려면 한이 없지요. ……행복되게 ……건강하게 ……네.

이제는 당신도 글월 아니 주시겠지요. 저도 당신을 위해서 쓰고 싶은 것도 그만두지요. 더운 때, 추운 때…… 자애(自愛)해주십시오.

8월 13일,

물망초

'이'의 편지 5

나는 또 펜을 들었습니다. 읽어주십시오.

사랑하는 해송 씨! 나의 진실한 한마디를 들어주십시오. 이해해주십시오. 제가 개성에 와서는 어떠한 일이 있든지 당신의 형님께 매달려서 우리들의 사랑을 완성시키려고 생각했었습니다. 그리고 자기의 마음에 물어보았습니다. 당신과 나를. 나는 나의 장래보다도 당신을 생각하고 싶습니다.

그래서 자진해서 자기의 절절한 사랑을 희생하려고 했습니다. 더욱이 당신의 글월을 읽고서, 나는 수일 전 사람에게 들은 일도 있고, 나도 여러 가지로 생각해보았습니다. 해송 씨! 사랑하는 이여! 잘못했습니다. 저의 죄를 용서해주십시오. 사회는 너무합니다. 너무합니다. 그저 '헤매인 사랑이었다' '허영의 사랑이었다'고 생각하시고 더 힘 있게 살아주십시오.

일전 제 집에 신문기자의 내방이 있었습니다. 알아들으시겠지요. 다른 두 사람은 결단코 그야말로 결백 무죄이니 여하한 항의라도 할 수 있을 것이나…… 아아, 사랑하는 나의 해송 씨는 가엾을 손 그 일이 용이치 않겠지요. 저의 가슴은 미어지는 듯합니다. 해송 씨! 젊은 날의 한 실패는 장래의 성공에 근본이 될 것이오니 헤매는 여자 이순○를 아주 잊어버려주십시오. 그리고 굳세게 훌륭하게 살아주십시오. 청춘의 한 타격(打擊)은 당신을 행복되게 할 것입니다. 저는 그것만 빌고 있습니다.

해송 씨! 이제 시원하게 되었습니다. 깨달았습니다.

해송 씨! 저는 당신에게 헤매인 여자였습니다. 그렇지만 당신을 사랑하는 그 사이에는 다른 이를 생각한 일이 없습니다. 이때까지…… 저의 일생의 원(願)이오니 이것만은 오해하지 마시기 바랍니다. 저는 당신을 잊으려야 잊을 수 없습니다. 움직이는 태내의 ○○을 생각할 때 어찌 잊을 수가 있겠습니까. 하염없는 이 가슴으로 다만 당신의 행복을 빌 뿐입니다. 지금의 ○○은 사랑으로써 훌륭한 사람으로 만들어 당신께 바치겠습니다. (남자면) 양육에 대해서도 걱정 마십시오. 저는 사랑을 위하여 사랑을 희생해서 사랑의 결정만을 잘 닦아서 그것만을 당신께 드리겠습니다. 훌륭한 아기면. 그렇지 않으면(평범) 드리지 않겠어요.

원합니다. 당신을 사랑한 후는 저는 단 한길이었습니다.

당신께 여러 가지로 걱정만 드렸습니다. 미안합니다.

사회의 어떤 격렬한 비난이 생기면 대항해주십시오. 대항해주십시오.

사랑을 위해. 나의 사랑하는 해송 씨를 괴롭게 했습니다. 나는…… 나는……

이 편지를 최후로 하고 그는 다시 북경으로 떠났습니다.

'이'의 편지 6

멀리 국경을 건너온 당신의 글월 반가이 읽었습니다. 잘도 생각하셨습니다. 고맙습니다. 당신이여, 제게 희롱을 받으셨다고요? 그것이 당신의 진심으로서의 말씀입니까? 네, 참말 그렇게 생각하십니까? 저는 아무 변명도 말씀치 않아요. 변명할 아무 구실도 없으니까요. 그렇지만 당신 생각만 하시지 말고 '이'란 것도 좀 생각해주셔서 그런 말씀을 하셔요. 나는 당신이 무능력……이란 점도 없다고는 안 해요. 지금의 저로서는 무능력으로는 어려우니까요. 그러나 당신의 무능력을 지금 알은 것은 아니야요. ○○은 받지 않으시겠다구요? 저는 억지로 드리려구는 안 해요. 지금의 저, 아니 이후라도 저의 생명수인 그 하나…… 그래도 천륜이란 것을 생각하고 드리려고 생각한 것이지요. 싫다 하시면 저는 다행이지요. 이 이상의 기쁨은 없어요. 다만 천륜에 어그러진 일을 하고 싶지 않았지요.

건강하시고 행복되시고…… 저는 당신을 희롱했다 하셔도 늘 이 두 가지를 빌고 있습니다.

8월 29일,
이순○

이렇게 무정한 이별을 하고도, 그 사람을 어떻게 해야 할는지, 자기가 어떻게 살아야 할는지, 아무 생각 없이 시나 소설을 읽고, 날마다 만월대에 올라가서 신세를 지게 되었습니다.

　'나는 이미 불행하다. 그러나 이래서는 우리의 뒤를 따라오는 차대(次代)가 가엾다. 어린 사람이라도 그의 소견을 이해해주지 않아서는 훌륭한 차대를 바랄 수 없다. 어린 사람들을 아버지 어머니의 주머니에서 꺼내주어야 될 것이다. 어린 때의 미신(迷信) 교육이 일생에 활개를 펴지 못하게 한다. 이 사람들을 건져줄 기회를 만들어야 되겠다.'

　이렇게 생각하고, '소년단체를 만들어줍소사' 하고 그때 각지에 있던 수백 단체 청년회에 권고를 하고 또 소년단체 조직의 방침, 지도의 방침을 가르쳐주는 단체를 만들어 그때 여러 선배의 지도하에 경성에 그 사무소를 둔 일도 있었습니다.

　소파(小波)의 『어린이』란 잡지가 나기 전, 이미 동화 같은 것을 쓰고 했으니, 이 모든 것이 그때의 나의 마음에서 절실히 느낀 것을 글로 표현한 것이었습니다.

　그해 겨울 '이'의 모친이 와서 북경서 해산했다는 말을 어머님께 전했다는 말과 어머님께서 아버님께 의논하셔서 돈 얼마를 보내셨다는 말을 다른 사람에게 들은 일이 있었습니다.

　다음 해 5월에 '이'가 나의 둘째 형님께 보낸 온 편지—

'이'의 편지 7

아이가 일전부터 식체(食滯)로 앓기에 진찰복약(診察服藥)한 후 낫더니, 그 체기가 근본적으로 쾌복(快服)되지 못하였던지 또 병이 나서 진찰한 즉 의사의 말이 위장병(胃腸病)이라 하여 복약하였으나 좀 낫다가 더하고 더하다가 좀 낫고 하여 월여(月餘)를 신고(辛苦)하던 중 겸해 폐렴이 생(生)하여 더욱 고통하다가, 마침내 음력 이달 초8일 오전 두 시 삼십 분에 세상을 떠났소이다.

사람으로 난 이상에는 누구나 다 조만간 가는 그 길이라 슬퍼할 것도 싫여할 것도 없는 일이건만, 생후 오 개월의 참혹한 어린 죽음을 본 이 마음은 어떻다고 말할 수 없습니다.

좋지 못한 이 소식이나마 통지하지 아니할 수 없어서 나가지 않는 붓대로 두어 줄 그리어 드리나이다.

음 5월 11일, 북경서

직접 나에게도 주지 않고 둘째 형님께로 보내온 이 편지를 얻어 보고 놀라움과 무서움으로 뜰아랫방에 들어앉은 채 며칠을 지내다가 겨우 '사랑으로 세상에 난 아이가 사랑이 없어지니 내가 있어 무엇 하리 하고 가더라'는 의미의 시조 한 수를 겨우 짓고 밤낮 누워 있었습니다.

동정하심인지 아버님의 말씀으로서인지, 둘째 형님께서 형님이 그때 계시던 강원도 평창이란 곳으로 가지 않으려느냐 하시므로, 나는 둘째 형님을 따라 그곳으로 떠났습니다.

평창 대화(大和)란 곳, 인가도 별로 없고 사방을 산이 에워싸 있는 곳에 있는 조그마한 집에서 가을과 겨울을 났습니다.

산골로 약수도 찾아가고, 그림도 그리고, 장이 서는 날이면 장 구경도 가보고, 하염없는 세월을 보냈습니다.

이때에 「황조(黃鳥)」란 희곡을 썼으니, 결혼한 남자가 애인을 가지게 되었으나 보이지 않는 황조의 환희에 못 이겨 이혼도 못하고 애인을 어찌하지도 못하고 죽게까지 되니 동무와 애인이 그 황조를 잡도록 노력하자 하므로 끝을 막은, 그때의 나의 심경을 나타낸 글이라 볼 수 있습니다.

여기서, 그리고 고향에서 여러 편 시를 지은 것이 있으니 그중에 몇 개를 적어보면—

첫사랑

세상에 못 잊을 것은
첫사랑의 기억.
잊으려 잊으려 하여도
못 잊을 것은
고웁고 달디단
첫사랑의 기억.

첫사랑의 기억은 고웁드라.
첫사랑의 기억은 달드라.

해골만 남아 있는
쓸쓸한 무덤에도
조그만 이것만이
언제까지든지
달고도 고웁게
싸고 돌겠지……

달님을 잡으러

가자.
저어라 어기어차.
잦아드는 저 달을
붙잡으려고
붙잡고 늘으고 안고 지고.
돌아 돌아가는
달님을 붙잡고
물 넘어 물속에
달님의 나라로
모르고 못 본 내라 내 나라로.

나돌아가려고

용솟음 치는
물결 우으로──
달리자.
저어라 어기어차.

무제(無題)

무너진 가슴,
사르어진 불꽃.
가다듬어 사르어주는
님의 그림자.
넘어가는 맥박같이
넋 잃고 울렁대는 나의 마음을
님은 고웁게 안아주어요.

폐허의 그 우에
백장미꽃은
물도 안 주면 왜 심었어요.
살리려고요.
작란(作亂)하려고.
작란이얼랑
묵질러주고요,

살리려거든
님은 고웁게 안아주어요.

시조(時調)

잠들면 꿈이 오고 꿈 드면 님 뵈오드라
요란한 세상에서 뵙지 못할 우리 님을
잠 청해 꿈나라로 나는 찾아가리라.

박연(朴淵)

석벽(石壁)에 반짝이는 은빛의 꽃은
가을밤 보름달에 비치는 단풍
꽃 속에서 떨어져 헤지는 구슬
내리는 박연의 흩어짐이여.

둥실 뜬 용바위는 구름에 자고
물속에 잠긴 달은 흔들리어라.
그리워라, 황진이는 어드메던고
별 춤추는 하늘가에 물소리뿐이.

감상(感傷)의 겨울비

고을 건너 주막집
판두방의 소설(小說) 소리도 끊어지고
무덤같이 고요한 방 안에
엇얼은 빙판에 실비의 내림과
기묘히 듣는 낙수의 떨어짐조차
고요히 고요히
문틈으로 새어 들어라.

무제(無題)

가슴이 울어 두근거릴 때
붓을 들고서 물어보아도
가슴속에 깊이 패어진 구멍 안에서
그 님의 영자(影子)가 미소하고 사라져갈 때
아아 나의 미련이 노엾지마는
열린 눈초리에는
하염없는 이슬이 맺히고
무너진 가슴이 헐떡거릴 때
몸은 진땀에 젖고 애닯은 영(靈)은

안타까운 꿈속에 헤매이어라.

이러한 한숨과 허무에 헤매는 나를 알아보셨는지 둘째 형님께서 남모르게 북경 '이'에게 편지를 써 보내신 것이 '부지차인거소려(不知此人去所戾)'란 둥 석 장 부전(付箋)이 붙어서 돌아온 것을 나는 받아 들고 깜짝 놀랐습니다.

형님께서 이런 일을 하시는 것도 의외요, 또 북경서 두 번이나 주소를 바꾼 다음에 이제는 어디로 갔는지 모른다는 것도 놀라운 일이었습니다. 방바닥에 땅바닥에 종이 위에 물망초 물망초를 몇 번이나 쓰다가, '끝없이 흐르고 있을 물망초에게'란 글자를 오랫동안 쓰게 되었습니다. 어느 무엇을 보든지 쓰든지 어디를 가든지 이러한 글자를 마음속에서 반드시 쓰고 있었던 것입니다.

*

오늘(쇼와[昭和] 14년* 10월 17일) 나에게는 귀중한, 그러나 아직까지 알지 못하고 지낸 석 장의 서한이 들어왔습니다. 한 장은 평창 있을 때에 내가 처(妻) 김 씨에게 보낸 길고 긴 편지요, 또 한 장은 그 편지를 동봉해서 어머님께 보내온 김 씨의 편지요, 또 한 장은 내가 나가노 현(長野縣)에 있을 때 김 씨로부터 받은 편지이니, 오늘

* 1939년.

날까지 전혀 생각지 못한 문서입니다.

생각건대 평창 있을 때에도 김 씨에게 이혼하자는 편지를 쓴 것 같습니다.

*

조모님과 양당시하에 또 댁내가 다 평안하십니까. 오늘 뜻밖에 편지를 쓰게 된 것은 언제인가 내가 동경 있을 때 '이혼'하자니까 도무지 웬 이유를 모르겠다고 하였으므로 오늘 그 이유를 쓰고자 합니다……

이러한 서두(書頭)로 큰 편전(便箋)에 깨알 같은 글씨로 다섯 장이나 씌어 있습니다. 이런 구절도 있습니다.

……부모님이 너무 걱정하시고 무구리니 무슨 고사니 굿이니 하고 돈만 쓰시고 날마다 걱정 아니하시는 날이 없으므로, 부모님 앞에서는 퍽 조심하고, 또 마음을 죽이는 것인데, 이후에는 어찌 될 것을 생각해보십시오.

또—

……며칠 안 되면, 집으로 돌아갈 터이오니 편지 말고, 또 나에게 말하려고 하지 말고 당신의 일을 당신이 혼자 처리하십시오. 그

리고 당신이 잘못한 일이 있어서 그러는 것이 아니니까, 하고 싶지 않거든 언제까지든지 계십시오. 역지로 가라는 것은 아니니까……
이만 그치고 당신 일생의 일을 당신이 잘 생각하심을 바랍니다.

평창에서

아버님 어머님께 걱정시키지 말고 둘이서 이혼을 하자, 이혼을 하고 좋은 사람을 만나 다시 결혼을 하도록 하자는 말이었습니다.

이 편지를 동봉해서 큰 반지(半紙) 열 장에 만지장설을 써서 어머님께 보낸 것을 나는 오늘에야 알았습니다.

그 가운데는 '남편이 다시 시집을 가라 하니 그런 욕이 어디 있느냐', 또 '어머님께서는 아직 나이 어린 신랑이니 그저 참고 있으면 그렇지 않아지리라고 말씀하시지만 벌써 그는 어린 사람은 아닙니다' 그러한 의미의 내용인 편지였습니다.

그 후에도 역시 집에 와 있었으니 어머님께서 얼마나 이 김 씨를 사랑하시고 달래가면서 앞에 두시었는지를 알 수가 있습니다. 여러 자부(子婦) 가운데 가장 김 씨를 사랑하시었고, 또 나의 장래를 위하셔서 지금은 그저 참고만 있으라 말씀을 여러 해 동안 하신 것 같습니다.

평창서 돌아온 후 다음 해에는 차차 형님들이 좋은 눈으로 보아 주시게 되었습니다. 큰형님께서는 책사(冊肆)에서 보고 싶은 책을 갖다 읽어라, 책값만은 지불해주마 하셔서 책을 마음대로 갖다 읽게 되었습니다. 또 셋째 형님께서는 동무들과 같이 청요리(淸料理) 집에 가서 음식(飮食)한 것을 지불해주시었습니다. 책값은 큰형님,

요리 값은 셋째 형님, 이렇게 형님들의 귀여움을 받고 지냈습니다.

그럴 때에 마침 고려청년회(高麗靑年會)에서 의연금(義捐金)을 거둘 필요가 생겨 연극을 하게 되어 나에게 그 일을 보아달라 하매, 비로소 청년회에 입회를 하고, 소인연극(素人演劇)을 삼 일 동안 공연하게 되었습니다. 각본을 쓰고 번안(飜案)을 하고 하루 두 개씩 여섯 가지 각본을 골라서 돈 안 드는 무대장치를 꾸미고 일변 회관에서 연습을 시작하게 되었습니다.

청년회의 간부들이 총 출연하는 소인극(素人劇)이며 그때의 개성을 움직이는 힘을 가진 실업가, 교육가, 중년신사들이 무대에 섰으니 상당한 구경거리였습니다. 연극도 그럴듯하게 하고 성적도 좋아서 소기의 목적을 이루었습니다. 그 후에는 청년회의 이사가 되어서 학예부 일도 해보고, 물산장려운동(物産奬勵運動)이 일어나자 개성에도 그 회가 생기고 그 회의 간부로 일도 해보고, '어린이날'을 정하게 되매 그날을 경성보다도 훌륭하게 치르고. 이렇게 세월을 보내게 되니 지방의 소위 유지신사(有志紳士)와 같은 꼬락서니가 되어가는 것이, 혹 가다 만월대에 올라가서 가만히 생각해보면 어지간히 부끄러운 마음과 기막힌 생각이 오고 가고 했습니다.

이렇게 세월을 보내서 무엇이 되노? "동경에 가서 공부를 하고 혼자서 생활해가도록 하겠으니 돈 오백 원만 주십시오" 하고 아버님께 여쭐 때, 아버님께서는 "그저 집에서 놀고 있거라. 너의 일평생 먹고살 만한 것은 있다"고 한참 꾸중을 들은 일이 있었으니, 이대로 놀고먹고 일평생을 보내야 할 것이냐, 이 일을 생각하게 되매 또다시 만월대의 신세를 지게 되었습니다.

날마다 올라가서 생각을 거듭했습니다.

우리의 소위 재산이란 것을 생각해보았습니다. 앞집이 조금 부자가 되었다는 소문을 들을 때에는 반드시 동내(洞內) 어느 집이 망해간다는 소문을 듣게 되었습니다. 먼 시골에 가서 부자가 되어 왔다면 그 시골에서 망해가는 사람의 소문은 그다지 들려오지 않겠지만 장안 안에서 앞집 뒷집이 부자가 되었다 가난해졌다 흥했다가 망했다 하는 소문을 들을 때에 우리의 일평생 먹고살 만한 것이란 것도 언제 어떻게 될는지 알 수 없는 것이 아니냐고 생각했습니다.

아무리 해도 제 손 제 몸뚱이에 힘을 기르는 것이 제일일 것이라고 생각하게 되었습니다.

또 한편으로 생각해보면, 그 이유는 어찌 되었든지 나로 말미암아 김 씨와 이 씨 두 사람이 가엾은 형상에 있으니 두 사람씩이나 그 일생을 불행하게 해놓고 나 혼자 있는 재산으로 편안하게 세월을 보낸다는 것이 차마 하지 못할 일이라고 생각되었습니다.

"네가 북경 소식을 아느냐? 북경서 어떻게 지내는지 아느냐?"

혹 가다 북경에를 갔다 왔다는 아는 사람이 이런 말을 할 때에 그의 얼굴에 가득한 증오의 빛을 못 알아볼 리 없었습니다.

고생을 하는구나! 나로 하여 고생을 하는구나, 하는 자책의 염을 느낄 때 그 원인이 어디 있느냐, 나도 이곳에 머물러 있지 않을 것이라고 마음속에서 소리쳤습니다. 이 모든 책임, 원인을 아버님께 돌려보내고 있었던 것입니다.

'참아라. 참아라. 나도 너를 따라가리라. 너만 고생을 시키지는 않을 것이다. 나도 불행하다. 나도 안락(安樂)을 취하지 않으리라. 나도

이제 모진 길을 걸어갈 것이다.'

이렇게 마음을 먹고 어찌해서든지 집을 떠나 혼자서 살아갈 길을 찾으려고 했습니다.

겨우 양복도 내주시고 경성 1~2박의 여행도 허락을 얻은 얼마 후에 이 결심을 동무 몽초(夢初)에게 말하게 되었습니다. 몽초는 선뜻 동경까지의 여비를 내주었습니다.

청년회관에는 아무도 없고, 다만 공탁(孔濯) 혼자 공상(空床) 위에 앉아 있었습니다. 나는 탁(濯)에게도 그 말을 했습니다. 탁은 한참 동안 얼굴을 바라보고 있더니,

"악수합시다."

하고 단단히 내 손을 쥐고 흔들었습니다.

"마(馬)가 그런 생각이 있었던 줄 몰랐소. 나는 마가 이 지위에 만족하고 있는 줄 알았소. 염려 마시오. 나하고 같이 갑시다."

마침 탁도 일간 다시 동경으로 갈 예정이었다 하고 같이 가자고 했습니다. 감격성(感激性)인 탁도 감격한 것 같았으나 나도 눈에 눈물이 돌았습니다.

*

경성에 볼일이 있어 잠깐 다녀올 것같이 바스켓 하나만을 들고서 고향을 떠났습니다.

진재(震災)* 다음 해, 스무 살 된 해 늦은 여름. 탁(濯)과 같이 경성을 떠나 경주로 갔습니다. 탁이 이번 길에는 꼭 경주를 구경할 예

정이었던 까닭에 나도 같이 가게 된 것이었습니다.

경주 어느 여염집 같은 여사(旅舍)에서 하룻밤을 묵고, 일찍 일어나서 세수할 때에 건넌방에서 스르릉 하고 거문고 소리가 나자 우리들은 깜짝 놀란 듯이 얼굴을 마주보았습니다.

"스르릉 스르릉 징둥당······

한참 동안이나 말없이 거문고 소리를 듣다가 우리들은 세수를 마치고 마루에 앉았습니다.

거문고 소리가 끊기자 열댓 살 된 처녀가 살그머니 나오더니 댕기꼬리를 출렁거리며 문 밖으로 나갔습니다. 탁은 무릎을 치며,

"어때?"

"······"

"예가 참 조선이로구려."

*

불국사를 보고 석굴암을 보고 부슬부슬 내리는 비를 맞으면서 발길을 돌리지 못하고 한나절을 지냈습니다.

그 후 이 년이 지난 다음에 구라파에 가 있던 탁으로부터 받은 편지에 이런 구절이 있습니다.

어떻게 지내셨습니까. 또한 지내십니까? 여기 온 지 근 일 년이

* 간토대지진(關東大地震). 1923년 9월 1일 발생.

되어갑니다. 마지막 형님 숙소에서 자던 생각이 납니다. 무던히 나도 가슴 타던 젊은이였습니다. 처음 얼마 동안은 동무도 없고 해서 좀 고독하더니 이제는 그렇지도 않습니다. 책과 생각, 도서관으로, 혼자 살아나가는 방법을 배웠습니다.

일전 ○형의 서신을 보니 청년회관 기공식을 했답니다. 아버지에게 단식으로 위혁(威嚇)해가면서 2천 원 조르던 때가 생각납니다. 어쨌든 기쁩니다.

×

우리가 경주 갔을 때 어느 석양엔가 석조(夕照)에 비쳤던 형의 모습이 생각납니다. 석굴암의 관음상은 아마 형 같은 아름다운 분의 손으로 되었으리라 믿습니다. 형! 관음상의 그 생긋 웃으며 바람을 날치는 모양이 생각나시오? 나는 근일에 깨달은 점이나, 조선은 신라예술을 감상 못했기 때문에 오늘날―같은 것이 흐려졌고, 또한―문화 전통이 없다 생각합니다. 나는 근래에 준급(埈及) 바빌론 문명을 좀 탐구해 들어감을 따라 예술이 끼치는 성(性)을 더욱 생각합니다.

형! 죽기 전에 무엇이든 하나 해놓으십시다. (하략)

*

그렇게 감격을 느끼면서 돌아다니면서도 나는 집에서 알고 붙들러 오지나 않을까 하는 겁이 가끔 마음을 불안하게 했습니다. 연락선을 탈 때에 붙들리지나 않을까, 이번에 다시 돌아가게 되면 이삼 년 혹은 일생, 밖에도 못 나가게 하실 것을 생각하면, 어서 바다를 건너야 마음이 놓일 것 같았습니다.

그림엽서에 "동무와 같이 경주 구경을 왔습니다. 곧 귀성(歸省)하겠습니다." 이런 글을 써서 부치고 그날 밤 배를 타게 되었습니다. 무사히 동경에 도착하니 이미 가지고 온 돈은 다 떨어지고 한 때의 밥도 탁의 신세를 지게 되었으니 한시가 바쁘게 일자리를 구해야 되게쯤 되었습니다.

도즈카(戶塚)의 하숙에 거의 한 달, 나가사키(長崎村)에 집을 얻어 두서너 학생들과 자취를 시작하게 되매 그곳에 거의 한 달, 이렇듯 그의 신세를 몹시 졌습니다. 반월사(半月舍)라고 이름을 짓고 있을 때 제일 늦게 일어나는 사람이 나이니, 밥을 짓고 국을 끓이는 사람은 탁이나 다른 학생이요, '일어나라' '밥 먹자'고 흔들어야 겨우 일어나서 같이 밥을 먹는 형편이었으니, 이 여러 동무들에게도 많은 신세를 졌습니다.

겨우 초가을이 되려 할 때에 일자리를 얻었습니다. 반월사를 나와 일 보러 가는 곳 근처에 방을 얻어 있게 되었습니다.

떠난 님 그립다 듯 밤마다 그립소. 노래 부르는 사람도 없이 시 없는 민족과 같이 우리 집은 중천(中天)에 빗긴 반월(半月)이 쓸쓸히 떠다니오. 나는 상야(上野) 다니노라 들를 사이가 없었소. 명야(明夜)쯤 들를까 하니 기다려주시료?

죽밥을 대하기 전(13. 2. 20)

이런 탁의 엽서도 있습니다.

그 이튿날 밤 탁이 와서 나의 텅 빈 방을 보고 한심했을 것도 상상이 되지만 책상머리의 조그마한 종이에,

'너는 사랑하는 일가도 형제도 없다. 그리고 의지할 아무도 없다. 오직 너 하나뿐이다.'

이런 글을 써 붙인 것을 보고 놀라서,

"이거! 이게 무어요?"

하고 떼버리려는 기색을 보인 것이 생각납니다.

참으로 나는 이 글을 날마다 보며 여러 해를 지냈습니다. 조선 사람은 의뢰심(依賴心)이 많다는 것을 반대해보려는 의지도 있었습니다.

고생이 될 때에, 외로워서 못 견디어 할 때에, 나는 이것을 외우면서 몸에 채찍질해왔습니다. 저녁때 젊은이들이 누구나 울고 싶어질 때, 홀로 방 안에 앉아서 고독을 지키고 밤에도 불 밝은 곳을 찾아다니지 않고 캄캄한 곳에서 외로운 몸을 얼싸안고 지냈습니다.

"'이'야! 울지 마라. 괴로워하지 마라. 이제 얼마 아니해서 찾아가리라."

이러한 희망을 참으로 오랫동안 지니고 있었습니다.

그러나 얼마 아니 되어서 들리는 소리가, '이'는 북경서 몹시 고생을 하다가 어떠한 사람과 같이 살게 되어 ○○로 갔다는 것이었습니다. 실망도 있었습니다. 원망도 있었습니다.

그러나 그런 소리를 믿을 수가 있으랴고도 생각했습니다. 그럴 때에 탁은 다시 귀향하고, 그 결과는 중국을 거쳐서 구라파로 유학을

떠나게 되었습니다. 그때에 탁의 편지에,

    근래의 형의 동경 생활은 어떠하십니까? 권태의 상태에 가까워 오지나 않았습니까? 나는 형의 생활이 더욱 충실해지기를 축복하며 동시에 많은 아픔이 있기를 바라고 이만 그칩니다.
                                  ○○행 서경(西京) 환선(丸船) 중,
                                                2월 15일

이러한 대목이 있었습니다. 나를 이처럼 격려해주던 탁이었습니다. 나는 곧 ○○에 가면 '이'의 소식을 문차(問次)해달라고 부탁했습니다. 부탁을 보내자마자 벌써 그것을 알아보아서 보내온 편지를 받게 되었습니다. 다른 소식을 쓴 맨 끝에 사각 선을 치고 '이'의 개명(改名)한 이름과 주소와 그의 남편의 이름과 남편의 모습과 살림살이가 넉넉하지는 못한 것 같다는 것이 깨알 같은 글씨로 씌어 있었습니다.

나는 놀랍고 섭섭한 마음을 어찌할 수 없었습니다. 분개했다고 함이 옳을 것입니다.

북경 있을 때의 편지에 "지금 누님 집에 신세를 지고 있으나, 그도 남편 있는 사람이라 얼마 동안이나 보아주는지 모를 일이요, 자연 남자들이 귀찮게 굴 것이요, 그렇게 되면 아무리 누님같이 생각하고 있는 '이'라도 내 신세를 생각해줄는지 모르겠다"는 글을 받은 일이 생각났습니다.

'먹고살아가기 위해서는……'

생각이 여기까지 올 때에 동정하고 싶은 마음도 없지 않았습니다.

그러나 내가 생각한 바와 기대한 것이 모두 수포로 돌아간 것을 생각할 때에 분개하는 심사가 있을 뿐이었습니다.

왜 최(결혼한 남자)를 찾지 않았나?

그러기가 싫다면 왜 좀더 참아주지 못했나?

그를 다시 북경으로 보낼 때의 나의 태도가 너무도 야속하고 냉정했던 것을 모르는 것이 아니나, 그때의 나의 사정을 이해할 수가 없었을까, 그만 것을 이해하지 못했을까 하고 한탄했습니다. 분한 생각만이 남았습니다. 술 먹고 찻집을 찾아다니는 생활이 이때부터 시작되었습니다.

*

나의 일자리라는 것은 내가 동경에서 학교에 다닐 때 극문학(劇文學) 강의를 하던 선생을 찾아가, 그가 경영하는 잡지사의 일을 보아주게 된 것이었습니다. 일에 재미가 있을 리도 없었습니다. 이 일을 잘해서, 잘 배워서 이 길에서 성공할 생각도 물론 없었습니다.

그것은 어디까지든지 생활의 방편이라고 생각했습니다.

일자리를 얻은 후에는 곧 야학을 다니기로 했습니다. 야학이란 휴강하는 일이 많고, 또 일 보는 곳에서 늦게 나오게 되면 가기 어렵고 해서, 야학을 그만두고 '우에노 도서관(上夜圖書館)'을 다니기로 했습니다.

몇 달 지난 후에는 마침 여자의학전문학교에 계신 누님도 찾아보고, 그렇기 때문에 고향 댁에서도 아시게 되었고, 차차 동무들도 만나게 되었습니다.

오래간만에 김성(金星)도 만나게 되었습니다. 색동회가 가끔 그의 방에서 모이기도 하였습니다.

우리들은 혼조 구(本所區)에 많이 있는 어린이들이 말도 모르고 글씨도 모른다는 이야기를 듣고 그곳에서 야학을 시작하게 되었습니다.

처음에는 일고여덟 명이 모였습니다. 우리들이 번갈아 가르치러 갔습니다. 누님도 며칠 동안 가르치러 갔습니다. 교회에서도 몇 사람이 도우러 왔습니다. 학생은 점점 많아갔습니다.

어린이날에는 동화회(童話會)를 열게까지 되었습니다. 좁은 방에 어린이가 오륙십 명 모이고 문 밖에 어른들이 오륙십 명 모여서 우리들의 이야기를 듣고 있었습니다. 이곳에서 처음 보는 명절을 지내게 되었습니다. 크리스마스 날은 간다 기독청년회관(神田基督靑年會館)을 빌려서, 여러 군데 사는 어린이들을 모아놓고 동화며 동극(童劇)까지 하게 되었습니다.

낮에 일 보아주는 것은 생활의 방편이요, 밤의 생활에 나의 생활의 의의를 두게 되었습니다.

'나는 불행한 길을 걸어왔다. 너희들은 이런 길을 밟지 마라.'

이러한 마음으로 어린이를 대하고 어린이를 위해서 글을 썼습니다. 이때에 「홍길동」을 비롯하여 여러 가지를 썼습니다.

이럴 때에 술을 마시는 생활이 시작되었습니다. 모든 것이 중단되었습니다.

사십 년 동안 없었던 상사가 났습니다.

셋째 형님이 돌아가셨다는 전보를 받았습니다. "돌아오라"는 두 번째 전보를 받고 돌아갔습니다.

장사를 지내고 다음 날 또다시 몰래 동경으로 왔습니다.

다음 해에는 어머님께서 돌아가셨습니다.

나는 아버님을 원망했습니다. 나의 모든 불행이 아버님의 무이해(無理解)로부터 시작된 것같이 생각되었습니다. 그러나 어머님은 세상에도 드문 훌륭하신 어머님이라고 생각해왔습니다. 이 사랑 많으신 어머님을 사모하는 마음은 하루도 잊은 날이 없었습니다.

돌아가셨다는 전보를 받고 불효만 끼치고 한 번도 어머님께 기쁨을 드리지 못한 것을 뉘우치는 마음에 견딜 수 없이 슬펐습니다.

형님, 세 분 형님도 또한 세상에 드문 좋은 형님이요, 마음 고운 형님이라고 항상 존경해왔습니다. 그 셋째 형님을 잃은 다음에 곧 어머님을 여의게 되니 망극한 마음이 지극했습니다.

곧 떠나 장례에 참례하게 되었습니다.

성복(成服)을 지낸 날 안마당에서 소복(素服)을 입은 김 씨를 보았습니다. 나는 몹시 놀랐습니다.

아아, 내가 어디 가서 어떠한 생활을 하고 있더라도 한번 맺은 이 결박은 끊을 수가 없는 것이로구나, 하는 생각이 났습니다. 나의 얼굴에는 미움이 가득 찬 빛이 있었을 것입니다.

큰누님께서 "그래도 어머님을 뫼시고 있던 사람이니, 어머님 장례에 참례하지 말라고야 할 수 있느냐"고 말씀하셨습니다.

장례를 지내고 나는 또다시 동경으로 왔습니다.

아무 데로 돌아다녀도 피할 수 없는 결박과 실망을 느끼며 생활은 점점 타락하게 되었습니다. ○○로 편지를 쓰게 되었습니다. 편지에는 원망하는 소리와 사랑하는 마음과 옛날 요코하마 공원(橫濱公園)에서 새벽을 기다리던 기억과 '일시의 허영, 일시의 감정'이 아니었다는 말과, 지금 다른 사람과 결혼했다는 소문을 믿고 싶지 않다는 말과 언제까지든지 기다리고 있겠다는 말을 썼습니다.

그러나 그 편지는 얼마 아니해서 돌아왔습니다. 또 다른 곳으로 집을 옮기었는지 혹은 탁이 문차(問次)해봤다는 것이 나로 하여금 그를 단념하게 하느라고 일부러 써 보낸 것이나 아닌가 하고 의아하게 되었습니다.

탁뿐이 아니라 다른 동무들에게도 한번 헤어진 사람, 간 사람을 그렇게 몇 해를 두고 생각하는 것은 일이 아니라고 여러 번 말을 들은 일이 있었습니다.

그러나 나는 그때의 사랑이 다만 그 한때의 일시적 감상이 아니요 허영이 아니었다는 것을 나 자신에게, 그리고 동무, 그리고 나를 비난하던 세상 사람들에게 알리고 싶었습니다.

그렇기 때문에 생활이 타락해서 술을 마시고, 찻집을 찾아다니기는 하나 여자에게 눈을 파는 일은 한 번도 없었습니다.

말 붙이는 여자, 찾아오는 여자가 없지 않았으나, 나의 굳은 결심은 몇 번이라도 물리칠 수가 있었습니다.

*

스물네 살 되던 해에 나는 폐병(肺病)에 걸렸었습니다.

자신 아무 고통도 없었으나 의사의 권고로 보슈 해안(房州海岸)에서 사 개월을 지내고 와서, 가마쿠라(鎌倉)에 있으면서 사(社)에 통근을 했습니다. 그러나 한 달도 못 되어서 또 감기가 들어 그것이 좀 나은 후에는 11월 나가노 현(長野縣) 후지미(富士見) 고원 요양소에 입원을 하게 되었습니다.

그때에도 자신은 별로 괴로움이 없었으나, 의사는 마음을 놓을 수 없다는 진단이었습니다.

다음 해 정월 초3일 밤에 기침과 함께 딸기와 같은 혈담(血痰) 세 개를 토했습니다.

'인제는 죽는구나.'

하는 생각이 번개같이 났습니다. 나는,

'일 년만 참아주십시오.'

하고 빌었습니다. 눈물이 그치지 않았습니다.

'일 년만 참아주십시오.'

일 년만 더 살면 모든 것을 다 해놓을 것같이 생각되고, 그런 다음이면 죽어도 좋으리라 생각되었습니다.

급한 문제가 김 씨와의 이혼이라고 생각했습니다.

이대로 죽는다면 그 후의 김 씨는 일생을 비참하게 살아가게 될 것이니, 내가 죽어도 좋은 곳으로 못 갈 것같이 생각되었습니다. 저 세상에 가서 누구에게 꾸중을 들을 것같이 생각되었습니다.

내가 결박을 받고 있다던 생각이, 이 자리에 있어서는 김 씨가 나에게 매여서 불행하리라고 생각하게 되었습니다. 죽기 전에 그 사람을 자유롭게 해야만 내 마음이 놓일 것같이 생각이 되었습니다.

곧 집으로 상서(上書)를 했습니다.

정식으로 이혼이 못 되면 편안히 죽지도 못하겠다는 급한 편지였습니다.

열두 살에 결혼하고 열세 살부터 싫어하던, 호적에도 오르지 않은 것의 정식 이혼이란 것이 어떻게 되는 일인지도 몰랐습니다.

여러 날 만에 하서(下書)를 받았습니다.

말썽 끝에 정식으로 이혼이 되었다는 말씀이었습니다. 적이 안심이 되었습니다.

혈담은 그뿐이었습니다. 석 달 동안을 돌아눕지도 않고 누운 채로 지냈습니다.

'일 년만 더 살아야지'의 굳은 결심이었습니다.

그때에 나의 병실에 매일같이 문병을 오는 여자가 있었습니다.

혹은 꽃을 갖다 주고 혹은 화분을 갖다 놓고, 물을 주러 오고 책을 읽어주고, 심부름을 해주기까지 했습니다.

같은 병동 맨 끝 병실에 있는, 역시 환자였습니다. 스무 살 된 미모의 처녀였습니다. 그는 날마다 나의 병실에 와서 시중을 들어주었습니다.

겨울이라 산 위에 그렇게 꽃이 있을 리가 없건만, 날마다 여러 가지 꽃을 갖다 주었습니다. 누워 있는 채로 돌아눕지도 않으므로 누워서 눈에 띌 곳, 맞은편 벽 두 구석에 화분을 매달아 놓기도 하고 전등줄에까지 매달아 놓았습니다.

"여보, 이 겨울에 꽃이 없을 텐데 어디서 그렇게 모아 오시오?"
하고 한번을 물어보았습니다.

"아이고, 모르시나 보이. 이 병원 아래 온실 꽃장사가 있는데요."
하고 깔깔 웃어버립니다. 그러나 처음 몇 번은 그 온실에서 사왔는지도 모르나 그곳에서만 가져오는 것이 아니었습니다.

며칠 안 되어서 그것이 탄로가 났습니다. 마침 그 여자가 나의 병실에 화분을 가지고 왔을 때 간호부가 들어오더니,

"또 갔다 왔지? 안 돼요. 그렇게 무리를 해선……"
하고 꾸중을 하매 그 여자는 아무 말 없이 간호부에게 합장을 하여 비는 것을 나는 언뜻 보았습니다. 여자는 나의 얼굴을 보고 웃어버렸습니다. 간호부도 따라 웃어버렸습니다.

간호부의 말은 그 여자가 꽃을 사러 가끔 기차를 타고 사십 분 걸리는 곳까지 갔다 온다는 것이었습니다. 그날도 눈이 오는데 나막신을 신고 양산(洋傘)도 없이 책보를 쓰고 갔다 왔다는 것이었습니다. 그때의 그의 열은 39도는 되리라는 말을 들으매 놀라지 않을 수 없었습니다. 나는 그 여자에게 감사하고, 병실에 가서 안정하고 있기를 권했습니다.

"네."
하고 돌아간 그 여자는 저녁이 되면 또 왔습니다. 의사가 꾸짖어 할 수 없이 안정하고 있을 때에는 두 번 세 번 편지를 써서 간호부를 시켜 보내왔습니다. 그런 편지는 나를 위안하려는 잔소리 군소리 우스갯소리였습니다.

이러한 요양 생활이 효과가 있었습니다.

나는 혼자 누워서 창을 열어놓고 시시(時時)로 변해가는 하늘빛과 구름만 보고도 지낼 수 있었습니다. 그러한 고독이 오히려 나의 마음과 가슴과 몸까지도 깨끗하게 하는 것 같아 즐거웠습니다. 그러나 이 여자가 나타난 후로는 이 여자의 친절이 더욱 즐거웠습니다.

이러한 즐거운 생활이 요양에는 제일 효과가 있을 것입니다. 나도 그렇습니다. 그러나 그 사람이 나를 사랑함이 지극하고 내가 그 사람을 사랑함이 적기 때문에, 그보다도 사랑하므로써 마음을 괴롭게 하거나 속을 상하게 하는 일이 없었기 때문에, 받기만 하고 주는 것이 없었기 때문에 효과가 있었고, 나는 다시 살아났습니다.

그처럼 나는 그 사람에게 사랑을 느끼지 못했습니다. 고맙다는 마음과, 하늘이 나에게 보내신 은인이라고만 생각하였습니다. 그 사람의 은혜를 갚아야 하겠다고 생각하였습니다. 건강이 회복된 후에 그에게 내가 필요하다면 결혼이라도 해야 할 의무가 있다고까지 생각하였습니다. 그러나 그러한 요구만은 하지 않도록 미리미리 여러 가지로 말을 전하기도 하고 그만한 거리를 두고 상종해왔습니다.

그는 5월에 갑자기 어머니가 와서 데려갔습니다. 그때에 나는 그의 퇴원의 이유를 짐작했습니다. 결혼시킬 준비일 것을 짐작하고 적이 안심이 되어 나의 재생(再生)의 은인의 행복을 빌었습니다.

*

나의 몸은 날로 건강을 회복했습니다. 하루에 한 번 발끝만 오분씩 하던 일광욕을 하루에 두 시간씩 세 시간씩 하게 되고, 전신의 일광욕을 온종일 해도 좋으리 만치 몸이 튼튼해졌습니다. 일광욕 350여 시간의 기록을 짓고 훌륭한 건강체가 되었습니다. 마사키(正木) 박사와 의사, 또 간호부들의 친절을 잊을 수가 없었습니다.

긴 세월 꾸준히 요양비를 보내준 선생과 몽초(夢初)의 은혜도 컸습니다. 그러나 그 여자의 은혜도 그만 못지않게 크다고 생각했습니다.

*

10월. 열한 달 만에 퇴원하고 동경으로 돌아왔습니다.

사(社)의 일은 한 가지 일을 주장해서 보게 되었습니다. 책임을 지게 되니 일에 골몰하지 않을 수 없고 자연 일에 재미도 붙이게 되었습니다. 그러나 건강에 주의하지 않으면 안 될 형편이므로 일을 마치면 일찍 집에 돌아가 누워 있어서 사람을 피하는 괴벽한 생활을 하게 되었습니다.

하루는 전화를 걸고 그 여자가 나의 집으로 찾아왔습니다. 그가 돌아온 후 집에서는 결혼을 시키려고 여러 사람 신랑감을 가져오나 이내 거절하고 이때까지 지냈다고, 나더러 결혼해달라는 말이었습니다.

나는 몸과, 그 외에도 결혼하지 못할 몇 가지 이유가 있다 하고, 할 수 없다는 말을 했습니다. 부모의 말씀대로 하는 것이 당신의 행복이리라고 말했습니다.

그 후 한 달쯤 지나서 이번에는 사(社)로 갑자기 찾아왔습니다.

그의 얼굴은 창백하고 숨이 가빠서 말도 나오지 않는 모양이었습니다. 그보다도 그의 머리는 한편은 짧고 한편은 길게 잘라 풀어헤쳐진 것을 보매, 방금 머리를 잘라버리고 뛰어나온 것을 알 수 있었습니다. 놀라지 않을 수 없었습니다.

그는 아버지 앞에 불려가서 "이것이 최후의 말이니 곧 결혼을 승낙해라. 그렇지 않으면 내 자식으로 알지 않겠다"는 말을 듣자 자기 방으로 가서 가위로 머리를 자르고, 아버지 앞에 가서 "제 대답이 올시다" 하고 집을 나왔다는 것이었습니다. 놀라울 뿐 아니라 겁조차 났습니다. 그러나 결혼할 생각은 나지 않았습니다.

큰 은인을 이렇게 괴롭게 하게 된 것을 미안쩍게 생각했습니다. 그러나 역시 피하는 것이 그를 위하는 일이 되지 않을까 싶었습니다.

그는 얼마 후에 결혼을 해서 지금은 세 아이의 어머니가 되었습니다. 그때나 이제나, 그를 나의 은인으로 생각하며 그의 행복을 비는 마음은 다름이 없습니다.

*

스물여섯 되는 정월을 맞이하게 되었습니다. 그때에 나는 떡국을 먹고 나서 이러한 생각을 했습니다.

'이제 십 년이 된다. '이' 한 사람을 생각하고 살아오기 십 년이 된다. 내가 그에게 죄를 짓고, 그를 불행하게 했다 하더라도 십 년을 이렇게 지냈으니, 이제는 나도 해방이 되어도 좋지 않을 것이냐.'

이제는 나도 남들과 같이 사내답게 놀고 젊은 시절의 즐거움을 받을 권리가 있는 것같이 생각이 들었습니다.

그러나 그 후에도 별로 여자를 가까이 하고 싶은 마음 없이 몇 해를 지냈습니다. 그때의 그 여자가 그렇게까지 결혼하자고 할 때에 왜 나는 그처럼 악착하게 거절을 했을까. 그 사람을 사랑할 수가 없었을까. 그 사람은 미인이요 마음껏 정성껏 나를 사랑하지 않았는가. 그 사람은 하나도 결점이 없지 않으냐고 생각했습니다.

나의 몸에는 사람을 사랑하고 싶은 신경이 없어진 것이나 아닌가, 사랑이란 것을 잃어버린 것이나 아닌가, 몸이 병신이 된 것이나 아닌가, 십 년 이상 홀아비 생활을 하고 몸을 깨끗이 한 것이 지금에 와서는 걱정이 되었습니다.

하루는 마사키 박사를 찾아가서 나의 사정 이야기를 하고 의논했습니다. 박사는 한참 나의 얼굴을 바라보더니,

"십 년, 십 년이면 그럴 수도 있소. 어디 봅시다."

하고 진찰을 받게 되었습니다. 상당히 나쁜 상태에 이르렀으나 아직 명맥은 있다는 말이었습니다.

"당신이 그런 사람인 줄은 몰랐소."

박사는 놀란 빛을 보였습니다.

점점 날이 갈수록 결혼 생활을 할 수 없이 되어가는 자기의 몸을 생각할 때에 초조하지 않을 수 없었습니다.

또 한편으로는, 그러한 결과를 본들 어떠랴 하는 마음도 없지 않아 있었습니다.

두 여자의 장래를 그르치게 한 내가 행복된 가정을 이루려고 함은 너무도 욕심이 크다고 자기를 책망한 적도 있었습니다.

*

그동안 고향에서는 둘째 형님이 돌아가시고, 작은누님이 돌아가시고, 또 내 동생이 세상을 떠났습니다. 오형제 칠남매의 우리 형제 가운데 이제는 큰누님과 큰형님이 계실 뿐입니다.

두 번이나 동경에 오셔서 어린 그때의 우리들을 이해해주시고 그 후에도 평창에 데리고 가셔서 그처럼 나를 사랑해주시던 둘째 형님, 나보다도 일찍 깨달음이 있어 보통학교를 마친 후에는 곧 자기의 길을 걸으려고 아무의 말림도 듣지 않고 상점을 경영하며 소년회를 조직하던 동생. 결혼 생활보다도 자기의 갈 길은 다른 곳에 있다고 동경으로 와서 의학전문학교에 들어 늘 좋은 성적으로 그곳을 마치고 여의(女醫)가 되었던 미모의 누님을 다 보내고 보니, 아무리 동경에 와서 십여 년을 괴롭게 지냈다 하나 갑자기 신변이 더할 수 없이 허전하게 생각되었습니다. 큰형님만이라도 오래 살아주셔야겠다는 생각과 큰형님의 마음을 편안히 해드리고 싶은 마음이 간절했습니다.

아버님께는 어찌했든 어서어서 결혼해서 아이를 낳도록 하라는 하서(下書)를 여러 번 받았습니다. 그러나 역시 그럴 의사는 움직이지 않았습니다.

두 사람이 다 행복된 그 후라면, 그때에는 나도 결혼해도 좋으리라 생각했습니다. '이'가 가정을 이루었다는 말은 참말인 것 같으나, 그가 참으로 행복스러운 생활을 하고 있는지 또 언제 어떻게 되는지 알 수 없는 일이요, '이'가 행복하다 해도 김 씨는 어떠한가. 역시 재혼을 하지 않고 있다면, 이 사람은 어려서 나와 어른들의 구경거리에 지나지 못하는 성례(成禮)를 했기 때문에 일생을 눈물로 보낼 것이 아니냐. 그렇게 일생을 끝마친다면 비록 가정을 이루지 못하고 이혼한 사람이나 나의 아내로 일생을 마치는 것이 아니냐. 참으로 존경할 만한 고결한 인생이 아니냐. 이러한 사람을 저버릴 수 없을 것이니 내가 고향에 돌아갈 때면 마땅히 이 사람을 찾아가야 할 것이다. 나는 그렇게 생각하게 되었습니다.

동경에서 여러 해 동안 여러 가지 인생을 보고 지낸 까닭에 중병을 겪고 나서 어머님과 형님들을 잃고 난 외로운 혼이, 이제는 사랑과 미움의 세계를 넘어서 평화를 찾으려는 생각이었으리라고 생각합니다. 평화와 신뢰, 그곳에서 우러나오는 사랑이 부부의 사랑의 최고리라고 생각했습니다.

*

일 보는 곳에서는 해보고 싶은 일을 한 번씩은 다 해본 세음쯤 되었습니다. 그곳에서 경영하던 일 하나를 이익이 없으므로 그만두자는 의논이 났습니다. 나는 반대했습니다. "이것 하나쯤 밑져도 사의 대세에 관계가 없고 장래성이 있는 것이니 더 참고 해보자"는 의견을 토했습니다. 그러나 나의 의견은 통과되지 않았습니다.

"그러면 내가 혼자서라도 해보겠소."

이런 말을 하게 되었습니다. 이러한 경우에 이르러 심사로 한마디 한 것에 지나지 않습니다. 그러나 이 간단한 '경우'와 '심사'가 나의 일생을 지배할 줄은 나도 몰랐습니다.

　그날부터 사(社)에 나가지 않기로 했습니다. 여러 사람과 선생의 말림을 듣지 않고 이 일을 꼭 밑지지 않는 정도까지의 물건으로 만들어놓아야겠다고 생각했습니다. 그때에도 이 일로 내가 성공하고 싶고 일생을 바치자고는 생각지 않았습니다.

　이날부터 한 가지 일을 내가 혼자 경영하게 되었습니다.

　스물일곱 살 겨울이었습니다.

*

　일은 처음부터 순조롭게 되었습니다.

　나는 밤을 새워가며 일하고, 그때까지 여러 해 동안 사귀어온 사람들이 나의 일을 도와주었습니다. 선생과 아는 사람과 동무의 덕이었습니다.

　첫해는 좋고 다음 해는 손해가 많고 그 다음 해부터는 안심할 수 있을 만치 일이 잘되어 갔습니다.

　이런 일을 하러 동경에 온 것이 아니었건만 처음 찾아간 곳이 그런 곳이었기 때문에, 또 맡아 보는 일을 저지르지 않으려고 힘써 하는 바람에, 다른 곳에 눈을 팔 틈이 없었기 때문에, 이 길에 들어 이제는 좀처럼 몸을 빼낼 수가 없을 만치 되었습니다.

　고생을 사서 고향을 떠나왔으나 동무의 덕, 선생의 덕으로 이때까지 한 끼를 굶은 적도 없고, 돈이 부족해 옹색한 생각을 해본 일도 없이 지내다가 이제는 자기의 힘으로 한 일을 경영해서 몇 사람에게 월급을 주게까지 되니 사람이 살아가는 일이란 이상하다고 생각했습니다.

다만 이 일이 일생을 바칠 일은 아니요, 어디까지든지 일이 자리가 잡힐 때까지만이 내 일이라고 생각하고, 이것으로써 돈을 모아 자기의 재산을 만들 생각은 전연 없었습니다. 오히려 중도에 내가 죽은 다음에 나의 궤 속에서 저금통장이라도 나온다면 참으로 부끄러운 일이라고 생각했습니다. 그처럼 남의 일을 보아주는 것 같은 생각으로 일을 보아왔습니다.

*

서른한 살. 늦은 여름에 아버님께서 돌아가셨다는 전보를 받았습니다.

마침 큰일 하나를 새로 계획해서 거의 다 되었을 때에 이 전보를 받고 황급히 동경을 떠나게 되었습니다.

밤중에 고향에 도착하니 마중 나온 몇 사람 가운데 두 사람 옛 동무의 얼굴을 알아보는 외에는 알 수가 없었습니다.

누가 인사를 하든지 그저 "네, 네" 할 뿐이었습니다. 동무가 기가 막혀 "여보, 이 애가 조카 누구, 이 애가 조카 누구요" 하고 일일이 가르쳐주매, 비로소 '아, 참으로 내가 오랫동안 돌아오지 않았구나' 하는 한숨이 났습니다.

일이 바쁘다는 탓, 몸에 자신이 없다는 탓으로, 어긋난 마음이 아직도 바로 잡히지 않았던 까닭에 여러 해 동안 한 번도 근친하지 못한 일을 한탄했습니다.

　빈실에 들어가매 슬픔은 터져 나왔습니다. 이 아버님의 크신 사랑을 이해하지 못하고 오랫동안 원망하고 지낸 불효가 오히려 원망스러웠습니다.

　'견디지 못할 맹목적 사랑'이라고 말한 때가 있었지만 자식을 생각하는 아버지의 맹목적 사랑보다 더 큰 사랑이 있으랴고 생각하게 되었습니다. 이 아버님께 오랫동안 걱정과 근심만 드리고 지내온 자기의 일을 생각할 때 그 모든 것이 헛되이 생각되었습니다.

　'아버님, 잘못했습니다.'

　마음속으로 이렇게 외치며 울음을 그칠 수가 없었습니다.

*

　제사를 지낼 때면 언제든지 아버님 양 옆에 오형제가 늘어서 있었건만 시방 상청에는 큰형님과 나와 단둘이서 새벽부터 오시는 조상(弔喪) 손님을 대하게 되었습니다. 이런 감개로도 눈물은 그치지 않았습니다.

　조상 손님이 뜸하자, 나는 형님께 물었습니다.

　"유언은 없으셨어요?"

　형님은 한참 동안 말씀이 없으시다가,

　"뇌일혈로 돌아가셔서 말씀을 못하셨지……만, 날마다 네 걱정 안 하신 날이 없으셔……"

　나는 또 눈물이 앞을 가렸습니다.

"날마다지. 나더러 너 결혼하도록 하라고만 하시니 내가 어떻게……"

또 한참 동안 말씀이 없으시다가,

"어쨌든 결혼할 생각이 들면 그게 제일이지."

느끼어 우는 나를 위로하시듯 이렇게 말씀하셨습니다.

돌아가신 아버님께 해드릴 수 있는 것은 이 길 하나뿐이다. 우는 것보다도 슬퍼하는 것보다도 그것이 제일이다. 이렇게 들렸습니다. 나는 눈물을 훔치고,

"김 씨는 지금 어떻게 지내요?"

하고 물었습니다. 형님께서는 몹시 놀라신 것 같았습니다.

"김 씨! 여태 모르고 있었니? 벌써 시집간 지가 언젠데. 아이를 둘인가 낳고 잘 산다더라."

그리고 이런 말씀을 하셨습니다.

"별생각을 다 하고 있구나. 이 씨도 시집을 갔대지?"

이번에는 내가 놀랐습니다. 이런 일까지 알고 계셨으니 얼마나 오랫동안 나로 하여 아버님과 형님께서 걱정을 하셨을까, 하고 미안한 마음이 들었습니다.

"그럼 결혼하지요. 하나 정해주십시오. 결혼하겠습니다."

형님은 못마땅해하시는 것 같았습니다. 그러나 나는 마음속에서 나오는 참말이었습니다. 아버님께서 돌아가신 지금에 형님이 정해주시는 사람이면 아버님이 정해주시는 것이나 마찬가지요, 그런 사람이면 부덕(婦德)이 있는 얌전한 사람일 것이니 그 사람을 아내로 삼고 그 사람이 행복된 아내가 되도록 어디까지든지 힘쓸 수가 있

을 것 같고, 그 아내가 행복이라면 그것이 곧 나의 행복이리라고 생각했습니다.

아버님께서 정해주시는 한 사람을 행복되게 하자. 거기 내 생활이 있고, 내 행복이 있을 것이라고 나는 생각했습니다.

장례를 지내고 떠날 때에도,

"형님께서 정해주시면 언제든지 결혼하러 오겠어요."

하고 동경으로 왔습니다.

온 후에 마음에 끌리는 것은 역시 '이'가 지금 참으로 행복스럽게 지내나, 그것을 알아보고 싶은 마음이었습니다.

그때에는 동무들도 내가 결혼할 생각이 든 것을 알고, "인제는 아무 생각 말고 좋은 배필을 구하자"고 서둘고, 내가 '이'의 말을 꺼내면 그것은 객쩍은 일이요 쓸데없는 군소리라는 말까지 듣게 되었습니다.

그러나 필경은 한번 찾아가서 수소문해서라도 더 자세히 알아본 후에야 결혼을 하겠다고 고집을 세우매, 동무도 하는 수 없이 "그럼 내가 가서 알아보고 옴세" 하고 서둘러주게 되었습니다.

곧 떠나서 개성과 경성에 있는 ㄱ의 어머니와 누이와 동생을 찾아보고 자세한 소식을 들어 오게 되었습니다. '이'는 이미 새 가정을 이룬 지 오래고, 전에는 곤란한 적이 없지 않았으나 지금은 살림도 상당하고 두 아이를 낳고 잘 산다는 말과, 그러니 이제는 아는 체 말라는 말이었습니다.

그때에 나의 수기(手記)에 써둔 기록을 적어보면,

여덟 살과 두 살인 두 아이 어머니. 나는 그를 잊어야 한다. 십육 년 전을 어제오늘같이 그동안 한 순간도 잊지 못하던 그. 지금은 그의 생활을, 평화를 저지르는 것밖에 안 된다. 그러나 지금 과연 나는 무엇을 의탁하고 무엇을 목표로 살아가야 할 것이냐. 십육 년 동안 지니고 온 꿈. 희망. 비밀.

　　잊을 수가 있을까.

쇼와(昭和) 11년* 11월 21일

이런 수기의 다음 서너 장은 한 자도 쓰지 않은 백지가 있습니다. 그 다음 수기를 보면,

　　백지!

　　나는 백지의 귀함을 안다. 이 가운데 얼마나 많이 적혀 있을까를 생각할 때 이 백지가 비할 수 없이 귀엽고 사랑스럽다.

　　어느 해였던가.
　　몽초(夢初)가 유치원을 하고 있을 때, 몇 해 만에 만난 그의 온갖 대접보다도 볕이 쨍쨍한 운동장을 내다보며 컴컴한 교실 안 저 구석과 이 구석 의자 위에 누워서 뒹굴고 지낸 잠시 동안의 공허한 시간이 그때 여행 중에서 제일 잊히지 않는 즐거운 기억이었음을 생각한다.

---

* 1936년.

백지의 귀함. 백지의 애정의 깊음.

이상의 백지에 대한 변명이 아니다.

얼마나 많은 심로(心勞)와 얼마나 큰 변전(變轉)이 있었을까. 나의 생활, 그것이 이 백지를 스스로 채우고 남음이 있을 것이다.

×

새로운 생.

새로운 출발.

그 욕망이 불연 듯 끓어오른다.

"하하, 너도 또한 모든 사람들이 걸어온 길을 뒤따라 가려는구나."

객관의 조소(嘲笑)에 가까운 느낌을 느낀 것은 오랜 뒤였을 것이다.

×

말하고 싶을 것이다.

'나는 다르다'고 ─ 누구나 하고 싶은 말.

×

결혼에 의하여 새 길을 찾아야 할 것이다. 새 한 걸음을 나설 수가 있을 것이다.

행복된 결혼을 꿈꾸다.

×

거리낌 없다. 회한이 없다. 남은 아무것도 없다.

*

* 작가는 수기에서 백지의 귀함에 대해 생각하며 아무것도 씌어지지 않은 백면을 두었다. 이 책에서도 원문의 편제를 따랐다.

쇼와(昭和) 12년* 2월 22일 (수기)

이날. 나에게는 크게 기념될 날. 축복된 날이다.
천생(天生)의 연(緣)! 내 그렇게 생각하고 그 역(亦) 그렇게 생각하다.
×

당신께 아무것도 바칠 것이 없소. 나와 함께 있으므로 해서 당신이 행복되다면 그것이 곧 나의 행복.
×

님께 아무것도 드릴 것이 없다.
성(誠)과 실(實). 성의(誠意)와 충실(忠實)
내가 바칠 것은 오직 이것!
×

부부애의 극치는 신뢰와 평화가 아닐까.
×

신뢰와 평화에서 출발하는 애정이
인간생활에 있어 지상의 애정이 아닐까.

*

이날 2월 22일에 비로소 처음 만난 무용가 박 씨와 그해 11월 4

* 1937년.

일에 결혼을 하게 되었습니다. 오 년 동안 무용을 전공하고, 이해 가을에는 발표회를 하려던 그가 무용가와 현모양처가 양립할 수 없음을 이해하고 단연 무용의 길을 버리고 나하고 결혼하게 되었습니다. 이 역(亦) 님의 은혜가 아닌가 합니다.

 여름에 고향으로 돌아갔던 그가 10월 30일에 다시 동경으로 올 때의 짐은 신부신랑의 의상이요 침구요 폐백이었으니, 집에서는 떡 약과를 먹으며 양장(洋裝) 신부 의상을 입고 은사(恩師) 기쿠치(菊池) 선생 댁에 가서 4일 오전 열 시에 간단한 결혼식을 거행했습니다.

 잔을 받으며 우러나오는 감회는 삼십이 년 생애에 지닌 은혜였습니다. 내가 신세진 사람 내가 아는 사람, 아지 못하나 관계있는 모든 사람의 행복을 비는 마음과, 오늘로서 부부가 되어 일가(一家)를 세울 우리들을 행복되게 해주소서 하고 비는 마음, 이 아내를 행복되게 해야 하겠다는 결심이었습니다. 이러한 사람을 나의 아내로 삼을 자격이 있을까, 나에게는 넘치는 행복이다, 은혜가 크도다, 가슴속에서 소리치는 것 같았습니다.

 이러한 감사의 마음은 결혼한 지 이미 오 년, 두 아들의 아비가 된 오늘까지 변함이 없습니다.

*

 아이들이 자라면 자연 이야기하기 어려울 나의 내력(來歷)을 적어두었다가 읽히고자, 또한 사람은 은혜를 알고 감사하는 마음을 가지자고, 그리고 사랑함으로써 사람을 불행하게 하지 말 것과, 열 사람 백 사람의 행복을 위하여 한 사람을 불행하게 함은 장한 일이다. 그러나 우리는 우선 자기가 세상에 생을 얻음이 이미 님의 은혜이니 세상에 있는 동안 또는 간 뒤라도 한 사람 이상을 행복되게 하도록 힘쓰자는 말을 하고 싶었던 것입니다.

*

쇼와(昭和) 14년* 1월 17일의 수기를 적고 이 글을 끝마치려 합니다.

아내는 11일 입원. 아직 산기(産氣)가 없어 아침이면 집에 돌아오고 저녁때 입원하기 때문에 날마다 저녁때면 병원까지 바래다주던 것을 오늘은 거르고 동무들과 놀고 집에 돌아온 것이 자정 반.
새벽 두 시쯤 전화.
"지금 산기가 있으신 모양 같은데요, 조금 더 기다려봐서 다시 전화하겠으니 곧 와주세요."
기다리다가 어느덧 잠이 들었다. 전화 소리에 깜짝 놀라 깨니 다섯 시 반.
"지금 순산하셨습니다. 아드님이세요."
그 소리를 듣고 한참 동안 멍 하니 서 있었다. 아무 감동도 없다. 말문도 막히고 생각도 안 돈다. 좀 있으매 몸이 떨리다. 눈물이 핑 도

* 1939년.

는 듯싶었다. 양복을 입다. 자동차를 부르다.

"대단히 미안하지만……"

전화를 거는 하녀의 소리만 들린다.

"같이 가십시다."

식모 대구 부인은 깜짝 놀라 허둥지둥 옷을 갈아입고 나온다.

자동차는 아직 캄캄한 외원(外苑)을 달린다. 더 좀 속히 더 좀 속히. 아아!

그저 누구에게나 모든 것에 감사하고 싶은 마음뿐. 나같이 덕 없는 사람에게 이런 행복이 웬일인고 생각하다.

병원에 들어서니 간호부들이 축하 말을 한다. 아직 분만실에 있으니 잠깐 기다리라 한다.

"아주 커단 아드님이세요."

하고 원장이 나온다. 해산한 모양과 순산이란 말과 해산의 순서와 병원 자랑과…… 그러나 한마디도 귀에 들어오지 않는다. 일곱 시. 겨우 이층 입원실로 가다.

"고맙소. 수고했소."

아내는 웃을 따름 만족한 얼굴, 아직 눈도 안 뜬 갓난이, 비로소 아들과 대면하다.

"오오……"

한참 들여다보다가 나는,

"음, 좋은 아버지가 돼야지. 좋은 아버지가 돼야 한다"고 중얼거렸다. 나 같은 사람의 아들로 태어난 어린것이 가엾게 생각이 든 때문이다.

아이 얼굴을 들여다보며 눈물이 고였다.

"다 당신 덕이오."

하고 아내의 손을 쥐었다.

"별소리를 다 하오…… 좋은 아버지시지, 무어……"

"응, 좋은 아버지가 돼야겠소."

초7일.

개성 형님한테서 "종기(鍾基)란 이름이 어떠냐"는 하서(下書)가 왔다. '종기'란 나도 생각한 이름이다. 신통하고 반가웠다.

곧 병원으로 가 아이 침대 앞에 서서,

"네 이름을 '종기'라고 지었다"고 했다.

어머니는 이 이름을 마음에 들어 했다.

다시 나는 "건강하고 장수(長壽)하고 훌륭한 사내가 되어라. 훌륭한 남자가" 하고 당부를 했다.

어머니는, "훌륭한 사내, 암 그게 제일이지요."

나는 또, "네가 어떠한 일을 하든지, 무에 되든지, 네 자유를 속박하지는 않으련다. 네가 생각하는 큰일에 몸을 바친대도 나는 말리지 않으련다. 비겁한 남자를 만들고 싶지 않다. 아비의 권세란 것을 휘두르지 않으리라."

그러고 나서 다시금 생각했다.

'그런 아비가 되고 싶다', '좋은 아비가 돼야겠다'고.

이러한 생각이 다 내가 아버님께 반항하는 마음에서 우러난 것임을 짐작할 때, 나로 하여 비록 삼십이 지나서나마 좋은 지아비, 좋은 아버지가 되려고 힘쓸 생각이 들게 된 것이 또한 아버님의 크신 은혜임을 깨닫고 나는 또 이렇게 생각하였다.

'나는 네가 훌륭한 사내가 되도록 힘써야겠다. 그러나 네가 자란 뒤에 나는 네게 아무것도 요구하지 않으련다. 내게는 의무가 있을 뿐이다. 그 의무를 되도록 완전히 지키자. 아비의 권리란 없노라'고.

쇼와(昭和) 16년* 7월 9일

결혼하기 전에 써놓을 세음으로 붓을 든 것이니, 『여성』 잡지 쇼와 14년 7월호에 발표된 것 중, 절반쯤이 아마 결혼 전에 쓴 것이요, 그 다음은 종기(鍾基)를 낳은 해 봄부터 15년 1월호까지 다달이 써서 연재하였고, 그 뒤 것은 15년 여름까지 몇 장씩 쓰다가 그대로 두었던 것을 둘째 아들 종훈(鍾壎; 16년 1월 5일생)을 낳은 후에 쓰기 시작해서 7월 9일 탈고(脫稿).

---

* 1941년.

편편상(片片想)

● 원문 출처: 『편편상』(새문화사, 1948)

유치원의 위기

　유치원이 우리나라에 있어서는 사치품 중에도 가장 윗자리를 차지하고 있다. 원아(園兒) 하나를 원(園)에서 미움 받지 않고 다니게 해주려면 집에서 거두어주는 보모(褓姆) 한 사람이 필요할 만큼 수다스럽고 비용도 과대하다. 집안이 뒤숭숭하게 아침 두어 시간 서둘러서 꼬까옷 입혀서 유치원에 보내면 한 시간도 못 되어서 돌아오는 날도 많다. 두어 줄 적어준 것을 외워오라는 날은 어머니는 꼼짝 못하고 붙어 앉아 있게 된다.
　"내일은 조선옷 입혀주어! 그리고 돈도 주어야 돼! 양복 입고 가면 선생님 싫어해! 안 가면 욕먹어!"
　일요일에는 예배당에도 돈 주어서 보내어야 된다.
　"엄마는 왜 유치원에 안 와! 다른 아이들은 어머니서껀 할머니서껀 다 오는데 엄미만 안 외! 내일은 꼭 와야 된다. 안 오면 부끄러워서 난 안 댕길 테야?"
　"이런 거 입고 가면 유희(遊戲)에 뽑히지 않아!"

　　　　　　　　　＊

　대체 유치원이란 발육이 한창인(장난이 심한) 소학교 입학 전 이

년가량 가정의 손을 덜어주고 가정 각각의 독선적(獨善的) 보육으로부터 국민적인 건전한 육체와 정서의 보육을 위하여 사회가 맡아서 자유롭게 놀게 해주는 아동 공원, 유희실(遊戱室), 탁아소의 역할을 해주어야 할 것인데, 우리나라에서는 교회의 부속으로 시작된 곳이 많아서 유년 주일학교의 연장 같은 곳이 많았고, 그렇지 않으면 넉넉한 집에서 옷 자랑 겸 재롱 배워 오는 것을 보노라고 보내었다. 그다음은 국민학교 입학고사에 응하기 위한 일어(日語) 예비학교의 역할을 하여 왔다.

이제야말로 유치원의 옳은 길을 찾을 수 있게 되었을 때에 실상은 더욱 시대에 역행하여 큰 위기를 만들고 있다. 유치원에 보내지 않는 가정이 많아진 것과 또 많아질 것이 사실이다. 첫째는 비용이 많이 들고, 둘째로 손을 덜어주는 반대로 몹시 손이 가고, 셋째로 장난이란 곧 생활이요 알고자 하는 본능이요 모방하며 창조하고자 하는 지능의 발로이니, 이것을 충분히 돋워주어야 하겠거늘 오히려 누르고 그 뿌리조차 없이 하려 드는, 개성의 발전을 무시하고 일률적인 무기력하고 얌전한 아이를 만들려는 것이 오늘의 유치원인 까닭이다.

유치원의 위기, 그 책임은 유치원 당사자들에게 있다. 또 이런 문제에 무관심한 사회에도 있다. 그러면 타개책은, 상업적이 아니고 정략적이 아닌 유치원 연구 협의기관이 생겨서 새로운 시대의 보육 방침의 공동 연구와 교환, 재료의 광범위한 수집과 반포 등으로 전국의 유치원이 같은 보조로 우리나라 사람 생활의 필수품이 되도록 향상시켜야 할 것이다. 일을 맡길 사람은, 수십 년간 유치원에 관계가 있었다는 경력보다는 인제부터의 조선 사람의 살아갈 길을 잘 알므로써 다음 대를 옳게 지도할 수 있는 사람들이어야 할 것이다.

(『자유신문』 1947년 8월)

유아 의자

외국의 여자 사범대학을 견학 간 일이 있었다. 연구실에서 높이 1척(尺)도 못 되는 유치원 의자를 재고는 생각하고 기록하고 있는 중년의 남자 교원을 보았다.

"여섯 살 아이는 다섯 살 아이보다 얼마나 높게 해주어야 되나 연구 중입니다."

오 년 후에 또 그 학교를 견학하게 되었을 때 그 남자는 역시 유치원 의자를 재고 생각하고 기록하고 있었다.

"사 년 육 개월 아(兒)보다 오 년 아는 얼마나 높게 해주어야 되나 연구 중입니다. 개전(開戰)한 연도의 출생아는 그 전년 아보다 일반적으로 체위가 저하되어 표준 의자가 높습니다."

*

십여 년이 지났으니 그 사람도 환갑이 지났겠지만 지금도 유아 의자의 연구를 계속하고 있을는지도 모른다.

일평생을 유아 의자 연구에 바치고도 살아갈 수 있고 그렇게 함으로써 인류에 기여할 수 있다는 사실은 사십 년 식민지 백성으로 지내온 우리들에게는 경이(驚異) 아닐 수 없다. 우리들의 사십 년은 도저히 한 가지 일에 전 정력(精力)을 경주하기는 어려웠다. '무엇을 시키든지 한몫 볼 수 있다'는 말을 듣게 되어야 먹고살 수 있었다. 시만 쓰고는 살 수 없으니 장부(帳簿)도 알아야 하게 되고, 음악가가 목수 일을 한 사람도 있었다.

  널리 아는 사람이 많고, 깊이 배운 사람이 적은 것도 이 까닭이요, 어떤 화제(話題)든지 한마디 안 하고 못 견디는 버릇과 '각자이위대장(各自以謂大將)'의 악풍(惡風)도 여기서 시작되었을 것이다. 해방 후 이 년은 결코 우리들이 생각하던 세상은 아니었다. 방송극에 의하면 밤에는 인력거를 끄는 중학 교원도 있는 모양이요, 비행사는 자동차 운전수가 되었고, 교원으로서 물자(物資) 특배(特配)나 오기를 기다려서 시장에 갖다 넘기는 상재(商才)를 체득하게 된 사람도 많다고 한다. 우리는 하루 속히 안심하고 제 재주 한 곬으로 여념 없이 몰두할 수 있는 세상을 찾아야 할 것이다. 배우는 연기, 동화가는 동화, 곤충 학자는 곤충 연구에 몰두함으로 그것이 곧 나라와 인류에 기여하는 사실을 인정하고 보장하는 국가를 말함이다.

(『자유신문』 1947년 8월)

소학생과 소제(掃除)

아무나 붙들고 싸움을 하고 싶을 만치 화나는 일이 있다. 대체 어째서 소학교 아동에게 학교 소제(掃除)를 시키느냐는 것이다. 초급 칠팔 세 어린이들이 책상 밑을 소제하고 걸레질하고 유리창을 닦고 변소를 소제하고 운동장을 소제하기, 일주일에 두 번은 한다. 잘하면 한 시간, 선생님의 눈에 안 들면 두 시간도 걸린다. 소제하고 돌아온 학동은 마루에서 신발도 벗기 전에 쓰러져버린다. 얼굴에는 핏기도 없다.

아침은 밀에 쌀 섞인 밥 두 공기, 점심은 밀가루 빵떡 한 개, 그리고 이 고역(苦役). 그래도 어린이는 외친다.

"엄마! 새 걸레 하나 만들어줘!"

*

발육에 불가결이라는 육류와 생선과 신선한 채소는 한 달에 한 번 주기가 어렵고, 가난한 배급 생활에서만 자라난 시방 어린이들이 네다섯 시간 공부하고 숙제를 가지고 오고, 그 지독한 진애(塵埃) 속에서 한 시간 이상을 호흡시키는 것이 시련이라고 하면 너무나 지나친 시련이 아닐까? 민족 보건으로 보아 이것이 얼마나 '플러스'를 가져올 것인가?

  일인(日人)들이 우리 싹들에게 과하던 악착한 짓을, 선진국은 물론 일본에서도 시키지 않는 오늘, 우리나라에서만 이것을 유독 실시하고 있는 데 어떠한 의도와 심려가 있는 것인가. 일본에서는 '배급 생활에 지쳐 학동은 영양이 부족하여 민족적 위기에 처하고 있다. 학동은 동물성 단백질이 필요하다'는 사령부의 명령으로 1월부터 1,300만 국민학교 아동에게 육류와 지방분을 중점으로 한 학교 점심을 급식하고 있다 한다. 졸연(卒然) 단순히 부러워할 것은 못 되나, 불결한 곳에서 장시간 호흡하는 것과 지나친 과로만은 간단히 방지할 수 있지 않을까? 근로 정신의 함양이라면 부담이 아니고 사무적이 아니고 각자가 즐겁게 할 수 있는 화단의 정리, 채원(采園) 혹은 양토(養兎) 같은 것도 좋겠고, 청결의 장려라면 각자의 책상과 의자를 깨끗하게 하도록 함도 좋을 것이다.

  "흥, 나라에 돈이 있어야 소제부(掃除夫)도 두지!" 헐렁거리지 말라. 당신의 아들딸이 입맛이 없어지고 북어같이 마를 날을 먼저 겁내어야 한다. 우리나라 차대(次代)의 영양 상태는 결코 양호하지는 못하다. 차대의 체위가 향상되어야 민족은 흥한다.

(『자유신문』 1947년 8월)

고무신 · 운동화

해방 후 한 갑을 다 그어버려도 켜지지 않는 성냥이 배급 나온 일이 있었다. 그 제조회사의 간부들이 붙잡혀서 처벌을 당하였다는 신문 기사는 아직 기억도 새롭다. 요새 배급되는 성냥은 훌륭하다. 기술이 부족하였다면 양해도 동정도 하겠지만, 이런 악질은 민족적으로 용납하지 못할 일이라고 생각된다.

요새 새 두통거리가 생겼다. 고무신과 운동화가 그것이다. 전시(戰時) 중의 학동은 거의 맨발에 '샌들'을 끌고 다니었다. 해방 직후는 고무신과 운동화가 사태같이 나와서, 가끔 배급도 나오고 한번 배급 받으면 한두 달은 신을 수 있었다. 그러나 요새 백 원 이상을 주고 사 오는 고무신, 삼백 원 이상을 주고 사 오는 운동화는 하루에 변두리가 터지거나 코가 째져서 당장에 못 신게 된다.

견뢰(堅牢) 내구(耐久)는 염두에도 두지 않고 흔한 밀가루로 그저 빚어만 놓고 신발이랍시고 내놓는 사람이 있다면 역시 범죄의 하나라고 생각한다. 우리 어린이들은 불가불 또 샌들을 끌고 다닐 수밖에 없고, 어른은 또 친구에게 '물건은 있네! 돈이 없지!'란 핀잔을 들을 수밖에 없이 되었다. '양심적으로 하다가는 입에 풀칠을 못한다'는 세상이 하루 속히 정리되어야 할 것이다.

(『자유신문』 1947년 8월)

속·고무신

길에서 만난 삼녀(三女)는 고무신을 사달라고 졸랐다. 아버지는 시장에 데리고 가서 고무신을 보았으나 밀가루로 빚은 것 같아서 운동화를 사주려고 하였다. 값이 세 배나 되는 것이다.

삼녀의 희열(喜悅) 이상의 표정은 순간에 사라졌다.

"싫으냐?"

"엄마가 짜해(노한다는 말)."

삼녀의 대답은 이것이었다.

의분(義憤)을 느낀 아버지는 곧 운동화를 샀다. 그러나 어머니는 그것을 고무신으로 바꾸어 왔다. 아버지는 일남, 이남, 삼남, 일녀, 이녀가 '나도, 나도' 하고 운동화를 조를 사정은 생각지 못했던 것이다.

구차한 이야기로 지면을 채우는 것을 흉하지 말라. 만물의 영장인 인류가 발바닥 하나 감출 것을 가지고 어린이의 신경을 이처럼 쓰게 하는 측은한 꼴을 소위 정치가는 알아야 한다는 것이다.

(『자유신문』 1947년 8월)

발언 상식

　단 십오 분 간에 5인의 좌담회(座談會)란 방송도 무리지만, 그것도 처음에는 사회자의 지명(指名)에 쫓아서 발언하므로 누구의 발언인지도 알고 요지도 알아들을 수 있으나, 칠팔 분을 경과하면 '아니' '아니' 하고 자설(自說)을 주장하기에 급해서 전원이 일시에 발언하여 양보하지 않으므로, 청취자는 한 마디도 알아들을 수 없고, 라디오는 터질 것같이 소란해지는 일이 많다. 출석한 일류 인사들의 인격을 의심하게 되고, 대단히 불쾌한 오륙 분을 보내게 된다.

　짧은 시간에 자설을 주장하려는 의사도 이해할 수 있고, 열이 나는 일도 있겠지만, 십오 분간에 5인이면 일인당 약 삼 분이 내 시간이라는 것을 알아야 할 것이요, 저편의 이론을 들어줄 아량과 또 남의 시간을 범하지 않도록 간결 명쾌하게 이야기할 줄도 알아야 할 것이다.

　이것은 비단 방송뿐 아니라, 일상생활에 있어서도 절대로 필요한 일이다. 현대 생활에 있어서 최저한도의 예의이다.

(『자유신문』 1947년 8월)

푸라나간 신부

푸라나간 신부(神父)가 조선을 보고 가서 많은 감상을 말하고 비판을 하였다고 한다. 고아를 구제하지 않는 사회를 말하고, 고아가 생기지 않는 사회를 말하지 않음은 역시 미국의 신부임에 틀림이 없다. 부유한 개인이나 재단의 시흥(施興)에 의하여 구제되기를 원하지 않는 조선의 어린이는 새로운 세상의 힘이 될 것을, 신부는 하느님의 뜻으로 알아야 할 것이다.

(『자유신문』 1947년 8월)

오자키(尾崎) 노파

푸시킨(Pushkin)의 동화(童話)에「황금어(黃金魚)와 늙은 어부 이야기」란 것이 있다.

늙은 어부가 그물질을 하다가 처음 보는 황금빛 고기를 잡았다.

황금어는 말을 하였다. "나를 놓아주시면 그 값으로 후히 인사를 하리다."

노 어부는 기특하게 생각하여서 곧 놓아주고 돌아와서 마누라에게 그 이야기를 하였다.

마누라는 펄펄 뛰며 "저런 망할 샌자 보아! 후히 인사를 하겠다는데 빨래통이라도 하나 달라구리지 않구. 우리 빨래통은 다 오그라졌는데……"

그래서 늙은 어부는 바닷가로 나가서 황금어를 불러보았다.

"노인, 무슨 말씀이세요?"

"이 노인을 동정해다오. 마누라가 빨래통을 얻어 오라고 못살겠구니……"

"네네, 염려 말고 집으로 가보세요."

노 어부가 집에 와 보니 노파는 새 빨래통을 가지고 더욱 야단을 한다.

"망할 샌자 봐! 겨우 빨래통 하나를 얻어 오다니. 집이라도 한 채

달라구리지!"

그래서 집도 되었다. 그다음은 어부의 마누라가 싫으니 귀족 부인이 되겠다고 한다. 귀족 부인도 되었다. 다음은 엄청나게 여왕이 되겠다고 하여 여왕도 되었다.

노 어부는 외양간지기를 하고 있다가, 마누라가 여왕이 되는 바람에 내쫓기었다.

일이 주일 지나니 노파는 또 욕심이 났다. 노 어부를 찾아오라고 해서 "여왕도 싫어졌으니 황금어에게 가서 '바다의 지배자'가 되게 하고, 황금어도 내 마음대로 부리게 하라"고 명령하였다.

노 어부는 그 엄청난 말에도 거역하지 못하고 바다로 가서 황금어에게 그대로 말하였다. 황금어는 대답이 없었다.

물을 찰싹거리고 바다 깊이 들어가버렸다. 노 어부가 기다리다 못해서 집에 돌아와 보니 여왕의 대궐은 간데없고, 예전 오막살이에 마누라가 깨진 빨래통 앞에 앉아 있었다.

*

패전(敗戰) 일본이 연합국군(聯合國軍)이라고는 하나 미국의 점령하에, 가지가지의 호의와 후대(厚待)를 받고 있는 것은 우리가 잘 알 수 있는 일이다.

사령부의 정책을 비판할 자유가 없음은 유감이 아닐 수 없으나, 이번에 일본의 노 정객(老政客) 오자키 유키오(尾崎行雄)가 "조선 만주 대만 급(及) 류큐(琉球)를 임시적으로 유엔 감시하에 두고, 그 후 인민투표를 실시하여, 독립 혹은 인접국과의 합병 문제를 결정할 것"이라는 발언은 아시다 히토시(芦田均) 외상(外相)의 자만한 태도와 같이 '카이로·포츠담 양 선언'을 수락함으로써 비로소 금일의 안주경(安住境)을 찾은 일본국의 국민으로서 감히 입 밖에 낼 수 없는 말일 것이며, 국수주의자를 추방하기로 한 연합군의 대원칙을 범하는 언동이라 할 것이다.

　푸시킨의 동화 「어부와 황금어의 이야기」의 노파의 악행이 틀림없는 것이다.

(『자유신문』 1947년 8월)

문맹(文盲)의 양성(養成)

'면전(緬甸)'— 신문은 이렇게 쓰고, 방송은 '버어마'라고 외친다. '면전(緬甸)'과 '버어마'가 한 나라의 이름인 것을 알기에는, 글자만 해득해 가지고는 어려운 일이다. 문맹(文盲) 퇴치를 강조하는 반면에, 문맹을 양성(養成)하고 있는 현상이 여러 가지 있다. 중학생이면 신문쯤은 읽을 수 있으리라고 생각하는 사람이 있다면 멍텅구리다. '緬甸'을 '비루마'라고 읽을 수는 있을 것이다. 부주전상서(父主前上書)에 '사(私)는(자식은)'이라고 쓰는 중학생을 비웃는 사람은 인정 없는 사람이다.

소학생은 소학생대로, 집에 있는 신문, 잡지, 단행본을 가로만 읽으려고 하니 이것 역시 말썽이다. 한자를 폐지하자는 주장이나 의견은 이해할 수 있다. 그러나 중학을 마친 사람이, 신문도 읽지 못하고 지식인이라고는 할 수 없을 것이다. 문맹이 틀림없는 것이다. 중학교에 입학할 때까지 자기의 성명, 주소, 부모 형제의 이름, 단군을 '檀君'이라고도 못 쓰고, 띄엄띄엄이나마 신문도 못 읽는대서야 세상 돌아가는 것(세상의 움직임)을 어떻게 이해할 수가 있을 것인가. 학교에서 가르치지 않으면 자연히 한자 폐지가 되리라고 생각한다면 그는 어리석은 일이요, 한자 같은 것은 가정에서 가르치라는 생각이면 심술궂은 일이다. 조선 사람을 무식하게 만들고, 문맹을 양성하는 결과밖에 안 될 것이다.

(『자유신문』 1947년 8월)

상용한자

한자(漢字) 폐지를 주장하는 사람이 그 필요를 역설하여 토론회에서 승리를 획득한대도 졸연(卒然)히 실현을 보기는 어려운 일이다. 일본에서는 이미 십육 년 전에 정부에서 상용한자(常用漢字)를 제정하였다. 한자 제한이다.

상용한자 1,858자를 제정하여, 공보(公報), 신문, 잡지 등 국민 대중을 상대로 하는 문서는 상용한자 이외는 사용하지 말자는 것이었으나, 실시는 못 되었고 패전(敗戰) 이후에야 전면적으로 이행하게 되었는데, 십육 년 전보다도 여덟 자를 감하여 1,850자만을 신문지가 사용하는 모양이다. '聯(련)' 자가 제외되어 蘇聯(소련)을 '蘇連(소련)', 聯合國(연합국)을 '連合國(연합국)'으로 쓰고 있다.

우리나라에서 '공부한 문맹(文盲)'을 퇴치하기에는 2,000자 내외의 상용한자를 제정하여, 이것만은 소학(小學) 육 년 동안에 충분히 해득하게 하는 것이 첩경일 것이다. 신문이나 잡지도 이것을 이행하게 되면, 인쇄 기술상으로 보아도 상당한 능률 증진과 경비 축감(縮減)을 볼 수 있을 것이다.

(『자유신문』 1947년 8월)

중학생의 과부족

　미나미 지로(南次郎) 총독이 설맞이 겸 일본 의회에 출석하러 도일(度日)할 때면, 동경 각 대학 총장을 하룻밤 초대하였다. 총장이 출석하는 법은 없다. 대개는 학생 주사(主事)가 출석한다. 미나미 지로는 일장 연설을 2,600년의 역사로부터(패전 후 일본은 이 역사를 수정하였다) 시작하여 일본이 망하지 않기 위해서는 조선인에게 고등교육을 주어서는 위험하다는 말로, 제발 제발 조선인 수험생을 낙제시켜달라고 간청하는 대연회를 베푸는 것이 연중행사의 하나였다.

　일본의 각 대학을 조선 학도(學徒)의 좁은 문으로 한 것은 미나미 지로였다. 미나미 지로 개인의 의견으로만 생각한다면 어리석은 일이다. 그것이 곧 일본의 정책이었다.

　오늘 조선에는 중학교의 좁은 문을 각 신문이 대서(大書) 특서(特書)하고 있다. '열 배 돌파의 경쟁'이란 놀랍고도 무서운 일이다. 중학까지를 국민의 의무교육으로 제정한 국가는 많다. 의무교육이란 국민의 의무인 동시에 국가의 의무이기도 한 것이다. 이번에 입학하지 못한 수만 명의 소학 졸업생이 어떻게 되었을까? 하는 것은 민족의 관심이 아닐 수 없다.

　담배나 껌을 들고 나오는 거리의 소년이나, 알땅패 소매치기를 만들지 않겠다고 장담할 사람은 없을 것이다.

그러나 이상한 일은, 어느 중학을 물론하고 상급 학년에 있어서 학생이 정원에 차지 못하는 사실이다. 어떤 학교는 육십 명 정원의 5학년 교실에 사오 명이 출석하는 일도 있고, 재적생은 십여 명이나 출석생은 단 한 명인 날도 있다 한다. 가르칠 흥분과 배울 욕망, 이 두 가지가 모두 없는 교실이 각 지방 각 중학교에 있다 하면, 이것은 도저히 묵과할 수 없는 문제일 듯하다.

모 국(某國)의 중학이 육 년이니 육년제로 해야 된다는 옅은 소견으로 된 것이 아니라면, 육 년 동안 지루하게 끌고 가는 동안에는 밑천이 달려서 뚝뚝 떨어져 제 스스로 고등교육을 좁은 문으로 하리라는 멀쩡한 수작의 앞잡이를 선 소위(所爲)라고밖에 볼 수 없는 것이다. 그러나 당국자 역(亦) 동족이다. 그럴 리는 만(萬)에도 없을 줄로 짐작하나, 현재의 오륙 학년 교실의 통계를 보아, 이미 발포한 학제이지만 그것을 경험으로써 수정하여 오륙 학년을 폐지하고 신입학생을 증모(增募)할 수도 있을 것이다. 이런 수정은 결코 당국자의 부끄럼이 될 것이 아니요, 민족의 감사를 받을 것이라고 생각한다.

(『자유신문』 1947년 8월)

국제적인 연령

　새파랗게 젊은 사람이 소견과 염량은 대단하여, 늙은이 찜 쪄 먹게 점잖을 빼는 것이 조선의 젊은이다. 여러 시간 입을 벌리지 않으므로 대단히 무게가 있고 그 입을 한번 벌리는 날이면 금 같은 말이나 나올 줄 생각하면 급기야 개똥같은 말을 하고, 제멋에 겨워 걸레 같은 웃음을 웃어서 한 마디 말에 그의 전 중량을 폭로해버리는 사람이 종종 있다.
　이것이 웬 탓이냐? 이것을 생각해주지 않고, 다만 밉게만 생각하고 더럽게만 생각할 수는 없지 않으냐. 세상에 타고났을 때부터 눌려 지냈다, 겨우 말을 알아들을 때부터 끽 소리를 못하게 버릇을 배웠다.
　'이놈, 그런 짓하면 순사가 자지 비러 온다.'
　철이 들고부터는 어쨌든 기운이라고는 뒷간에서밖에 쓰지 못하게 배웠다. 속에 있는 말을 함부로 하다가는, '이놈 하늘이 돈짝만 하냐?' 소리가 떨어진다.
　이러구러 조선 사람은 다 늙어버렸다. 해방은 되었다. 할 말 다 하고 살 수 있는 세상이 오는 줄 알았더니 아뿔싸,
　"여보게, 이게 무슨 소린가. 그 사람 큰일 날 소리 하네. 나는 먼저 가겠네."

*

  그러나 한번 술이 들어 거나하게 취하면 좌중이 이의 없이 할 말 다 하고, 세사(世事)도 개탄하고, 당장에라도 부정(不正)을 치러 나갈 것같이, 그 말은 활기를 띠고 젊은 사람다워진다. 세계사적이니 국제적이니 하는 말은 흔히 쓰는 말이나, 세계사적으로 보나 국제적으로 보나 사십 년간 거세당한 조선의 젊은이는 거나하게 취했을 때에 비로소 국제적인 제 나이를 찾게 되는 것이다. 거나하게 취한 단 말은 곤드레로 취해서 망령을 부리는 것은 아니요, 그렇다고 항상 취해야 된다는 것도 아니다. 취하지 않고 제 나이를 찾아야 되겠다는 것이다.

  또 이것이 나약한 인텔리겐치아 조선인에게만 있는 일이라면 이것은 별수 없이 국제적이지만, 우리나라에 있어서는 인텔리겐치아 뿐은 아니다.

(『자유신문』 1947년 8월)

사십 노경(老鏡)

담배가 사람을 늙힌다고 한다. 깜부기를 피우는 사람의 주름살은 비참하기 짝이 없다.

'도저히 그가 십오 세의 소년인 줄은, 우리들은 생각할 수 없었다'는 말은 외국인의 동아(東亞) 제국(諸國) 시찰 기록에 반드시 나오는 말이다.

조선 사람을 나이보다도 늙게 한 것은 눌려 지낸 것뿐만은 아니다. 생활에 쪼들리어서 눈살을 찌푸리게 되었고, 태양 광선이 세어서 눈이 부시고, 활자가 흐려서 눈이 질척거리게 되었고, 이마에 주름도 생기게 된 것이다.

태양 광선이 세다는 것은 고마운 하느님을 원망하는 것은 아니다. 오이지나 김치로만 먹는 영양 부족의 눈으로는 도저히 감당 못할 강력한 광선이 조선의 태양이다. 외국인이 조선에 발을 들여놓을 때 대부분은 자경(紫鏡)을 쓴 것을 우리는 볼 수 있다. 자외선이 세다. 여름 가을은 더욱 그러하다. 자경을 써야만 시력을 보장할 수 있겠지만, 젊은이가 자경을 쓰면 첫째는 어른 앞에 버릇없는 일이라 하고, 또 동배(同輩) 간에는 건방지게 보고, 흔히 쓰고 있는 사람이라도 그럴 듯한 사람보다는 그럴듯하지 않은 사람이 많은 모양이라 조심되는 일인 것도 같다.

활자가 시력을 소모시키는 정도는 일구지난설(一口之難說)*이요, 누구나 수긍할 것이다. 이전 같으면 밑씻개로도 쓰지 않던 구멍 뚫어진 누런 종이에다가, 확대경이나 가져야 볼 만한 작은 활자를 촘촘히 박아놓고, 혹은 흐리게 혹은 먹을 쏟아놓은 것같이 인쇄된 것을, 그래도 찾아서 따져보려고 애쓰는 사람들은 연방 눈물을 훔쳐야 되고, 눈살 이맛살의 주름살은 칠팔십 노인의 얼굴을 연상하게 되는 일도 있다.

　이런 일도 세상이 바로 잡혀야만 해결될 일이겠지만, 지난 이 년 동안에 눈을 버린 조선 사람의 수요는 상당히 많을 것이다. 안과의(眼科醫)는 진찰도 하지 않고, 서슴지 않고 이렇게 말하였다.

　"마흔이 지났어! 잘 견디셨구려! 재촉이에요. 눈이 노경(老鏡)을 달라는 재촉이에요."

　사십 전에 노경이란 엄청난 말을, 서슴지 않고 하게 되는 것이 현상인 모양이다.

(『자유신문』 1947년 8월)

---

* '한 입으로 설명하기 어렵다'는 뜻.

몽양(夢陽) 영결(永訣)

 몽양(夢陽)이 피살당하였다는 19일 오후 일곱 시 뉴스 방송을 듣지 못한 나는 들려오는 소문만 귓결로 듣고 '설마, 설마……' 이튿날 아침 방송을 듣고 비로소 놀래었다.
 해방 전, 동경에 있을 때에, 나를 찾아주었다. 해방 후, 내 고향에 왔을 때에도, 만날 수 있었다. 의사(意思)는 통하여도, 그 정의(情誼)는 은근하였다. 이제는 놀랄 필요도 없어졌다. 그것은 확실한 사실이요, 몽양이 '흉탄(兇彈)'에 넘어졌다고 어느 신문이든지 보도하고 있다.
 '쾌(快)! 적여(敵呂) 수피살(遂被殺)' '성공!'이라고 보도한 신문은 하나도 없었다. 우리들을 위하여 싸우고 총 맞아 죽은 몽양의 영전에 곡하며 영결한다.

*

 독립을 약속한 국제선언에 의하여 해방된 우리는 여러 가지 자유를 얻었다. 그러나 그것은 우리들이 생각하던 자유와는 다른 것이 많았다. 해방되자 재빨리 적산(敵産)을 차지한 사람들을 우리들은 숭하였다.

"나라의 것이다. 일제에게 고혈(膏血)을 착취당하며 견디어온 사람들의 것이 되어야 할 것이다. 민족을 위하여 싸워온 사람들의 것이 되어야 할 것이다. 탐내지 말고 살자." 이렇게 외쳐 왔다. '일본 제국' 그것으로 생각하고 철천(徹天)의 원한이 사무친 동척(東拓)은, 간판을 고치고 미국인이 들어앉아 여러 가지 문제가 또 생기고 있다.

*

문화와는 격리되었던 조선 민중은, 이제야말로 '유네스코'의 명령하는 바 '예술 학술 등 문화적 계몽을 통하여 민중에 의한 민중의 이해를 증진할 것을 중점으로 하는 지적 협력'이 긴급한 이때에 조선 문화인의 활동은, 가끔 테러의 박해를 받고 있다. 때를 같이하여 동인도(東印度) 지나(支那)에서는 영국의 친족 국가 네덜란드가 병기창(兵器廠)도 못 가진 토인(土人)을 살육하기 시작하였다. 네덜란드에게는 일 일 이십만 명의 토인을 격멸(擊滅)할 자유가 있는 것 같기도 하다.

*

대전(大戰)을 경험하고, 또 원자탄을 가지게 된 인류는, 그 전면 파멸을 면하기 위해서, 기어코 찾아야 할 '세계 평화'를 위해서는, 대전 전승(戰勝)의 의의를 철저히 함으로써 지적(知的) 협력이 반드시 있을 것을 확신하고 있었다. 해방 전 수 년 간 일본 군벌도 손대지 못한 조선 정치가 여운형(呂運亨)은, 해방된 조선 서울 네거리에서 점령군 군정하 백주(白晝)에 총 맞아 넘어졌다.

저승에 간 몽양을 링컨은 반기어 맞았을 것이다. 손을 쥐며 링컨은 암담한 웃음을 웃었을 것이다.

(『자유신문』 1947년 8월)

연료와 정치

외국에서 이십 년을 지내고 돌아온 사람이, 고국의 원시적인 살림에 놀랐다. 잎나무와 장작과 구공탄을 구하기에 머리가 빠졌다. 습관적으로 전기 곤로를 쓰고, 전기다리미를 썼다. 온돌에 장작을 아껴서 전기장판을 깔았다. 화재가 위험하다고 경고가 연발하므로 장판만은 걷었으나, 전기 곤로는 그만둘 수 없었다. 전등선(電燈線)에 연결하여 쓰는 것의 부정이 양심에 가책되어, 전열 미터를 회사에 신청하였다. 이것은 불허가(不許可)가 되었다. 결연결연(結緣結緣)을 더듬어 계량기를 달러 오게 쯤 되었다. 계량기를 달러 온 사람은 전기로(電氣爐)의 부정 사용을 발견하였다. 계량기를 다는 것보다는 부정 사용 취체(取締)가 급하였다. 훈화가 한 시간은 걸리고, 전기로는 압수당하고, 다음 날은 회사에 출두하여 과거 삼 년간의 전기로 사용료 추정액을 바치게 되었다.

이십 년간 전기와 가스로만 살고 시탄(柴炭) 걱정을 몰랐던 동포가 고국에 돌아와서 받은 징벌이 이것이었다. 전기로 밥 짓고 물 끓이고, 가스로 목욕물 끓이고 난방하던 외국 생활은, 조선에 있어서는 범죄의 하나가 된다. 외국에 있어서 한 달 연료는 전기 가스대 도합 30원이면 족한 것이, 그리운 고국에서는 장작 잎나무 값이 한 달에 2천 원은 든다. 남편은 값싼 연료를 사려고 마음이 쉴 사이 없고, 아내는 연기가 매워서 골머리를 앓고, 외국에서 불 땔 때는 법을 가르쳐주지 않은 것을 원망한다.

*

일제는 조선인의 생활에 문화가 들어오는 것을 가로막고 있었다. 그렇게 풍부한 전력이 있었건만, 조선인 가정의 연료로 줄 생각은 하지도 않았다. 그것은 '사람이란 살림살이에 고달프지 않고 시간에 여유가 생기면 정치를 생각하게 된다'는 철언(哲言)이 있었기 때문이다. 살림살이에 바빠야 무지(無知)할 수 있고, 무지해야 타의(他意)를 내지 못하고 권력에 순종하여 훌륭한 식민지 백성이 될 수 있는 까닭이었다.

민중이 정치에 관심을 가지지 못하게 하느라고, 조선인의 생활에 문화의 혜택을 가로막고 있었던 것이다.

(『자유신문』 1947년 8월)

조선 살림

집은 좁다. 안방에 큰마루, 건넌방. 안방은 어머니 방, 건넌방은 아버지 방. 아이들이 몸 둘 곳은 없다.

"나가 놀아라!"

맥없이 나간 아이가 풀이 죽어서 비슬비슬 들어올 때는, 아이들이 놀아주지 않은 것이다. 울고 들어올 때는, 동내 아이들에게 싸개를 받은 것이다. 동무들하고 어울려서 마라톤이니 릴레이니 하고 뛰어다니면, 앵앵 달리는 '지프'가 겁이 나서 아버지 어머니는 야단이다.

"큰길에는 나가지 마라."

어린이는 제2의 국민이요 민족의 희망이라고는 하나, 그 어린이가 마음놓고 활개 펴고 힘껏 놀 수 있는 데가 어디인가? 거리마다 아동 유원(遊園), 소공원을 만들고, 철봉, 그네, 목마, 모래밭, 갖온 것을 설비해놓은 외국에서 자라난 아이들에게는, 조선이란 악몽과도 같을 것이다. 배우는 것은 욕지거리와 고약한 장난이다. 장난감은 위험천만한 자기 그릇 깨진 것, 유리 조각이다.

*

아버지는 아버지대로 방 좁은 것을 한탄한다. 한 간 방이란 대체로 한 평 남짓하니, 그 속에서는 누워서 책 읽다가 잠들기가 일쑤다. 앉아 있는 시간보다 누워 지내는 시간이 많아지는 것도 온돌 탓이다. 게을러지는 것이다. 무럭무럭 피어오르는 위대한 포부, 화려한 계획도 천장에 부딪혀 자지러진다. 어머니는 살림살이를 한탄한다. 된장, 간장, 고추장도 담가야 되고, 김장도 해야 김치를 먹을 수 있다. 온 종일 도깨비 집 같은 부엌에서 빠져나올 수가 없다.

"언제나, 언제나 한 일 원 가지고 나가면 장, 된장, 김치에, 찬도 두어 가지 사 들고 들어와서 간단하게 식사하고 남과 같이 살아볼 수 있을까?"

그 때문인지, 외국에서 해방 후 고국에 돌아온 사람들이 다시 외국으로 되돌아가려는 사람이 많다는 것을 알았다. 그러나 우리는 역시 이 땅 이 나라를 살기 좋은 세상으로 만들기 위해서, 이 땅에서 힘을 써야 할 것이다.

(『자유신문』 1947년 8월)

주부

 조반 준비가 되면, 주부는 종발 시계를 울린다. 따르릉 소리에, 온 가족이 둥그렇게 모여서 조반이다. 할아버지, 아버지, 큰아들, 큰딸은 직장에 나간다. 둘째 아들, 둘째 딸은 학교에 간다. 집 안은 조용해진다. 주부는 가정의 일뿐 아니라 일반 여성으로서의 일도 넉넉히 한몫 볼 수 있고, 저녁때가 되면 값싸고 맛나는 반찬을 만들 계획을 세울 수도 있고, 차례로 돌아오는 가족을 맞아들이는 것도 즐거움이다.

*

 이것을 시방 조선 가정으로 한번 생각해보자! 할아버지 밥상은 사랑방에, 학교에 가는 아이들 밥상은 마루에, 그 상을 치울 때쯤 어슬렁어슬렁 돌아 들어오는 아버지 밥상은 안방에, 그것을 치우면 큰아들이 일어난다. 큰아들 상을 치우면서 주부는 부엌에서 한 술 두 술, 다섯 술 뜰 사이 없이 심부름에 불이 난다. 할아버지는 사랑방에서 일 년 열두 달 시재(時在)로 와서 앉아 있는 사람들과 소일하며 타구다, 요강이다, 재떨이다, 담뱃대다, 담뱃불이다…… 주부가 겨우 아침을 먹고 나면, 점심상이 시작된다. 아버지와 큰아들은 밥만 먹으면 다른 집 사랑방을 찾아간다. 술이 취해 들어오면 잔소리가 시작되어 내던지기도 한다. 둘째 아들, 둘째 딸은, 가끔 때가서 말썽을 일으킨다. 그러는 사이에도 주부는 돼지도 기르고 마당에 박, 호박, 강냉이도 심는다 하자. 밤에는 바느질, 다리미질이 기다리고 있다. '남녀평등 여덟 시간제'라고 하나, 온통 편편 노는 사람만 많고, 가정주부는 이십사 시간 노동이다. 할아버지 아버지들이 게으른 탓은 아니다. 지난 사십 년간의 정치가 우리들에게 바깥일을 못하게 했던 까닭이다.

(『자유신문』 1947년 8월)

사랑방

　일본 성냥이 조선에 처음 나올 때에, 이런 일이 있었다. 조선인 제(製) 성냥을 일본 성냥 회사가 모조리 매입해서, 한번 물에 담갔다가 시장에 내어놓고, 동시에 일본 성냥을 내놓았다. 켜지지 않는 조선 성냥과 새뜻하고 잘 켜지는 일본 성냥이 경쟁이 될 수는 없다.
　성냥을 만들던 조선 사람과 만드는 데 관계하던 사람까지 할 일이 없게 되었다. 이렇게 일본의 자본 제국주의 침략이 시작되었다. 한 가지씩 두 가지씩, 일은 없어졌다. '권력 일본'의 마음에 드는 소수 사람 이외는, 농사나 지을 수밖에 없었다. 급기야 일본에 소용되는 것을 생산하여 염가로 공출하고, 그의 제품을 고가로 사용하여야 하는 종족을 만들었다. 쌀과 고치, 금과 광석을 바치고, 밀화 사탕, 통조림, 옷감, 장난감까지 온통 그의 제품을 써야만 살 수 있고, 명산(名産) 합죽선, 밥그릇까지도 감쪽같이 만들어다가 거리에 걸리대도록 내어 놓으니, 조선 사람은 무엇 하나 만들어볼 생각을 내지 못하게 되었다. 섣불리 일을 시작하였다가는 망하거나, 떼가는 것밖에 없었다.
　"일은 해서 무얼 해. 회사는 해서 무얼 해! 그저 가만히 앉았어!"
　할아버지는 아버지에게, 아버지는 자식에게 이렇게 일러 왔다. 일거리, 일터를 잃어버린 사람들이 서로 넋두리나 해서 속이나 시원하게 하려고 사랑방에 모였다. 사랑방이 여기저기 열렸다. 온 종일 우두커니 앉아서 지내는 사람이 많아졌다. 일인(日人)은 재빠르게 이 꼴을 사진 박아서 '게으른 조선 사람'이라고 세계에 선전하였다.

사랑방에서는 일본이 망하기만 기다렸다. 그것은 사랑방에서 해방되려고 한 것이었다.

(『자유신문』 1947년 8월)

수사(修辭) 변천

솔직하고 간결 직재(直裁)하게 써야만 제법 된[成] 글이라 하고, 날카롭고 신랄한 정도가 문장의 우열을 결정하는 것같이, 우리는 과거에 소학교 중학교를 통해서 삼십여 년간 배워왔다. 이것은 일본식 수사법(修辭法)이다. 해방 후 우리는 신문에 발표되는 국제 외교 문서와 담화 등을 접할 때에, 그 수사를 해득하기 어려운 때가 많았다. 그것은 해방 전에는 일본인 통신사(通信社)가 외국 통신을 수신하여 우선 일본 정책에 부합되게 미묘한 어휘는 정리도 하여서 일본식 수사로 성문(成文) 발표한 것만 우리들이 보았던 까닭이요, 해방 후에는 외국 통신을 직접 조선인이 수신하여 정직하게 번역 발표하는 까닭일 것이다.

'네 말은 틀렸다' '내 생각이 옳다'는 것보다는, 의미는 다르지만 '부정(否定)할 수도 없고 긍정(肯定)할 수도 없다' '너의 생각은 좋은 생각이다. 그러나 나는 이렇게도 생각한다' 식의 수사가 '저편을 존중하고 저편의 자유를 인정'하는 태도로, 확실히 진보된 수사임에는 틀림이 없으나, 이해하기 어려운 것도 숨길 수 없는 사실이다.

말이나 글이 이렇거늘, 하물며 우선 갈기고 말하는 일본식 태도나, 죽이고 보자는 도조(東條)·히틀러식이 만적(蠻的)이요 원시적인 것은 틀림이 없을 것이다.

*

공자(孔子)는, "십유오이지우학(十有五而志于學), 삼십이립(三十而立), 사십이불혹(四十而不惑)"이라고, 삼십에는 립(立)하고 사십이면 혹(惑)하지 않는다고 하였으나, 시방 조선 사람은 삼십여 년 배워서 몸에 젖어 들었던 수사법을 잊어버리고 새로운 수사법을 배우기에 힘을 써야 하겠으니, 사람이 사는 동안 배우는 일이란 참으로 끝이 없고나!

(『자유신문』 1947년 8월)

엄마 생각

1920~30년대에 '어린이 잡지'는 조선 어린이를 '눈물을 모르는 사람'으로 규정하고, 정서 제일—눈물을 자아내게 하는 편집 방침을 취한 일이 있었다. 잘 울리었다. 그러나 그것은 눈물을 머금고 주먹을 쥐게 하거나 일어서게 하는 것이 아니고, 그만 기운조차 자지러지는 소극적 눈물주의였기 때문에, 우리 색동회에서는 그 방침의 시정을 강경히 요구하기 여러 번이었다.

*

1947년 어린이날 기념으로 모집한 동요의 심사를 본 일이 있었다. 십여 명이 예선한 것을 가지고 네 명이 결선하는데, 일석(一席) 이석(二席)은 거의 중의(衆議)가 일치되어 간단히 결정되었다.

가랑잎

바스슥 바스슥
  무엇이 바스슥
가랑잎 밑에서

도토리가 바스슥
　바스슥 바스슥
　　무엇이 바스슥
　가랑잎 위에서
　　내 발자국 바스슥 (외 1절)

일등 당선작이다. 조금 쓸쓸한 느낌이 없지 않으나, 명랑하고 유머러스하고 건전한 작품이라고 할 수 있을 것이다. 그런데 약간의 물의를 일으킨 작품이 하나 있었다.
「엄마 생각」이라는 것이다.

엄마 생각

　학교 갔다 집에 오니
　　문이 닫혔다
　엄마 엄마 불러봐도
　　대답 없어요
　나는 나는 문 붙들고
　　울고 싶어도
　우리 동생 가엾어서
　　울지 못해요

*

"읽기만 해도 눈물이 돌려고 하오."

"너무 측은해!"

"그렇지만 현실일 것이오, 잘 써놓았소. 엄마는 장사를 나간 게요. 두부를 팔러 나갔든지, 야미 장사를 나갔든지, 실감이 있소. 걸작이오."

"어머니 혼자서 두 아이를 공부시키노라니, 정경(情景)이 그럴 듯하오."

건전 명랑한 작품만을 고르던 심사원들은, 심각한 현실에 부딪혀 심각한 표정으로 이것을 채택하였다.

당선작 일곱 편은 전부 작곡을 붙여 발표되었다. 각 소학교에서는 그 일곱 편을 가르쳤다. 그러나 아이들이 즐겨 부르는 것은 「엄마 생각」이었다.

골목마다 집집에서, 학교에 다니지 않는 아이들까지, 이것을 부른다. 시골에서 생긴 「엄마 생각」은 바야흐로 서울에까지 올라와서 지나가는 사람의 고개를 기울이게 한다.

(『자유신문』 1947년 8월)

울음

어린이들은 확실히 슬픈 이야기를 좋아한다. 슬픈 이야기책을 읽고는, 혼자서 운다. 울고 나서는 '참 좋은 책이다'고 책을 사랑한다. 이것은 조선 어른에게도 공통되는 일이다. 그러나 요사이 그런 어린이들이 우는 장면의 방송을 가끔 끊어버리는 일이 많다. "또 운다, 또 울어, 에이."

우는 연극, 우는 낭독에 어린이들은 진저리가 나는 듯, 어른들이 듣는 시간까지 방해를 한다.

모험을 좋아하는 것도 어린이들의 공통된 심리다. 그러나 권총 소리, 당장 죽는 소리의 연발에, 어른도 끄는 시간이 많다. 넋두리 낭독, 우는 연극, 살인의 장면이, 가난하나 평화한 가정의 저녁 상 받는 가족에게 웃음을 줄 수는 없는 것이 또한 사실이다. '조가불여석곡(朝歌不如夕哭)'*이라는 구시대적 견해를 고집하려는 것은 아니나, 아침거리와 점심에 먹을 반찬 걱정을 할 즈음에, 과잉(過剩) 만복(滿腹)을 소화시키려고 발광적(發狂的) 무답(舞踏)을 할 때에 쓰는 급격한 멜로디의 재즈 반(盤)을 반주해주는 것도, 우리들에게는 연분 없는 객쩍은 짓이라고 할 것이다.

* '아침에 부르는 노래는 저녁의 곡소리만도 못하다'는 뜻.

*

　남녀 중등학교 연극경연대회의 심사를 본 일이 있었다.
　한 여중과 세 남자 중학이 출연하여 가장 열렬하게 연극하는 것을 보고, 복잡한 감상을 느끼었다. 온몸에 물을 쓴 것같이 땀을 흘리면서 연극하다가, 가끔 객석을 향하여 연설을 하고는 운다. 울라는 호령이지만, 객은 따라가지 않는 때가 많다. 오히려 "또 울어!" 핀잔이 나오기도 한다. 그 주역(主役)들은 대부분이 해방 후 지방순회를 한, 서울 모모 극단의 주역의 입내였다.
　그 조명은 혹은 악극단식, 혹은 영화식이었다. 그저 울리기만 하면 제일이라는 생각인 것같이 보였다. 저속한 상업극단의 흥행이 우리 중학생들의 극예술관(劇藝術觀)을 이처럼 해쳤을 줄은 생각하지 못했던 것이다.
　울어야 좋고, 울리어야 성공이라는 생각을, 우리들은 속히 졸업해야 할 것이다.

(『자유신문』 1947년 8월)

파리 뜬 맥주

맥주 집에 들어가서, 삼 홉 들이만 한 자기 조끼에 철철 넘는 맥주를 받아 놓고 돈을 주고 나니, 파리 한 마리가 풍덩 빠진다. 이것을 어떻게 처리하겠느냐는 문제로, 구라파 몇 나라의 국민성을 분간해놓은 이야기를 옛날에 읽은 일이 있다.

영국인은 정중하게 보이를 불러서 파리를 보이고, 다시 받아 오기를 청하고 돈을 줄 것이다. 프랑스인은 한참 수선을 떨고, 돈 안 주고 다시 받아 오라고 할 것이다. 이탈리아인은 이리저리 사람들의 눈치를 보면서, 남모르게 파리를 손가락으로 톡 투기고 마실 것이다. 독일인은, 그건 그저 훅 불어버리고 마실 것이다. 조선인은 책에 씌어 있지도 않았지만, 내가 분간해볼 생각도 없다.

의식주와 교양까지, 속속들이 영국 신사 못지않은 조선 사람도 있을 것이요, 속은 독일인 겉은 영국인, 속은 영국인 겉은 이탈리아인쯤 되는 사람도 있을 것이다.

쓰러져가는 오막살이에서, 슈만의 피아노곡을 솔곳이 듣는 사람이 있는가 하면, 대궐 같은 집에서 나니와부시(浪花節)를 우렁차게 방송하는 사람도 있다. 책만 넣은 륙색을 짊어지고 굴러다니는 사람이 있는가 하면, "신문이라니, 만날 마찬가지야. 안 본 지가 한 달은 될걸" 하는 철인(哲人)도 있다. 사방 5척 남짓한 방의 반 칸을 양복장이 기특하게 차지한 집은 많다. 번지르르하게 차리고 바쁘게 다니는 아버지에, 담배 팔러 다니는 딸, 목욕은 여름에나 겨우 몇 번 하면서 머리는 기름으로 묻히고 빗[櫛]과 거울을 가지고 다니는 미남자, 모시[苧] 바지저고리로 시원하게 있다가도 밖에 나갈 때면 속저고리 속바지에 와이셔츠에 넥타이에 조끼 입고, 바지저고리 단추를 잔뜩 끼워야만 할 줄 아는 사람도 있다.

*

어쨌든 파리 뜬 맥주를 조선 사람은 어떻게 할 것이냐는 문제는, 조선을 잘 아는 외국인은 간단히 방언(放言)할 수 있을 것이다.

다만 그대로 꿀떡꿀떡 마시리라고는 보지 않을 것이요, 보는 이의 국적으로 견해가 다를는지도 모른다.

(『자유신문』 1947년 8월)

옷

　충무로 어떤 옷감점 진열창에, 소매 기장 오분지 삼쯤 잘라버린 깡뚱한 색저고리에 주름 많은 스커트같이 만든 치마를 입혀놓은 여인형(女人形)이 있는 것을 보았다. 좀처럼 유행되지는 않을 것이요, 자르면 자른 대로 좀더 좋은 의장(意匠)도 있어야 할 것이지만, 우선 상점 주인의 우리 의생활(衣生活) 개신(改新)에의 의욕과 대담하게 시험하여 본 태도에는 경의를 표하지 않을 수 없었다.
　의식주 생활면에 있어서 가장 말초적인 점이라도, 우리들이 개신할 수 있는 데부터 개신하여야 할 것은 물론이다. 단조(單調)하고 한 모양이었던 중국 여인복이, 양장이 들어온 후부터는 그의 미점(美點)을 모조리 흡수해서 각양각색의 중국 여인복을 만들어낸 것은 우리들이 잘 아는 바이다.
　남자의 두루마기는 겨울에는 방한의(防寒衣)도 되겠지만, 여름에 나비 날개같이 펄렁거리는 것은 자동차에 채어가기 쉬운 위험한 것이요, 풀이 죽어 축 처진 두루마기는 가뜩이나 기운 없는 사람을 더욱 기운 없게 보인다. 양장 예장(禮裝)은 겨울에도 겹옷이 없다. 그리고도 배선미(背線美), 요선미(腰線美)를 발로(發露)하는 사람들은, 난방에서 난방 자동차 타고 난방장치 있는 곳으로만 댕기는 사람의 일이요, 조선 여자가 그 입내를 내다가는 폐렴은 갈데없을 것이다. 강복(降服)하러 간 일본 천황은 겹겹이 모닝복을 입고 실크해트를 끼고 가고, 맥아더 원사(元師)는 흰 바지에 흰 와이셔츠 바람같이 보였다. 국민들은 몹시 놀란 모양이다. 다음날 신문은 흰 와이셔츠 바람이 아니라, 정장이라는 것을 해설하였다.

 더운 곳, 더운 때에는, 시원한 예장도 있어야 할 것이다. 여름이면 화씨 100도를 오르내리는 조선의 지리는, 넥타이, 조끼, 바지, 저고리를 상용하기에는 부적당하고, 거기까지 인내 정신을 요구할 필요는 없을 것 같다. 민족의 약속으로 시원한 예장, 시원한 통상복으로 능률을 올릴 수 있을 것이다.

(『자유신문』 1947년 8월)

속·옷

"사령부의 명에 의하여 이곳에 소변 엄금. 사령부의 명에 의하여 비승강(飛乘降) 엄금." 이렇게까지 사령부를 내세워야만 할까? 우리 국민이 이처럼 망국적인 사대사상을 지니고 있을 줄은 몰랐다.

최근 일본 신문은 이런 비명을 가끔 게재하고 있다.

*

사모(紗帽), 관대(冠帶), 전복(戰服)의 신랑, 어여머리에 꽃 꽂고 연지(臙脂) 찍고 활옷 입은 신부는, 고려조(高麗朝) 사대사상의 유물인 몽고 풍속이다. 그것을 모르는 것은 아니로되, 지난 사십 년 동안은 조상 수십 대가 전해온 이 풍속을 계승함으로써, 민족혼을 잃지 않았다는 표상으로 일제에게 '이―' 하는 대신으로 써왔다. 모닝복에 흰 나비넥타이라는 조선 독특의 예복과 면사포 쓴 혼례를 하던 예배당도, 몽고풍은 용납한 곳이 많았다. 일제는 이것까지 뿌리를 뽑아버렸다.

국민복에 몸뻬로 신사(神社)에서 혼례하라고 하였다. 조금 더 가면, 흰 고깔 '츠노카쿠시(つのかくし)'를 쓰라고 하였을 것이다.

*

　혼례를 주례(主禮)할 때에, 들어오는 신랑 일행을 보고 웃음을 견딜 수 없었다. 신랑만은 그럴 듯이 입었으나, 들러리한 사람은 깡뚱한 바지에 조끼 아래로 흰 셔츠가 내보이고, 한 들러리는 와이셔츠 소매가 길다랗게 나온 것을 연해 감추면서 엄숙하게 서 있는 것은 웃지 않는 희극배우 버스터 키톤을 연상하게 하였다. 신부는 깨끗한 흰 저고리 흰 치마를 갈갈이 해진 면사포로 감추고, 파리똥 다닥다닥 앉은 하위어빠진 조화(造花)를 끼고 들어온다. 웃음을 참노라고 눈물이 나올 뻔한 일이 있었다. 이 신랑은 소학 시대도 양복, 중학 시대도 양복, 대학도 양복, 사회에 나가서도 양복일 것이니, 혼례 때쯤 한 벌 조선옷을 만들어 입고, 두었다가 그것으로 수의(壽衣)를 삼아도 좋을 것이라고 생각하였다. 신부는 노랑 저고리 빨간 치마면 우리나라 정장이요 예장(禮裝)이다. 신랑의 정장은 수목 두루마기, 여름이면 모시도 좋다.

　물론 혼례를 위하여 연미복과 새 면사포를 빈틈없이 신조(新調)할 수 있는 사람에게는 이런 말은 객쩍은 말이다.

(『자유신문』 1947년 8월)

달팽이

　해방된 서울을 삼 년 만에 처음 와서 보고, 놀란 일이 한두 가지가 아니다. 유리창에 금은(金銀) 문자 박은 것도 네온사인도 제법이요, 양과자도 훌륭한 것이 있고, 양식도 양인 솜씨 못지않게 만들어놓는다. 핸드백도 날씬하게, 양복도 말쑥하게, 인쇄술도 사진 제판, 다색(多色) 인쇄 모두 있다. 자재와 기계가 없지 기술은 있다. 이 기술은―그중에는 일인(日人) 집에 구걸하다시피 뚫고 들어가서 물 길어주고 불 피워주고, 온갖 고생 다 해가면서 지내는 동안에 겨우 눈에 익힌 것이―해방된 조선 사람의 생활문화에 유용하게 쓰이게 된 것이 많다. 이것을 형이하(形而下)의 면이라고 보면, 형이상(形而上)의 면은 여하(如何)? 일인 교원이 전부 퇴거한 후에도, 소학 중학 교원의 자리를 척척 차지할 사람들이 있었으니 그것을 자랑할 것인가. 조선어학회(朝鮮語學會)의 『말광』, 김도태(金道泰)의 『국사연구(國史研究)』, 성경린(成慶麟)의 『국악연구(國樂研究)』, 임원식(林元植)의 『지휘(指揮)』가 해방을 기다린 출토품(出土品) 문화재라면 섭섭하다고 아니할 수 없을 것이다. 마라톤의 조선, 말썽 많은 조선으로 세계에 등장한 조선에 흥미를 느끼어 해방과 같이 햇볕을 보았으리라는, 1945년 이후 판의 문학이나 학술 연구를 엿보려 할 때에 해당할 무엇이 있을까? 조선의 문화인은 정치에 몰두해서 창작이나 저

술을 할 여가가 없었다는 말은 자랑이 될 수 없을 것이다. '백 년 후면 나의 예술을 이해할 사람이 있을는지 모른다'고 작품을 제작하여서는 땅에 묻어 둔 고대 중국의 도공(陶工)도 있다.

"소라 소라 춤추어라" 하고 노래 불러주는 태평 순간에는 머리를 내어 휘두르고, 바람만 불어도 쏙 들어가버리는 달팽이와도 같은 문화인은 8·15가 몇 달만 늦었더라면 이십만 명이 몰살을 당했던 것이다. 한번 죽었던 생명이다. 아끼지 말고, 사력을 다하여, 영원에 살 수 있는 일을 담당하여야 할 것이다.

(『자유신문』 1947년 8월)

최촉(催促)*

  회보 원고에 대해서는, 이때껏 남의 최촉(催促)만 해오다가, 이제는 나도 최촉을 받아 원고를 쓰게 되었다. 최촉을 받아 글을 쓴다 함은, 글 쓰는 사람으로서는 부끄러울 일이나, 최촉을 받아서 쓰거나 안 받아 쓰거나 쓰는 글이 다름없고, 그곳에 허위가 없음에야 최촉에 원고를 생산한다 한들 욕될 일이 있으랴?
  잡지와 신문 등등이 항상 그 나라 문학을 생산하고 있다 한들, 욕될 일이 있으랴?
  잡지와 신문 등등은, 읽히는 일보다 생산하는 큰 일이 있다.

(『송경학우회보』 1927년 2월)

---

* 『송경학우회보』에 실린 글 여덟 편(「최촉」~「나」)은 '새문화사' 편 『편편상』(1948)에는 '구고(舊稿)'라는 명칭으로 함께 묶여 있던 원고임.

자부

자부(自負)란 사람을 살리는 큰 요물(妖物)이다. 아주 취할 곳 없는 사람 같아도, 어느 한 모퉁이에 단단한 자부를 가지고 있다.

"이거 살아 무얼 해" 하고 한숨을 쉬다가도, 면경(面鏡)을 들여다보고 빙그레 웃는 양반이 있다.

또 한편에는 "나는 생전 시집가기 틀렸어" 하고 우는 상을 만들다가, 흰 버선 신은 조그마한 발을 내려다보고 버선에 주름을 지었다 폈다 하는 가엾은 추부(醜婦)가 있다. 그 여자는 하루에 두 쌍씩 버선을 갈아 신는단다.

(『송경학우회보』 1927년 2월)

원숭이

  원숭이가 많이 모인 곳에서는, 어미 원숭이는 반드시 새끼 원숭이의 꼬리를 붙잡든지 발로 짓밟고 있든지 한다. 보고 있던 사람들이 과연 가련하다는 듯이, 과연 밉살스럽다는 듯이, '아유, 가엾어!' '아유, 귀찮아라!' '아유, 원수야! 건 왜 놓아두지 않을까?' 하고 분개해서 어미 원숭이에게 돌멩이를 던진다. 자기가 아내와 자식의 꼬리를 단단히 붙잡고 있는 줄은 모르고.

(『송경학우회보』 1927년 2월)

재언(再言)

  하기(夏期) 사업을 의논하는 회석(會席) 상에서, 나는 아동의 종교 교육은 미신 교육이라 하고, 공립 보통학교 교육에 대한 생각과 똑같은 생각을 요구했다.

  그때에 나는 조소(嘲笑)는 아닐망정 나의 말을 망단(妄斷)이라고 생각하는 듯한, 이상한 표정의 얼굴을 이삼 보았다. 그래서 그것이 일시적 흥분으로 한 말이 아님을 재언한다.

(『송경학우회보』 1927년 7월)

아동과 미신

아동의 종교 교육은 미신 교육이다.

이 말을 이해하지 못할 사람은 우선 종교와 미신과의 거리를 측량해보라.

*

공립 보통학교 교육은 일본의 국민교육이다. 일본의 'アイウエオ(아이우에오)'를 가르치니까, 국민교육이 되는 것이 아니다. 그 가운데에는 신이 있다. 해(該) 교육을 싫어하는 사람은 'アイウエオ'를 싫다고 하는 것이 아니다. 그 가운데에 있는 신을 말함이다. 종교를 말함이다.

(『송경학우회보』 1927년 7월)

목욕

"형이 목욕통에를 들어가게 되었다니 말이지, 그것은 물론 형의 가장 큰 행복의 하나인 동시에, 가장 애달픈 객정(客情)의 비애사(悲哀史)일 줄 압니다. 참으로 일본의 목욕처럼 독특한 정서와 기분을 가진 일본적 생활은 없을 줄 압니다. 노골적으로 말하면 그곳은 일본인의 유일한 성적(性的) 생활의 일부분이요, 일반적 향락(享樂)의 오아시스일 줄 압니다. 그 맛을 형이 이제야 깨닫게 된 것을 나는 오히려 늦게 생각하며, 형의 체중이 줄게 된 것을 당연하다 아니할 수 없습니다."

이것은 공진형(孔鎭衡) 형이 준 편지의 일절이다. 나도 그 견해에 동감하게 되었다.

1927년 7월 8일 병중(病中)

(『송경학우회보』 1927년 7월)

아동·인간·위대

인간의 위대함을 아는 자만이, 인간을 교육하는 일이 위대한 일임을 알 수 있다.

인간에 관한 천부(淺薄) 비속(卑俗)한 해석, 인간에 관한 무지와 무감격(無感激), 이것만큼 교육상 유해한 것이 없다.

자기에게서 인간의 위대함을 믿을 수 있는 자는 가장 행복된 자다. 고금(古今)의 위대한 천재에게서 인간의 위대함을 알아낸 자는 다음 가는 행복자이다. 그 사람은 인간이 어느 만큼 위대할 수 있는가를 사실의 증명에 의해서 항상 감격을 받고 인간에 대한 신념을 갖고 인간을 교육할 수 있는 까닭이다.

아동을 위대하게 만들려는 것이 아니다. 그 아동이 위대하게 될 것을 믿고 교육하는 것이다.

이 아동이 대성인(大聖人)이 될는지도 모른다. 이 아동이 베토벤이 될는지도 모른다. 나는 놀라서, 뒤로 물러서서 그 아동을 본다. 그때의 나의 눈에는 대성인이나 베토벤에게서 배워 알은 '인간의 위대'를 가지고 그 아동을 보게 된다.

(『송경학우회보』 1927년 7월)

나

「마음의 극장」을 쓰고「마음의 유치원」을 꾸미고, 소설을 쓰고, 영화를 연구하고, 보모(保姆)를 걱정하고, 참여치 않는 곳이 없이 덥저거린다고 손가락질 말라! 마음의 나라 마음의 조선 나라가 나로 하여금 그러지 않고는 못 배기게 하는 것이니, 그런 사람이 어찌 나 하나뿐이며, 그런 사람이 반드시 무용지물(無用之物)일 리야 있을 것이냐?

1927년 10월 20일
(『송경학우회보』 1927년 11월)

후지미(富士見) 고원에서

후지미(富士見) 고원이란 후지 산(富士山)을 보는, 혹은 후지 산이 잘 보인다는 고원이라, 동남편에 똑똑이 그 산을 볼 수가 있다. 나가노 현(長野縣)에 있고, 소위 일본 알프스를 앞으로, 북 알프스를 뒤로 보는 곳에 있다. 해발 3천3백 척. 이곳 정거장은 일본에서 제일 높은 곳이라고 해서 유명한 곳이다.

이곳에 마사키(正木) 박사의 일광(日光) 요양소가 있다. 고원의 공기와 안정과 산상의 일광욕으로, 소위 불치의 병을 정복하려는 곳이다.

이곳에 처음 온 것이 1928년 겨울 11월이다. 적설(積雪)이 수 척이요, 영하 10도의 혹한을 무릅쓰고, 재생(再生)의 길을 이곳에서 찾았다.

생사의 경계를 몇 번이나 왕래하면서 '일 년만 참아주시오', 딸기와 같은 아름다운 핏방울을 토할 때마다 '한번 귀국하고야!' 그것이 소원이었다.

겨울이 가고 봄이 오매, 적설은 녹아가고, 집 새는 지저귀고, 색시 환자와 간호부들이 낭하(廊下)를 노래 반(半)으로 뛰어다닐 때에는, 나도 정신을 차리고 석 달 동안 돌아눕지도 못하고 누운 채로 지냈던 병상(病床)에서 내려와 차츰차츰 베란다에 나가서 하늘을 쳐다

보고, 물오른 백화나무와 소나무 벌판을 바라보며, 하늘이 이렇게도 아름다웠나, 나무 나무가 이렇게도 아름다웠나, 이 산 저 산이 이렇게도 아름다웠나, 구름이란 이렇게도 아름다웠나, 세상이란 이렇게도 좋은 곳이었던가, 하고 눈에 보이는 것, 귀에 들리는 것, 모든 것을 고맙고 즐거워했으니, 이것이 재생의 제일보(第一步)였던 것이다.

'발등 오 분'이란 일광욕으로 시작해서 둘째 날은 십 분, 넷째 날은 십오 분…… 이렇게 하기를 350여 시간, 십일 개월 동안 몸뚱이와 얼굴을 흑인과 같이 하고, 튼튼한 몸으로 산을 내려와서, 동경으로 간 것이 1929년 10월이다.

제2의 고향—틈을 낼 수 있으면 오고, 병인(病因)하면 오고—실로 이번이 제7회의 등산이다.

오면 생각한다. 이렇게 세상은 아름답고, 삶이란 귀한 것이니, 하고. 그것은 결코 후지 산을 보고 느끼는 감회가 아니다. 구름 많은 일본의 하늘을 보고 느끼는 감회가 아니다. 생과 사의 경계선에 서서, 오히려 나는 이곳에서 보이는 앞산 뒷산 가운데, 송악산(松岳山)을 보고 남산(南山)을 보고 북악산(北岳山)을 그리며, 이곳 산 위에서 보이는 맑고 깨끗한 하늘을 조선의 하늘로 보는 까닭이다.

나는 돌아가고 싶다. 하늘을 보며 산을 보며 조선을 그리워한다. 라디오의 라우드스피커를 껴안고, 몇 해 만에 듣는 조선의 소리를 목메게 마신다. '우리에게는 자유가 있다'고 부르짖는, 라디오 드라마의 반가운 소리가 들린다.

(『조선일보』 1931년 9월)

방정환 군

방정환(方定煥) 군의 부보(訃報)를 받기는 천만 의외의 일이었다. 방 군은 어떤 의미로 보든지 아까운 사람이다. 군의 요서(夭逝)를 충심(衷心)으로 애도하는 바이다.

수월 전에 동경 왔을 때, 나의 사무실에 찾아와서 수 시간을 이야기했을 때에도, 나는 하고 싶은 일이 많되 몸이 이 모양이 되어서 한 사람 길을 못 가게 되니 불행이라 하매, 군은 아직껏 병다운 병을 겪은 일이 없으니 이 건강이 무엇보다도 자랑이라고 하며 일기(日氣)가 그리 덥지도 않은데 땀을 훔치며 껄껄 웃은 일이 있었으니, 이 건강에 대한 자부와 과신이 군의 별세(別世)를 가깝게 하지 않았나 생각하면 한층 더 아까운 일이었다. 삼십삼 세의 활동기에 선 방 군을 조선의 세상은 아직 보내고 싶지 않았을 것이다. 우리들의 마음이 역시 그러하니.

방 군과 우리들(우리들이란 주로 색동회원)은 근년에 와서 오히려 상반(相反)하는 사이에 있었다. 우의(友誼)는 여전 두터우면서 방 군의 『어린이』지 편집 방침, 아동 지도 방침에 대하여는 우리는 오히려 대립적 태도를 가지고 있었던 것이다. 말하자면 군의 영웅주의와 눈물주의를 극력 배척한 것이다.

우리들은 새로이 기관지를 가지려고까지 계획한 일이 있었다. 그러나 소파(小波) 역시 동지(同志)의 강경한 일치 의견을 져버리지 못하여, 이후를 약속하고 그 후의 『어린이』지가 점점 우리들의 의견에 가까워 오매 우리들은 은근히 방 군의 금후(今後)를 일층 기대하였던 것이다.

*

꽃과 별과 천사와 공주의 꿈같이 아름다운 이야기와, 눈물을 줄줄 흘리게 되는 애화(哀話)만이 아동의 정서를 보육함이 아니요, 아동 교육의 근본의(根本義)가 아니다. 어른이 어떠한 때든지 음탕한 이야기를 즐겨 하는 것과 같이 어린이는 어떠한 때든지 슬픈 이야기를 듣기 좋아하는 것이니, 듣기 좋아한다고 그것이 아동을 위함이 아니요 능(能)이 아니다.

우리는 "세상에 일명(一命)을 타고 났으니, 세상을 행복되게 할 의무와 그 행복을 받을 권리를 위하여서는 물불을 가리지 않을 용감한 사람이 되게" 지도할 것이요, 그러기 위하여 우리는 "현실을—가장 정확한(즉 과학적인) 똑똑한 눈으로 본 현실을—가장 교묘한 방법과 기교로써 가르치며, 또한 정확히 볼 수 있도록" 지도할 것이다. 이것이 우리의 주장이다.

이 우리들의 주장을 방 군은 기어코 찬성하고 동의는 표하였으나, 그 사업에 나타나기는 적었고, 오히려 금후에 기대함이 많았던 만큼, 그만큼 군의 요서를 아까워하는 바이다.

그러나 군과 같이 정열과 감격을 가지고, 종시(終始) 일관(一貫)

아동 연구와 아동 운동에 종사한 사람이 드물고, 군과 같이 우리나라 어린이들의 존경과 신뢰를 받은 참된 의미의 '어린이의 동무' 된 사람이 드물 것이니, 이를 조선의 손실이라고 볼 수 있다. 우리들의 주위가 또한 갑자기 적적해짐을 느낀다.

(『조선일보』 1931년 9월)

토끼와 원숭이

　나는 「토끼와 원숭이」란 동화를 창작했다. 원래 나의 동화는 『홍길』이란 소설을 동화로 고쳐 쓴 이외에는 대개 창작이다.
　십 년 전일까? 「어머님의 선물」이란 부끄러운 동화를 썼을 때에도 이야기를 꾸미기 시작한 지 약 일 년 후에 비로소 원고로 써서 발표한 것이다. 일 년 동안, 이리 생각 저리 생각하며 동화회(童話會)에서 이렇게 이야기해보고 저렇게 이야기해보고 하는 중에, 점점 좋은 동화가 되어가는 까닭에, 그 후의 수 편의 동화도 대개 수개월 혹(或) 일 개년, 혹 이 개년 동안을 걸리어 쓴 것이다.
　「바위나리와 아기별」이란 동화는 일본 건너오기 전, 개성에서 제2회 '어린이날'의 동화회에서 구연(口演)한 일이 있었고, 그 후 일본에서 이 년을 지낸 후 제3년 신년호의 『어린이』지에 발표하였으니, 그간 삼사 년을 지낸 것이다.
　그러므로 몇 편 안 되는 동화이나마 연대를 따라서 읽어보면, 어떠한 경로를 어떻게 밟아서(사상, 예술) 자랐는지 알 수 있어서 유쾌하다.
　「토끼와 원숭이」도 「호랑이와 곶감」(未稿) 「울 줄 모르는 아이」(未稿)와 같이, 이미 육칠 년 전에 창작한 것이다.
　「토끼와 원숭이」를 발표한 것은 정월인 줄로 기억한다. '색동회'

가 모였을 때 그 자리에서 이야기한 일이 있었고, 그 후—이제로부터 삼사 년 전 내가 병을 얻기 전—에 이것을 『어린이』지에 연재할 셈으로 제1회치를 써서 『어린이』지에 보낸 일이 있었으나 계속할 능력이 없어서 게재를 중지하고, 그 후 몇 번 다시 쓰고 다시 쓰기 시작하여 오늘 겨우 첫머리 원고 두 장을 쓰고 있는 터에 보내 온 『어린이』 8월호에 사 년 전의 원고가 게재되어 있음을 보고 적지 아니 놀랜 것이다.

「토끼와 원숭이」는 이곳에 같이 입원하고 있는 우인(友人) 일본의 작가 후지사와 다케오(藤澤桓夫)가 금년 3월호 『가이조(改造)』에 발표한 「아(芽)」라는 소설 가운데 삽화로 쓴 일이 있었다. 이것은 그 소설 자체가 필자를 모델로 한 것이므로, 아는 사람은 알려니와, 작가가 발표하기 전에 국외 소설가의 소설 가운데 삽화로 발표되어 있음은 기괴한 일이요 의아(疑訝)를 받기에 넉넉한 일이나, 여상(如上)한 내력을 가지고 있는 까닭이다.

좌우간 『어린이』에 제1회가 발표된 이상(구고이기 불만이 있으나) 이것을 계속하여 쓰고자 한다.

이 동화는 현금(現今)의 나의 사상과 처지를 확실히 하고, 나의 현금의 아동 지도의 정신을 구체화한 것이니 어린이들과 함께 지도자들의 애독을 바라는 바이다.

삼 년 사 년 동안 이리꿍저리꿍 생각해서 한 개의 동화를 쓴다는 일은 참으로 유쾌한 일이다. 소설이나 희곡보다도 더 순수한 예술을 창작하는 것 같아서 무엇보다도 재미있고 유쾌한 일이다.

(『조선일보』 1931년 9월)

조선을 사랑하자

— 동경 생활 십오 년간의 편상(片想) —

십오 년 전, 개성을 떠나 동경 왔을 때에는, 혼자서 먹고 살고 있다는 점에 생활의 의의를 의식하고 있었다. 그때 벽에 붙여놓았던 조그만 쪽지—너는 의지할, 아무도 없다. 사랑하는 부모 형제도—단지 너 하나가 있을 뿐이다.

*

제2년. 직업은 생활의 방편이요, 생활의 의의는 '혼조(本所), 후카가와(深川)'의 어린이를 가르치고 아동 문제를 연구하는 점에 두었다.

*

그다음, 중병으로 일 년 동안 병원에 누워 있을 때, 피를 토할 때, '일 년만 참아다오. 일 년만 참아다오' 하고 애원할 때에는 퇴원해서 일 년만 더 살 수 있으면, 하고 싶은 일을 다 하고, 언제 죽든지 한이 없을 줄 믿었다.

*

　일 년 후, 퇴원 후는, 다만 고이고이 생명을 유지하고 연명하기에 전 노력을 경주하였다.

*

　건강을 얻은 후에는 비로소 훌륭한 조선 사람으로서의 '생활의 의의'를 찾고자 한다.

*

　조선을 사랑하는 법을 생각할 필요가 있다.

*

　조선인 악(惡)은 각자 이위(以謂) 대장(大將).
　존경하는 사람을 가지지 못하는 점.

(『동경조선민보』 1936년 2월)

정밀(靜謐)

　동경도 중앙. 가장 번화한 거리에 있는 집이지만, 앞마당에는 고운 잔디를 펴고, 나무와 꽃이 많아서 장안(長安) 안같이는 보이지 않고, 뒤창을 열면 길이길이 죽림(竹林)과 노목(老木)이 무성하고, 인가라고는 오직 멀리 몇몇 지붕만이 보이는 까닭에, 마치 어느 산간 온천에나 가 있는 것 같은 착각을 가끔 느끼는 것이다.
　이러한 곳에 가만히 앉아 있으면, 나뭇잎 사이로 흘끔흘끔 보이는 푸른 하늘이나, 그 사이를 흘러가는 구름의 움직임을 보면서, 날 가는 줄을 모르고 하루 한때를 보내게 된다. 가끔 가다 꾀꼬리가 와서 노래 부르면 그가 경이요, 이때까지 봉오리이던 꽃이 방긋이 피우면 이것이 큰 환희이다.
　담배를 피워 물고 연기를 푸우 내어 쉬면, 천하는 태평, 만사가 나에게 아무 상관이 없는 것같이, 멍멍히, 물끄러미 날 가는 줄을 모르고 하루를 소일(消日)하게 된다.
　이렇게 몇 날을 지내매, 비로소 이러한 곳 이러한 집을 찾아서 이사 온 나의 심사를 이해할 수가 있었다.
　왈(曰), '조선 사람!'
　어느 나라 사람보다도 이러한 시간을 사랑하는 사람이 조선 사람인 것같이 생각된 것이다. 깜짝 놀라는 동시에, 나는 그곳에서, 담뱃대를 물고 발바닥을 쓰다듬으며 얼빠진 사람같이 한곳을 물끄러미 바라보면서, 죽은 것같이 앉아 있는 백발의 나의 자태를 상상할 수가 있었다.

무서운 정밀! 귀여운 정밀!

십사 년 전, 처음 동경 와서 회사에 들어갔을 때, 여러 일본 사람들이 나를 이렇게 보았다고 한다.

"온 종일 아무 말도 아니 하고, 마루턱에 서서 하늘만 쳐다보고 있어. 그러다가는 무슨 생각이 나는지, 창가 같은 것을 입속으로 중얼거리구 있더군. 이게 웬 멍텅구리야, 그리구 기가 맥혔소."

― 훌륭한 조선 사람을, 볼 수가 있지 않을까?

2

이러한 고적(孤寂)과 정밀을 사랑하는 자기를 발견할 때에, 자기가 틀림없는 조선 사람인 것을 알매, 그것이 귀엽고 사랑스럽게 생각되는 동시에, 한편 무서운 생각이 났다. 그 가운데 시가 있다. 그러나 그 가운데 생활력이 없다. 활동력이 없다. 야심(野心)이 없다.

산수(山水) 고운 곳에 인물이 없고, 험한 곳에 인물이 난단 말이 진정한 것을 알 수가 있다. 간난과 역경이 사람을 일어나게 하는구나!

(『고려시보』 1938년 3월)

향수*

낯선 설

수년 전에, 역시 이러한 설문이 있어 '설만은 고향에서 지내고 싶다'고 대답한 일이 있다. 그 대답을 편집자가 특별히 대우해서 「낯선 설」이란 제목으로 발표한 것이 지금 새삼스러이 생각난다. 묘한 제목이요, 나의 심금에 꼭 들어맞는 말이다.

십육칠 년을 있으니 설도 십오륙 회를 맞이하고 있으련만, 역시 타향(他鄉) 설은 '낯선 설'이 틀림없다.

고향 설

고향 설을 생각할 때 제일 먼저 생각나는 것이, 첫째 시골 가 계시던 형님들이 차례차례 돌아오시는 것을 마중할 때의 기쁨이요, 다음 정월의 새 옷은 물론이려니와 세배를 하면 형님들이 주시는

---

* '새문화사' 편 『편편상』(1948)에는 「낯선 설」이라는 제하로 수록된 글이다. 이는 『고려시보』(1939. 1)의 편집 방향을 따른 것으로 보이나, 글의 내용으로 보아 여기에서는 『삼천리』(1939. 4)의 편집 방향을 따랐다.

50전, 1원을 조끼 주머니가 불룩해지도록 받은 일이다.

그 돈을 또 "그대로 가지고 있으면 다 써버릴 터이니, 내게 맡기면 이자를 늘려주마" 해서서, 맡긴 후에는 설만 되면 "내 돈이 얼마 되었어요?" 하고 물어보고……

저축의 산 교훈이었으려니—.

나도 개성인

그렇게 이자를 늘려주신 돈을, 아마 중학 시대, 전부 줍소사 해 가지고 권업(勸業) 채권을 산 일이 있고, 그 때문에 또 아버지께 꾸중을 들은 일이 있고(사행심 바란다고), 그러나 얼마 안 해서 그도 어떻게 써버렸는지 다 써버리고, 저축이라고는 조금도 할 줄 모르는……

경성, 또 동경 유학 시대만 해도, "고한승(高漢承)이도, 진장섭(秦長燮)이도, 다— 뻐젓한 개성 종자인데, 너만은 대체, 어디 종자냐?" 동무들에게 그런 소리를 듣던 나도, 나이 스물다섯을 지나매 동경 장안에서 서투른 주판을 들게 되었으니, 하하하, 나 역(亦) 개성인이라고 할 수가 있을까?

개성인의 전통

공진항(孔鎭恒)이 그러하다.

고한승(高漢承)이 그러하다.

장희순(張熙淳)이 그러하다.

김동표(金東杓)가 그러하다.

짚신 신고 책을 짊어지고 금강산으로 돌아다니던 장발 청년 공(孔)이「백일홍 이야기」를 짓고, 김도산(金陶山)이 입내를 내기 좋아하던 고(高)가,『건설(建設)』잡지 등사판을 찍던 장(張)이, 장난꾼 김(金)이, 전부가 주판을 가지게 될 줄 누가 생각이나 했으랴?

진실로 개성인에게 흐르는 피는 위대하고 불가침의 것이 있는 것 같다.

깍쟁이

무섭다.

깍쟁이.

이러한 존칭을, 개성인이 받고 있는 것을 나도 안다.

동경에서, 이곳 사람들이 조선 학생과 이야기할 기회가 있으면 나의 이름이 가끔 화제로 난다 한다.

그런 때, 조선 유학생은 대개 "마해송은 개성인이오, 개성인이란 꼭 오사카(大阪)와 같아 무서운 깍쟁이라오. 그렇기 때문에 성공을 했지, 아마 수십만 원 꼭꼭 감추고 있으리다."

이렇게 나를 나쁘게 말하는 이가 조선 사람이요, 그럴 때 나를 변명하고 좋게 말하는 이가 나를 아는 이곳 사람이란 이야기를 여러 번 들었다.

개성인의 특징

그러나 나는, 감춘 돈이란 조금도 없다. 사재(私財)란 조금도 없다. 사업이 재산이다. 그러한 의미로는, 그만하다고 할 수 있을까? 감추기커녕 소비의 생활이다. 소비, 소비, 그러나 낭비가 아니다. '쓸 데 쓰고'의 실천이다.

일면 나의 천성이요, 조선 사람을 욕뵈지 않게 하자는 의도의 생활이다.

돈에 깨끗하고,

경우에 밝고,

신용이 있고,

살림이 정하고,

이러한 생활 방침이, 깍쟁이의 칭(稱)을 받을 소이(所以)가 되랴? 이야말로 개성인의 특징이요, 조선인 전부가 배워주었으면 하고 생각하는 바이다.

*

요사이 이곳 사람들과 제휴해서 사업을 하고자 건너오는 조선 사람들이 많다.

금광을 팔러, 영화를 공동 제작하려……

그러나 한번 관계를 맺은 다음에는 질색을 한다. 중얼거린다. 참으로 듣기 싫은 말을 많이 듣는다.

이곳은 물론, 어느 나라 사람과 같이 일을 하든지, 같이 해 나갈 수 있는 사람은 '인텔리 개성인'이라고 나는 생각한다.

아버지 닮아

내가 역시 개성인의 일종(一種)인가를 스스로 발견한 후, 또 한 가지 큰 발견을 했다.

그것은 내가 만날 꾸중만 듣던 아버지를 점점 닮아가는 것이다. 이렇게 쓰면 버릇없는 말이라고 얼굴을 찡그릴 어른이 많겠지만, 가만히 생각해보면 아버지를 닮지 않은 자식의 예는 개성 장안에도 수없이 있으리라.

이것을 발견할 때마다 나는 경이를 느낀다. 그리고 삼십이 지나서, 참으로 복모구구(伏慕區區)* 지지(之至)의 감(感)을 절감하고 있다.

이때에 아버지가 생존해 계셨더라면— 하고, 눈물을 짓는 일이 많다.

---

* '삼가 사모하는 마음 그지없다'는 뜻으로, 주로 한문 투의 편지에 쓰는 말.

남대문 종소리

작년에는 유가와라(湯河原) 온천에서 아내에게 돌아가신 아버님, 형님의 이야기, 개성 이야기, 동무 자랑을 해주면서, 남대문 종소리 라디오를 듣고 눈물을 머금었다. 올해는 동경서―.
 그러나 올해도 개성 남대문 종소리를 들려줄는지.

(『고려시보』 1939년 1월 / 『삼천리』 1939년 4월)

편편상(片片想)

　벌써 창간 1주년을 맞이한다니, 아아, 세월의 흐름이 참으로 빠르다.
　조그마한, 그러나 한없이 귀엽고 깨끗한 책자를 받아 들고 '최영주(崔泳柱) 하는고나—' '참으로 활자를 아는 사람' '최영주에게서 이 재주를 마이너스하면 무엇이 남을까?' 하고, 그 책자를 어루만진 것이 며칠 아니 되는 것 같은데, 또 그 노(盧) 사장이 포부를 침을 뿌리면서 말하던 것이 일전과 같은데…… 그러나, 여보시오, 두 분에게 부탁하고 싶은 일이 있으니, 들어주시려오.
　왈(曰)— '박문(博文)'의 야심은 '두께'에 두지 말고 '넓이'에 두어 주기를 바랍니다.

*

　'조선판(朝鮮版)'을 발행하려고 계획을 세우는 동안에 조선 소설을 많이 읽었다. 부끄러운 소리나, 이제야『마의태자(麻衣太子)』를 읽었다.
　밥상에도 놓고 읽고, 자동차 속에서도 읽고, 손[客]과 이야기하면서도 떼지를 못했다.

『만향(晚香)』을 읽었다. 『제황태(帝黃台)』를 읽었다. 『단종애사(端宗哀史)』를 읽었다. 『금삼(錦衫)의 피』를 읽었다. 문학 전집을 읽었다. 『하멜 표류기(漂流記)』를 읽었다. 척척 쌓아 두었던 잡지를, 손이 시커멓게 되도록, 뒤적거리고 읽었다.

무척 재미있었다. 이렇게 좋은 것, 훌륭한 것, 재미있는 것을, 왜 이때껏 읽을 생각을 못했을까? 하고 한참 동안 한숨을 쉬었다.

*

읽기에 힘이 든다.

이곳 소설이면, 삼백 혈(頁)가량의 것이면, 앉은 자리에, 혹은 선 채로 읽어버릴 수가 있다.

읽는 것이 아니다. 보아 내려가는 것뿐이다. 주욱주욱 봐 내려가는 것이, 한 장 두 장 펴가는 시간밖에는 아니 든다.

그러나 한글 소설은 읽어야만 된다. 봐 내려간대는 수가 없다. 목구멍에선지 머릿속에선지, 한 자 한 자 꼬박꼬박 읽어 간다.

그러다가 또, 이곳 소설을 읽을 때에, 혼이 났다.

눈은 벌써 둘째 장을 봐버렸는데, 목구멍인지 머릿속인지에서는 한 자 한 자, 꼬박꼬박 읽고 있다. 한참 동안, 그 버릇이 고쳐지지 않아서, 혼이 났다.

*

요사이, 겨우 춘원(春園)의 소설만은, 약간 봐 내려가도 알게 되었다. 『사랑』이 그렇다.

*

단행본으로 나올 때에, 왜 신(新) 철자로 교정하지 않나, 하는 의문과 불만이 있다.

나는 요사이 『역군은(亦君恩)』이란 것을 『여성(女性)』에 쓰고 있다. 가장 진격(進擊)한 태도로 쓰고 있는 것이다. 이것을 써 가면서 신 철자를 배우려고 했다. 윤석중(尹石重) 군이 가끔 찾아주므로, 그가 올 때마다 몇 장 안 되는 원고를 내놓고, 고쳐주기를 청했다. 처음에는 고쳐주었다. 다음에는 "이건 너무 심하니, 그대로 보내시오" 한다. 그것을 또 졸라서, 고쳐달라고 했다. 이러는 동안에, 신 철자를 기억하려고 애쓰고 있다.

*

신 철자에도 의문은 있다.

그렇게 쓰는 것보다, 이렇게 쓰는 것이 옳지 않은가? 하는 점도 있다.

그러나 그것은 다음 결정할 때까지 기다릴밖에 없다. 정해놓은 것이면, 어쨌든 그동안은 그것을 존중해야 할 것이라고 나는 생각한다.

*

또 한 가지 감상이 있었다.

역사소설, 전기소설에 있어서, 외국 작가들은, 정사(正史)를 약간 무시하고, 작위(作爲)가 풍부해도 하등 문제가 없다.

그러나, 우리 작가는 될 수 있는 한, 충실하게 써놓는 것이 좋지 않을까? 하는 생각이 있었다.

그리고 '불행한 임무'란 생각이 떠올랐다.

1939년 8월 21일

(『박문』 1939년 8월)

어린이날과 소파(小波)

 1921년까지도 '어린이'라고는 부르지 않았다. '어린내', '애새끼', 지방에 따라서는 '가시내', '머스매'라고까지 불렀다.
 1921년 가을, 동경에서 공부하고 있던 몇 사람이 모여서, 아동문제 연구 단체 '색동회'를 조직했다. 색동 꽃동, 색동저고리의 색동이다.
 늙은이, 젊은이와 같이, 어린이라고 부름으로써, 그 인격을 인정하자는 것으로, 기관지 『어린이』를 발행했다. '어린이가 무엇이냐?'는 질문이 많았다. 마치 그 수년 전 최남선(崔南善) 씨가 발행한 『아이들 보이』를 '게으른 아이' '이상(理想) 소년' 등의 영어로 생각한 사람이 많았던 것과 같았다.
 『어린이』를 주재하는 이가 소파(小波) 방정환(方定煥) 씨였다.
 소파가 1923년 귀국하여 『어린이』에 전력을 쓰면서 제창한 것이 '어린이날'이었다.
 1923년 5월 1일, 제1회 어린이날이다.
 "어린이는 우리 민족의 다음 대(代)를 짊어진 사람이요, 우리 민족이 잘 되고 못 되고가 오로지 어린이들에게 달려 있소. 어린이들을 어른의 노리개로부터 해방하고, 그의 인격을 존중하고, 그 개성 발전을 도모합시다." 이것이 어른들에게 부르짖은 말이요, 어린이들에게는 한 구호가 있었으니, "씩씩하고 참된 소년이 됩시다. 그리고 서로 돕고 사랑하는 소년이 됩시다."

*

다음 해인 1924년 5월 1일, 제2회 어린이날. 비로소 전국적으로 성대히 거행되었다.

제1회 때는 색동회, 천도교 소년회, 어린이사(개벽사) 등 일부 단체의 주최인 것 같은 감이 있었기 때문에, 제2회 때부터 '조선소년운동협회(朝鮮少年運動協會)'란 것을 조직해서 전체적인 소년 운동을 전개하기로 했다. 위원장이 방정환 씨다.

총독부의 간섭이 없을 리 없었다. 더욱 5월 1일은 '메이데이'다. 그 결과는 일본의 행사에 합류시키게 되었으니, 일본의 '모자(母子) 애호(愛護) 데이'인 5월 첫 공일로 된 까닭이 그것이다. 방정환은 잘 싸웠다.

1924년 8월에는 '전조선소년지도자대회(全朝鮮少年指導者大會)'를 경성에 소집하여 색동 회원의 연구 발표가 있었고, 『어린이』에 발표된 동화 동요는 전국을 풍미했으니, 소파의 「형제별」 「가을 밤」, 윤극영(尹克榮)의 「반달」 「두루미」, 정순철(鄭淳哲)의 「눈」 「짝짝궁」 등 수십여의 작곡은 지금도 경향에 애창되는 것이다.

또 소파의 동화 구연은 도저히 그를 당할 이 없었으니, 어린이들을 울리고 웃기기 자재(自在)였고, 임석(臨席) 순사(巡査)를 울게 한 일도 한두 번이 아니었다.

1931년 7월 23일, 33세로 세상을 떠났으니, 그의 전 생애는 우리나라 어린이에게 바쳤다고 할 수 있을 것이다.

*

나는 작년 5월 13일, 색동회 동인들과 같이 그의 묘를 찾았다.

망우리 아차산 상봉, 그가 자고 있는 묘전(墓前)에는 동지 친구들이 보낸 '동심여선(童心如仙)'이라고 조각한 자연석 비석이 있고, 그 수보(數步) 하(下)에는 그의 뒤를 따른 동인 최영주(崔泳柱)의 묘가 있어 감개는 더욱 깊었다.

거리낌 없이, 마음껏, 힘껏, '어린이날'을 지내게 되매, 소파를 생각하는 마음이 크다. 그의 구호를 다시 한 번 외쳐보자!

"씩씩하고 참된 소년이 됩시다."

"그리고 서로 돕고 사랑하는 소년이 됩시다."

(『자유신문』 1946년 5월)

가난한 조선 어린이

  대체 '어린이날'을 제정한 의의는, 어린이의 인격을 인정하자는 것과 어린이의 개성을 존중하여 자유로운 발전을 도모하자는 것과 어린이를 학대 말고 해방하자는 것이었는데, 해방 후, 어린이는 가장 학사(虐使)를 당하고 있다. 맨 먼저 나온 교과서 『초등 국어 교본』을 보라. '연필, 벼루, 비녀, 연꽃, 여우, 병아리' 등 음감(音感)에 연락(聯絡)이 있는 것도 아니요, 물건에 관련이 있는 것도 아니요, 어린이의 생활 감정에 접촉이 있는 것도 아니요, 다만 'ㅏ' 자 'ㅑ' 자를 배우기 위하여 아무 관련 없는 명사 단자(單字) 195개를 나열해 놓았으니, 편집자의 의도 여하(如何)는 문제가 아니다. 교원은 본의에 없는 막대기를 들고 "외라"고 외치지 않을 수 없게 되었고, 어린이들은 또 자기의 일상 생활에 아무 관계도 없고 흥미도 없는 말을 외노라고, 꿈결에도 '벼루, 비녀, 연꽃'의 막대기가 어른거리게 되었던 것이다. 이렇게 명사 195개를 외는 동안에 1학년을 보내게 되는 교과서란, 적어도 삼십 년래의 세계에 없는 이례(異例)의 교과서일 것이다.

  삼십 년 전에는 영어도 일어도 이러한 독본이 혹여 있었다.

*

우리나라에 인재가 이다지도 가난하지는 않으련만 『초등 국어 교본』을 첫 손가락으로 시장에 범람한 어린이 책의 가난함은 '가엾은 조선의 어린이'를 생각하게 한다.

　국민학교 교정에 기마 순사(騎馬巡査)가 들어와서 한 학동은 부상을 당하였다. 그 현장을 목격한 어린이들의 평생 잊지 못할 놀라움은 이 역(亦) 조선의 어린이에게만 있을 수 있는 사실이다. 국민학교에 무슨 대사건이 있든 간에, 어린이가 모여 있는 곳에 말을 달린다는 것보다 더 큰 대사건은 어느 나라에서도 찾아볼 수 없을 것이다. 상학(上學) 시간 하학(下學) 시간에는 노경관(老警官)들이 나와서 어린이들을 보호하기 위하여 일절의 교통을 ─ 전차, 자동차, 고관의 자동차건 소방 자동차까지도 ─ 금지시키는 일은 세계 대부분의 나라의 사실인 것이다.

*

　아홉 살 된 아들이 여러 동무와 신문지를 찢어서 '빠짱'을 만들어 가지고 마루에서 '빠짱치기'를 하기에 아버지는 "선생님이 빠짱치기해도 좋다시드냐?" 물었고, 아들은 정직하게 대답하였다.
　"아니야요, 하지 말라구 하셨어요."
　그러고는 슬금슬금 밖으로 나가버렸다. 밖에 나간 아들은 문 앞에서 '자치기'를 시작하였다.

이것이 대체 어디서부터, 언제부터 시작된 장난인지, 대단히 위험한 장난이다. 눈에 맞은 아이도 본 일이 있다. "야! 자치기 하지 마라. 그게 다 무슨 장난이냐!"

떠들썩하던 아이들은 조용해졌다. 아들은 큰 소리를 질렀다. 참다못해서 나온 항의다.

"그럼 난 무얼 가지고 놀란 말야요?" 울음 반이다.

아버지는 "음—" 하고 말이 막혔다.

*

동화회(童話會)를 한다기에, 반가운 마음으로 구경 가서 놀란 일이 있었다.

한 시간쯤 늦어서 노(老) 사회자가 등장하는데, 어린이 키만 한 널판 한 개를 들고 나오더니 테이블을 철석철석 세 번 치고 "자아 지금부터……", 또 두 번 치고 "떠들지 마라", 또 서너 번 치는 데는 놀라지 않을 수 없었다. 웃지 못할 사실이나 웃지 않을 수 없었다. 여럿이 웃었다. 그러니 정숙(靜肅)할 리가 없었다. 그러나 사회자가 몇 마디 하고 물러서고, 열서너 살 되는 소녀가 등장하여 동화를 시작하니 갑자기 장내는 씻은 듯이 조용해졌다.

*

질풍(疾風)에 지경초(知勁草).

바람이 셀 때, 굳센 풀을 알 수가 있다.

가난한 조선의 어린이!

그러나 그 가운데에서 오히려, 씩씩하고 굳세게 자라나는, 우리 어린이!

가장 뒤떨어진 우리들로 하여금 하루 속히 앞서게 하느라고, 이러한 불우(不遇)와 역경(逆境)이 있는 줄로 우리들은 생각하자! 씩씩하고 참된 소년이 됩시다. 그리고 서로 돕고 사랑하는 소년이 됩시다.

（『자유신문』 1947년 5월）

속 편편상(續 片片想)

● 원문 출처: 『속 편편상』(새문화사, 1949)

별천지(別天地)

땔 수 있는 것과 아직 쓸 수 있는 것이 쓰레기로 많이 나온다. 자동차도 쓰레기 더미만큼 걸리댄다. "담배 삽쇼", "쪼꼬렛 삽쇼", "라이타돌!"은 파리 떼만큼 달려든다. 먹을 것은 얼마든지 있다. 오뎅 집, 스시 집, 초밥 집, 우나기 집, 뱀장어밥 집, 양식점, 식당, 그릴, 원조 조선 요리점. 한 집 걸러 술집이요, 골목마다 장구 소리 요란하다.

영국은 지금도 완전한 배급제도요, 한 방에 한 세대가 살게 되어 환자가 생겨도 격리할 수 없고, 귀환병(歸還兵)은 방공호에 의지하고 있다. 외국 빈객(賓客)을 대(大) 공장주가 초대할 때도 식권을 요구하고, 제한 가격의 두 접시 정식을 국가에 감사하며 달게 먹고 부끄럼 없이 권한다고 한다. 그것은 결코 시장기를 면할 수 있는 것은 아니라고 한다. 그러고도 생활필수품의 비밀 거래는 보기 어려운 일이라 한다. 개인주의가 철저한 국민이라 개인주의를 살리기 위하여 사회적 구속을 준수하는 것이라고, 외국 기자는 전하고 있다.

전쟁의 화(禍)가 그다지 심하지 않으리라고 생각되는 호주에서도 외식관(外食館)의 식사 시간이 제한되어, 오후 여섯 시부터 이튿날 오전 아홉 시까지는 절대로 주류를 먹을 수 없기 때문에, 이번 '대일 강화 예비회의(對日講和豫備會議)'에 모이는 영연방(英聯邦) 대표들에게만은 술의 자유를 주기 위하여 국회의사당을 회장(會場)으로 하고, 주류의 치외법권을 허하려고 외상(外相)이 고려 중이라고 전한다.

일본은 미국이 그렇게도 걱정 없게 식량을 공급하여 주는데도 지난 4월부터 일절의 음식 요리점과 유흥 설비를 전폐(全廢)하였다. 오뎅 집, 스시 집은 물론 시루고(汁粉)* 집도 없어졌다. 기생, 여급, 여중(女中)은 실업(失業)하였다. '마찌아이[待合] 요리점'은 집을 팔려고 눈이 뒤집혔다고 전한다. 전쟁 중에도 감히 못하던 심각상이요, 영단(英斷)이다.

*

국제 빈객은 조선에도 많이 온다. 그들이 '동방에 별천지(別天地)가 있다'고 하여도 그것은 우리의 자랑이 될 수 없을 것이다. 하늘에서 볼 때 연기 안 나오는 집과 천막촌, 널판촌이 건축물보다는 더 많이 눈에 띌 것이다.

(『자유신문』 1947년 9월)

* 단팥죽.

제사

제1화

 동무들과 술 먹고 노는 바람에, 열두 시가 지났다. 빼뜨럭 취해서 한 시가 지나서 돌아왔다. 골목을 들어서니 등불이 환하다. 아무리 보아도 내 집이다.
 '제사(祭祀)야. 제삿날을 잊었구나!' 정신이 반짝 났다. 대문 중문을 들어서니 촛불이 휘황하고, 큰마루 위에는 늙은 아버지를 가운데로 동생들, 아들, 조카들이 우둑우둑 서서 기다리고 있다. 숨도 못 쉬고 부랴부랴 의관을 정제하고 착석하였다. 불호령이 날릴 줄만 알았으나, 늙은 아버지는 하인을 불러서 이렇게 말하였다.
 "거적을 한 장 마루 아래 펴놓아라." 늙은 아버지는 몸을 돌이켜 마루 아래로 내려가서 거적 위에 엎드리어, "자(子) 아무가 불민(不敏)하여 자식을 가르치지 못하여 가도(家道)를 그릇치오니 불효 이에 더할 바 없나이다" 하고 통곡을 하니 온 집안이 흑흑거린다. 술은 단번에 깨이고 서 있는 둥 만 둥 땅이 꺼지는 것 같았다. 이튿날도 아버지는 아무 말이 없으셨다. 동무를 붙들고 이렇게 말하였다.
 "혼이 났네! 십 년 감수(減壽)는 했어!"

제2화

"우리는 아주 아침에 드리기로 했지. 제사라면 경관(警官)도 패스 해주지만, 구태여 그리할 것도 없고, 아이들도 많고, 여러 집에서 모여 온 사람들 재우기도 어렵고, 밤참 한 끼 더 먹게 되고, 체해서 배탈 나기 쉽고, 아침 새벽 같이 모여서 지내기로 했더니 다 찬성하던걸."

제3화

"우리는 며칠 닦아서 일요일에 지내지요. 제사가 아니지요. 그저 아침에는 일가친척 모여서 먹고, 점심 저녁은 친구 선배들 모시고 고인 이야기를 하고 한 끼 같이 하지요."

제3화 자(者)는 물론 교인(敎人)이다.

우리의 생활 방식은 이렇게 변해간다.

'운동'을 기다리지 않고 '신생활'은 시간과 환경이 해결해주고 있다.

(『자유신문』 1947년 9월)

부자·형제

 "K 과장도 사십이 넘어서 머리가 희끗희끗하지요. 육십 먹은 사람하고 농을 하고 술은 많이는 안 하지만 가끔 오시는데, 자아! 이 양반이 형님만 만나면 고양이 앞에 쥐겠지요. 어쩔 줄을 모르고 허둥지둥, 기착하고 일어서서 인사하고는 그만 뒷문으로 나가는군요. 술맛이 있겠어요? 다른 친구들도 그것을 안 후로는 우선 '요새 K 과장 형님이 오시느냐'고 묻고야 앉어요. 형님이라는 이가 세 살 위라나, 그런데 시방도 수틀리면 동생을 후려갈긴대요. 형님이 고약해서 그런 건 아니야요. 아무리 더운 날이라도 저고리 벗을 줄 모르는 얌전한 분인데, 원체 가정이 엄격해서 그렇게 되었대요."
 어떤 여급의 이야기다.
 자식의 직업을 모르고 지내는 아버지는 많다.
 "둘째 자제가 전무가 되었다지요?"
 "몰라."
 "큰 자제는 대학에서 대단히 인기가 있다드군요?"
 "몰라. 그놈은 여태 학교에 댕기나?"

*

전 가족이 모여서 즐거운 회식을 해야 할 때는 반주(飯酒) 한잔 못하고, 식후의 궐련도 못 피우고, 먹은 것이 체할 지경이다.

사생결단(死生決斷)을 해야 할 중대 문제는, 우선 엄부(嚴父) 제하고 형 제하고 동무에게로 의논하러 가게 된다. 이렇게 늘어놓으니 해공(海公) 선생은 이렇게 말하였다.

"옳소. 그 말이 옳소. 그것을 예교(禮敎)라고 하는 것인데 중국서는 삼십 년 전부터 '타도인적예교(打倒人的禮敎)'라고 해서 예교가 사람을 잡아먹는다고, 그것을 타도하는 운동이 맹렬했소. 아버지 앞에서 형 앞에서 술 담배 안 하는 것은, 지금은 조선뿐이오."

어쨌든 나는 내 아들이 십팔 세 되기를 기다리고 있다. 맥주 한 잔 따라 주고 싶은 까닭이다.

십팔 년 동안 맡아 기른 '나라의 아들'을 나라에 돌려보낼 때 완전한 인격을 인정하려는 것이다.

(『자유신문』 1947년 9월)

저작권

나쓰메 소세키(夏目漱石)가 사후(死後) 삼십 년이 되어서, 그의 저작권(著作權)은 실효(失效)가 되었다. 유가족은 전 저작을 상표로 등록하여, 저작권 수입을 연명시키려고 하여, 가(可)니 부(否)니 문제를 일으키고 있다. 저작권을 사후 삼십 년만 보장하는 것은 기한이 짧으니, 오십 년까지 보장하라는 논(論)은 미국에도 있다. 우리는 소세키가 저작한 소설 수십 편의 저작권료 수입으로 그 많은 유가족이 삼십 년 동안 남부럽지 않게 살아왔다는 사실을 알면 된다.

또 전전(戰前) 일본에 그로오크라는 외인(外人) 변호사가 만국저작권연맹(萬國著作權聯盟, ?)의 주일(駐日) 대변인으로 있어서, 구라파 제국(諸國)의 저작권 있는 작곡을 사용할 때에는 저작권료를 받고 있던 사실을 안다. 무용 반주로 레코드를 사용하면 한 면 2원 50전 인가를 바치지 않으면 어느 틈에 청구서가 오고 독촉(督促)장이 온다. 귀신같이 알아낸다. 물론 입장료를 받는 흥행에 한한다. 악극은 한 달에도 수백 원을 바치게 되고, 일본이 지불하는 이 금액은 상당한 액수에 달하였다. 우리도 미구(未久)에 독립 국가로 이런 연맹체에 가입하게 될 것이요, 작곡 사용료와 저작권 사용료를 많이 지불하게 될 것이다.

*

  조선의 악극단은 유명 무명 수십 단체가 있는 모양이요, 그들이 사용하는 곡목은 해방 전 유행가·곡이 태반이다. 유행가까지도 해방 후의 생산은 없다. 십 년 이십 년 전 일제하의 질곡(桎梏)에 신음하던 하소연과 넋두리가 지금도 애창되고 있다. 그러나 그것을 작곡한 예술가가 해방된 세상에서는 집 사고 들어앉아 유유히 민족 음악의 창조에 정진한다는 말을 못 들었다. 하루에도 전국 여러 극장에서 부르는 가곡의 작곡자에게 매일 돈이 쏟아진다는 말을 못 들었다. 현재 작가의 작곡을 사용하는 데 사후 삼십 년이 지나서 작권(作權)이 실효되고 인류 공유(共有)가 된 작품과 같은 취급을 한다는 것은 결코 미국 등 선진국보다도 진보된 상태라고는 볼 수 없는 일이다. 하물며 일본이 저작권을 가진 일인(日人) 저작의 교과서를 사진 찍어 번각(飜刻) 출판하는 부덕 악질의 행위가 성행되는 일은 개탄하지 않을 수 없는 일이다. 그만한 저작을 조선인이 할 수 없는 것이 아니라, 저작권료(印稅)를 지불하기 싫어서 하는 짓이라면, 첫째는 동포 학구(學究)를 마르게 하는 짓이요, 둘째로 민족을 국제적으로 욕보이는 속없는 짓이라고 아니할 수 없을 것이다. 출판사의 반성은 물론, 채용하는 학교 당국에서도 신중한 용의(用意)가 있어야 할 것이다.

(『자유신문』 1947년 9월)

선심(善心) 반욕(反辱)

　가끔 다방에 가서 차를 잘 사준다고 좋은 주임은 아니다. 가끔 요릿집에 가서 술을 준다고 좋은 과장은 아니다.
　"제기, 이렇게 술을 사느니 얼마라도 건재(乾材)로 주면 고기 근이라도 사 가지고 집에 들어가서 아이들하고 같이 먹을 수도 있고, 내 단골집에 가서 얄풋이 한잔할 수도 있지. 여자 앞에서 나를 놀림감으로 하고 안주 삼아 먹고, 나는 이런 부하를 데리고 있다는 듯이 턱 끝으로 심부름이나 시키고 혼자 좋아하니, 사람이 밸이 꼴려서 못 살겠어. 우리 주임은 사람의 자식이 아니야!"
　비싼 술 사고 욕먹는 사람도 있다. 그러나 이 사원이 주임이 되고 과장이 되면 역시 그짓을 계승하는 사람이 많다. 개구리가 올챙이 적 일을 기억하고 있기는 어려운 일이다.
　술은 천 원어치를 가끔 사도, 단돈 백 원 꿔달랄 때는 없다는 사람이 많다.
　"월급이랄 게 무엇 있나. 우리 집에서 있는 밥에 있는 반찬에 되는대로 먹고 회사에 나오고 돈은 쓰는 대로 쓰지!"
　엉뚱한 고용주도 있다. 사원이자 사환, 서생이자 사환, 머슴까지 겸하자는 소견도 있다.

*

  미국의 원조와 차관에 전 경제를 의존하고 있는 영국이 지난 노동조합 연차대회에서, 베빈 외상(外相)이 폭탄 연설을 토하여 미국을 당황하게 한 일이 있다. 미국이 세계의 금의 4분의 3 되는 270억 650만 달러의 금을 보유하고 있고, 그 2분의 1 이상을 켄터키 주 하트 넉스 산중에 매장하고 있는 것은, 세계 주지의 사실이다. 베빈 외상은 "세계의 황폐 지역의 구매력을 증가시키기 위해서는 미국이 보유하고 있는 금을 재분배하는 것이 최상의 방법이다. 구라파는 구라파국으로서의 독립을 유지하려면, 자기가 자기의 일을 결정해야 된다. 무제한하게 차관만 계속한다면 건전한 경제를 재건할 수는 없다"고 말했다. 물론 후반은 국내 노동자에게 호소하는 의미도 있지만 단순한 말은 아니다.

(『자유신문』 1947년 9월)

미용 강좌

"조선이란 미인국이다. 여학교 졸업 전후의 조선 여자는 전부가 미인이다. 그러나 삼십대 이상의 미인은 보기 드물다." 이것은 외인(外人)의 조선인 평이요, 적평(適評)임에 틀림없다. 결혼해서 시집살이 수년 하면 미가 퇴각(退却)하는 여인이 대부분이다. 살림살이에 시달려서 얼굴과 몸을 돌아볼 여유가 없고, 심한 사람은 영양실조로 인해서 중성이 되어버리는 사람도 많다. 실업(失業)한 남편과 자식들을 굶기지 않으려고, 콩나물을 한 바구니 길러서 머리에 이고 살인적 만원 기차를 타고 서울에 올라오는 여인이 삼십대 이상의 조선 여자이다. 초라한 젖통이가 저고리 아래, 치마 위로 터덜거려도 이것을 돌아볼 겨를은 없다. 조선 여인 독특의 위대한 목[頸]에 전 역량을 집중하여 균형을 취하고 있는데, 눈썹이 세로 서건, 입이 딱 벌어지건, 발뒤축이 째지건, 이것은 남편과 자식을 위해서 싸우는 삼십대 이상의 조선 여인에게 하등 관심되는 바가 없는 일이다.

서울 거리에 지분(脂粉)의 미인이 범람한 것을 보고 역시 여러 지방 사람, 여러 나라 사람이 모여 사는 수부(首府)임에 틀림이 없음을 느끼게 한다. 그러나 키 작은 여자가 머리만 높다랗게 파마로 세워놓은 것은, 전에 키 작은 일본 여자의 발뒤축에 화인 고무를 넣어서 키를 돋우고 뒤뚱거리던 추태를 연상케 하였다.

제 눈썹을 면도로 싹 밀어버리고, 그 자리보다 훨씬 위에 눈썹을 그린 '마를렌 디트리히'는 스물한 살 된 딸을 가진 어머니라, 벗어진 이마를 감추고 나이 젊게 보이려는 분장술의 하나이다. 도대체 키 작고 얼굴도 작은 조선 사람의 본받을 바가 아니다. 입술보다 넓고 두껍게 연지 칠하고 다니는 여자는 충무로를 마닐라나 자카르타 같은 착각을 일으키게 한다.

존 크로포드가 제 입술로 등장할 때는 양가(良家)의 여성이다. 입술보다 두껍게 칠하고 유난히 번질하게 기름칠하고 나올 때는 매음녀가 아니면 말썽 일으키는 음일(淫逸)한 여성으로 나타날 때다. 이렇게 늘어놓으면 연지 장사의 항의가 있을 법도 하다. 성냥 회사가 성냥을 많이 팔기 위해서, 한 개비로 세 사람이 담배를 붙이면 셋째 사람은 불행하다고 선전한 일이 있었던 것이다.

전시(戰時)에는 긴 바지 입고, 전쟁이 끝나면 의료(衣料) 부족으로, 경제하느라고, 짧은 치마 입는 것은 서양 여자가 여러 번 겪은 일이다. 전후(戰後) 프랑스에 검정 맥간모(麥桿帽)가 유행한 일이 있었다. 어떤 노인이 새로 살 수는 없고 쓰던 맥모(麥帽)는 더러워졌으므로 구두약 칠을 해서 쓴 것이 유행되었던 것이라고 한다.

얼굴 닦달도 좋고 머리 닦달도 좋으나, 지나친 것은 부족한 것에 통한다. 좋아해서 사는 사람이 많다고 'Return From Hell(지옥에서 돌아왔다) 서울고려'라고 베갯모에 수놓아서(충무로 소견) 조선 사람이 팔고 있을 필요는 없는 것과 같이, 조선 얼굴에 구태여 남방(南方) 정조(情調)를 칠해놓을 필요도 없을 것이다.

(『자유신문』 1947년 10월)

과학성

"나는 공부라고는 해보지도 못했지만 농사짓는 데는 한몫 볼 수 있지." 이렇게 말하는 노농(老農)에게는 오히려 호의를 가질 수도 있다.

"농사짓는 사람도 무식해서는 안 되겠데. 선인(先人)들이 가르친 대로만 하고 있을 수도 없어. 가리(加里)니 유안(硫安)이니 하는 것도 주는 때가 있데그려. 잘 주기만 하면 효험은 적확하거든……" 이런 사람은 좀더 존경할 수 있는 사람이다.

학교 공부도 할 만큼 한 사람이 "학교보다는 실지요, 학문보다도 실습이요, 학문은 학문에 그치지요" 하고 차대(次代)를 타이르는 선배가 있다. 자신이 십 년 전 이십 년 전의 학문을 가지고, 오늘도 세상에 뒤떨어진 그 방법으로 일하고 있는 것을 자각하기는 어려운 일이다.

'설파다이아진'이 출현해도 "나는 그 약을 쓸 줄 모르오" 하는 의사가 있다면 뒤떨어진 의사라고 하더라도 양심적인 점, 고마운 사람이다. 모르고도 아는 체하여 환자를 위태하게 하는 의사가 전혀 없지는 않을 것이다. 새 약이 발견되면 되는대로 연구 발표와 임상 실험의 보고 문헌이 있을 것이니, 이것을 항상 읽지 않고는 아무리 명의(名醫)라도 세상에서 뒤떨어지는 것밖에는 없다. 이것이 또한 학문이다. 가장 난치의 병이라고 하던 위궤양을 복부 수술도 아니 하고 경동맥이나 경동맥선을 잠시 수술하여서 이십 년 고질(痼疾)을 하루 후에는 아프지 않고 이삼 일 후면은 위벽의 궤양까지도 가라앉게 하였다는 새 발견이 발표된 것은 수주일 전의 일이다. 하루라도 공부를 소홀히 하면 당장에 뒤떨어진다. 미국 감자 종자와 미국 비료를 받아서 농사해본 사람은 '희한한 일'이라며 놀래었다고 한다. 약통 한번 뿌리면 파리가 우수수 떨어지는 광경을 자랑하듯이 보이기는 하면서, 과학이라면 도대체 싫어하는 사람이 많다.

영하 10도의 한대지방에서 능금이 결실하기 시작하고, 십층 옥상에서 일 년 열두 달 채농(菜農)을 한다면 믿지 않을 사람이 많을 것이다. 일류 과학자들이 모여 있는 관측소에서 '일간(日間) 아사마산(淺間山) 화산이 대폭발하리라'는 예보를 발표하였더니, 근처 주민이 피난하기는커녕 일부러 등산하는 사람이 많아서 의외의 다수인이 소사(燒死)하고 용암화(熔岩化)하였다고 한다. 과학이나 과학자를 믿지 못하는 어리석은 사람들의 소위(所爲)임이 틀림없는 것이다. 과학은 타협이 없고 냉엄하게 '옳은' 것에만 '편'드는 것이다.

과학을 믿지 못하는 사람만큼 불행한 사람은 없다.

(『자유신문』 1947년 10월)

복잡성

"아버지도 보고 싶고, 집도 보고 싶고, 순이도 보고 싶고, 학교에도 가고 싶고……" 엄마하고 서울 갔다 온 아이더러 무엇이 제일 보고 싶었느냐고 물으면 이렇게 늘어놓는다. 솔직한 대답은 단순치 않다. 사람의 마음이 복잡한 까닭이다. 어른은 혹여 홀딱 반한 여자에게 "나는 당신만을 사랑하오. 당신을 사랑하는 마음밖에는 아무 생각도 없소" 하는 것이 있다. 물론 거짓말이다.

아내의 치근한 잔등이나 허둥거리는 모습이, 혹은 쫑쫑거리는 꼴이 머릿속에 있는 것은, 그것이 또한 사랑인 것이다.

그보다도 사랑한다는 여자의 모습이 대개는 아내의 모습을 닮은 것이 흔히 있는 일이다.

사람의 마음은 이렇게 복잡하고 세상은 복잡해졌다. 소금과 쌀만 있으면 넉넉하련만, 언제부터 그렇게 되었는지 설탕도 있어야 하고 비누도 있어야 하고 고무도 있어야 하게 되었다. 그럼에도 불구하고 어른들은 가끔 태곳적 이야기로 훈계를 하려 드는 버릇이 있다. 비누나 양잿물은 커녕 잿물도 쓰지 않았을 때의 이야기를 끌어낸다.

"조선 사람은 원래 심성이 청렴 고결하여, 돈을 모르고 살아야 하느니라. 경제란 천한 것이니라." "윗사람을 존경하고 복종하고, 딴 생각을 가져서는 안 되느니라." 따위의 말이다. 청렴 고결도 좋고, 윗사람에게 복종하는 것도 좋다. 그러나 단순하게 생각할 수 없는 복잡성이 잠재하여 있음을 감득(感得) 못해서는 안 될 경우가 있다. 경제를 초월하고, 청렴 고결한 외교나 정치가 있을 수 없는 것이다. '경제'가 인류 생활의 척도된 지는 이미 오랜 것을 누구나 알 것이다.

삼강오륜(三綱五倫)을 모르는 것이 아니라, 오륜을 실천하기 위하여, 아버지 어머니를 굶기지 않기 위하여 소매치기나 절도를 하는 사람도 있는 것을 잊을 수는 없다.

옥중(獄中)의 미나미 지로(南次郎)는 면회 온 가족에게 세상 이야기를 듣고 총리대신이 된 가타야마 데쓰(片山哲)란 대체 어떠한 사람이냐고 물었다고 한다. 미나미 지로 대장이 듣지도 못하고 생각할 수도 없는 인물이 총리가 되었다는 것보다는, 그가 그만큼 세상을 모르고 세상에 뒤떨어진 사람이었다는 것밖에는 없다. 시방 당장 '레이크 석세스'에서 무엇이 의논되고 있는지도 모르고, 엊그제 지난 일의 신문 기사를 보고 '위대한 성명'을 발표하는 사람은 조선에 많다. 그 성명이 발표되는 같은 지면에 그 성명이 시효를 잃고 무색하게 하는 새로운 통신이 발표되는 일도 많다.

(『자유신문』 1947년 10월)

혼상 난장(婚喪亂場)

 산해진미 없는 것 없이 상이 떡 벌어지게 차린 것보다, 있는 반찬에 문어 쪽, 밤 한 톨을 깨끗이 주는, 가난한 주안상을 더욱 좋아하는 사람도 있다. 도시(都是) 사람이요 정이요 정성이 술맛을 돋우는 것이다.

*

 석양이 되면 술 생각이 난다.
 "어데 혼사집이나 없나?"
 "아무개네 혼사가 오늘이지."
 "잘됐네. 가세, 가……"
 "자네 그 사람하고 그렇게 친분이 있었나?"
 "자네는 그게 틀려! 친분이 있어야만 가나? 어서 부의(賻儀) 오십원 쓰게! 부의가 아니라 단자(單子)라고 쓰게. 축 화혼(祝華婚)도 좋지!"
 "난 그만두겠네."
 "걱정 말게. 그 사람이 어정쩡하면 아버지 친구로 알겠지. 아버지는 아들 친구로 알고, 노인이야 신랑 친구로 알든 무슨 상관이 있

나. 오십 원 가지고 시방 어디 간들 한 상 받을 수 있나. 잘 차렸겠지, 가보세."

이런 불청객이 많지는 않겠지만 없지는 않다. 혼사집은 이런 손님을 치르느라고, 남아 돌아오는 상에 해소 병이 먹고 남기었든, 문둥이가 먹고 남긴 것이든 불계(不計)하고 조금씩 더 놓아서, 새 상을 차려 내보낸다. 넉넉한 집에서만 하는 짓은 아니다. 구차한 집은 앞뒷집을 빌려서라도 이 짓을 해야만 인륜대사를 치렀다고 만족해한다.

상갓집은 한층 더하다. 슬프다고 한잔, 안 되었다고 한잔, 슬퍼하지 말라고 한잔, 수고했다고 한잔. 해가 지면 노름판으로 변한다. 여인들은 그 시중 하느라고 한번 울어볼 여가도 없고, 고인을 회고해볼 시간도 없다. 두 방 세 방에 벌어진 노름판에서는 술잔이 지전(紙錢) 뭉텅이로 변해서 왔다 갔다 하고, 좌중이 전패(全敗)하고 보니 뭉텅이를 꾸려 가지고 일어서는 사람은 상주도 조객(弔客)도 전혀 모르는 사람인 경우도 있다. 싸움도 일어난다. 식사 시간에만 꼭꼭 삼사 일을 닦아서는 손님도 있다.

장사(葬事)를 치르고 나면, 상주와 가족은 병이 들어 누워버린다.

이것이 대체 어디서부터 시작된 예식이며 범절인지, 이해할 사람은 드물 것이다.

이해할 수 있는 사람이면 이 만풍(蠻風)을 시정할 수도 있을 것이다.

식당에 지명 수배해놓고 피로연을 해도, 그것으로는 부족해서 타성(惰性)을 발휘하는 사람이 있는가 하면, "어제 무사히 장사를 치렀습니다"는 엽서 한 장을 보내고 득의양양한 현대인도 있다. 별로 탓할 것도 허물할 것도 없지만, 혼란한 현대상(現代相)만이 한이요 '사람이요, 정이요, 정성'인 것이 그리울 뿐이다.

(『자유신문』 1947년 10월)

문화

외인(外人)이 내조(來朝)하면 우선 창덕궁 비원, 박물관 등을 구경시킴으로서 자랑을 삼는다. 그것은 물론 위대한 고(古) 미술품일 것이며, 고 문화일 것이다. 관심이 있는 사람은 당목(瞠目)할 것이며, 이해가 없는 사람은 거들떠보지도 않을 것이다. 시방 관계가 없는 오백 년 전 문화인 때문이다. 그보다도 연도(沿道)의 풍경과 풍속이 현대 조선의 문화를 결정적으로 규정짓고 있는 것이다. 문화를 논할 때에 고미술이나 댄스홀보다는 그 민족의 생활태도와 행동양식이 첫 문제일 것이다.

고급 자동차를 타고 비원이나 화려한 건축물에 들어간다고 창밖으로 똥통 차가 출렁거리고 지나가는 광경이 안 보일 리가 없고, 네거리에서 전차 자동차를 피하느라고 갈팡질팡하는 군중, 대로에서 돌아앉아서 찍 갈기는 꼴이 눈에 안 띌 리가 없다. 전차는 깨어진 것이라도 오히려 부끄럽지 않다. 타는 승객이 질서 없음이 부끄러운 일이다. 상점에 상품 없음이 부끄럽지 않다. 지저분하고 더럽고 때 묻은 것이 부끄러운 일이다.

영국의 어린애가 가로수 잔디밭에 떨어진 모자를 집으러 들어갈 수는 없고 손은 닿지 않아서 울고 서 있는데, 신사가 지나가다가 단장(短杖)으로 끄집어내 주었다는 이야기는 많이 들은 이야기다.

스웨덴은 침엽수림이 국부(國富)의 일부를 이루고 있는데, 채벌은 물론 엄금이지만 한 그루를 벨 때는 반드시 한 그루를 심는 국민적 약속이 있다고 한다.

질서 없는 행동도 반복하면 습관화하고, 습관은 품성을 결정하고, 그것이 민도(民度)를 결정하게 된다. 그것이 또한 문화도(文化度)인 것이다.

내 권리와 자유를 옳게 받기 위해서 타인의 그것을 침범하지 않도록 해야 할 것이다. 기차표 살 때에 허둥지둥 뛰어들어 와서 맨 앞에 섰는 사람에게 부탁하거나 새치기하려 드는 사람이 많은 것은 좋지 않은 일이다. 이것을 또 참지 못해서, 몽둥이를 들고 나서는 사람도 또한 유감된 일이다.

(『자유신문』 1947년 10월)

부랑자

1920년대부터 몇 해 동안 시골서 땅을 팔거나 잡혀 가지고 서울로 올라오는 청년이 많았다.

아버지는 "자식 아무개는 금후(今後) 내 자식이 아니니, 빚 주지 말라"는 광고를 신문에 내는 사람이 많았다. 고작 몇천 원 돈이 며칠 놀고 떨어질 때에는 아편쟁이가 되었거나 호랑이 신세가 되어 있는 일이 많았다.

신문은 그런 청년을 경계하고 충고하는 기사를 연일 연재하였다.

우리의 재산이 왜놈에게 들어가는 일이라고 개탄 통분하는 기사는, 민족정신이 넘치는 애국자의 피 끓는 문장이었다. 시방은 그런 기사도, 그런 창피한 광고도 보기 드물다.

그러나 시방 서울은 그때에 비할 바가 아니다. 신문 발표에 의하면 제 집 가진 사람은 얼마 안 되는 모양이요, 대부분이 서울 사람이 아니다. 담배 한 갑은 논 열 평(경기 시세) 값이고, 맥주 한 잔은 논 열네 평 값이나 된다. 사무국 발표에 의하면 양담배 값이 한 달에 1억 원(圓)이나 된다고 한다. 토지개혁을 의논하고 있는 동안에 지주로부터 작인(作人)에게 팔려 넘어가는 것은 좋다. 그러나 그 작인이나 자식이 서울 와서 몇 달 지내는 동안에 다시 넘어가게 되지 않는다고 누가 장담할 수 있으랴. 서울이란 시골서는 자랑같이 신고 다니던 찍어맨 양말, 찍어맨 구두는 창피한 것 같고, 담배는 양담배라야 하는 것 같은 이상한 곳이다. 허기야 '무궁화'나 '공작'이 진짜만 되면 조선 사람의 입에 맞는 좋은 담배지만, "두 갑에 삼십 원"이라고 외치는 가짜만 범람하니 깜부기와 풀잎으로 만든 것이 첫째 비위생적인 것 같고, 도장 찍은 우굴쭈굴한 종이 봉지를 내놓는 것이 어쩐지 남부끄럽게 생각되는 것도 무리가 아니다. 언제 배웠다고, 커피를 먹어야 한다. 40원. 친구를 만나면 또 "차나 한잔" 80원이다. "술이나 한잔"은 만 원부터 시작된다.

 월급 2천여 원에, 하루 담배 두 갑, 차 한 잔으로 계산하여보라! 노동인이 살 수 있는 데를 '나라'라고 한다. 근로하면 땅 팔지 않고 집 잡히지 않고 살 수 있는 세상을 만들 수 있는 사람만이 정치가인 것이다. 땅 팔고 집 잡히고 서울로 술 먹으러 오는 사람이 가장 많았던 그때는 일제의 악정(惡政)이 시작될 때였다. 악정이란 일제 자체를 위해서는 훌륭한 정책이었던 것이다.

(『자유신문』 1947년 10월)

검소와 불결

'검소(儉素)'는 조선의 민풍(民風)이다. 곧 문화다. 의복이 화려해진 것은 정치국가 일본이 그 신품의 시장지를 만들기 위해서 값싸고 보기 좋고 여린[弱] 것을 제공했을 때부터 시작되었다.

밤이 여섯 달, 낮이 여섯 달 되는 북극지방에 가서 수년을 살다 돌아온 체코슬로바키아의 노(老) 선장이 쓴 『북극(北極)』이란 책에 대단히 반가운 말이 두어 줄 있었던 것을 잊지 못한다.

"이곳에 조선 여자가 한 사람 있었다. 그 여자는 일반 조선 여자와 같이 대단히 세탁하기를 좋아한다. 내가 그 여자를 만날 때는 반드시 세탁하고 있을 때다." 이런 구절이다. 북극지방에도 조선 여자가 있어서 세탁을 좋아하는 조선 여자의 면목(面目)을 소개하고 있다.

세탁하기를 좋아하는 결벽성과 검소함은 조선 사람의 자랑이다. 그러나 검소함이 지나쳐서 불결에 통하는 일이 없지 않다. 해진 것이나 찢어진 것을 입고 무관심한 것은 게으른 것이다. 때 앉아서 더러워진 것을 입고 무관심한 것은 검소가 아니라 불결한 것에 무관심한 것이니, 민족의 결벽성을 모독하는 행위다. 흰 동정이 꺼매지고 윤이 흐르게 되어서는 안 된다.

와이셔츠의 소매와 목도리가 꺼매서는 안 된다. 세탁해줄 사람이 없다고 항변하지 말라. 내 옷을 내가 세탁하는 것도 결코 부끄러운 일은 아니다. 꺼매진 수건을 가지고 다니려면 아예부터 검정 수건을 만들 것이다. 손때 앉아서 번쩍거리고 실밥 나온 넥타이를 가슴 위에 매달고 나올 필요는 없다. 그렇다고 천 원짜리를 사서 매일같이 갈아 매라는 것은 아니다. 그것은 검소가 아니다. 이전에 여인들이 남자의 넥타이를 선물 받아서 허리띠로 쓴 일이 있었다. 또 넥타이 레테르를 따 모아서 핸드백을 만들어 가진 일도 있었다. 인제는 여인이 남자에게 선물을 갚을 때가 왔다. 흰 털실을 모아서 울긋불긋하고 기다랗게 떠서 주면 훌륭한 겨울 넥타이가 될 것이다. 치마끈, 옷고름을 떼어 줄 것까지는 없다. 넥타이가 안 된다는 말은 아니다. 정든 사람에게야 그것이 더욱 좋을 것이다.

(『자유신문』 1947년 10월)

재수 없는 날

"이 자식아, 3년생이 연필 하나 깎을 줄도 모른단 말이냐! 한 자루를 다 부러뜨리니! 이리 내라."

아버지는 칼과 연필을 받아서 깎기 시작하였다. 더할 수 없이 고이고이 깎아도 연심(鉛芯)은 연해 부러진다.

"그 연필, 어디 쓰겠니."

몽당연필을 내던지고 새 연필을 깎기 시작하여 또 몽당을 만들어놓았다.

"이 자식아, 연필도 어디서 이런 걸 사왔니!"

자식은 말없이 서 있으나, 부엌에서 가만히 있지 않았다.

"걔가 나쁜 걸 골라서 사왔겠수? 속여 먹으려는 연필 장사가 나쁘지!"

"무어!" 당장에 야단을 일으킬 것같이 대꾸는 했으나(허긴 그럴 듯도 해!).

다음 구(句)는 꿀꺽 참고,

"속여만 먹으려는 세상이니까……"

아버지는 중얼거리며 밖으로 나갔다. 문을 나서자마자 "공작 두 갑에 삼십 원!"이 기다리고 있었던 듯이 외친다.

"이크, 여기도 속여 먹으려는 세상이 있고나!"

담을 넘어서 요란하게 흘러나오는 장구 소리는 "에헤야 허송세월을 말아라." 여기도 거짓말! "일 개월 절대 보증, 고급 전구 다량 입하" 전구가 산더미같이 있다. 이것이 또 여편네 등쌀을 여러 번 받은 기념품이다.

"아무리 사람이 병충 맞기로서니 당장에 못 쓰게 되는 전구를 사온단 말요?"

시계포— 태엽이 끊어져서 바꾸어달라고 했더니, 돈 받고 끊어진 태엽 잘라버려서 두 시간에 한 번씩은 감아주어야 한 일이 있다. 돌 바꾸기 일쑤.

식료품점— 늘어놓은 블렌디 병이 살인주(殺人酒)나 아닌가?

찻집에를 들어갔다. 담배 연기 자욱하고, 빈자리 없이 앉아 있는 사람! 사람! 사람들이 또 어쩐지 더럭 겁이 났다.

슬그머니 나와서 만난 친구. "마침 잘 만났네. 극장 패스 좀 빌려주게!"

극장에 들어가서 한참 앉아 있다가 "하하하" 복받혀 올라오는 웃음을 참을 수 없었다. "내가 입장료를 속여 먹었구나!"

*

"이 자식! 저 자식!" 하고 공연히 닦달한 자식이 가엾은 생각이 나서, 책사(冊肆)에 들어가 그림책 한 권을 골라서 사 가지고 돌아왔다. 『거북선』이란 책이다.

저녁도 먹고 나서, "아, 여보!" 하는 소리가 심상치 않다. (또 무엇이 잘못되었나!)

"거북선이면 이순신 장군의 거북선이 아니겠소?"

"오케이."

"오케이라니, 당나귀 하품이 오케이요! 그래, 이순신 장군이 거북선이란 로켓을 타고 월세계(月世界)를 치러 갔단 말요?"

"무엇이 어째?"

"좀 읽어보슈! 내가 잘못 봤나? 원 사람이 병충 맞기로 서니……"

(『자유신문』 1947년 11월)

비평가

 대전(大戰) 통에 내가 동경에 살던 집은 넓고 큰 집이었다. 그 앞에 네다섯 채 작은 집이 있고, 그중 한 집은 내 집에 딸린 집이었다. 내 집 바로 앞집에 사는 사람은 경관(警官)을 오래 다녀서, 은급(恩給)을 타서 지내는 심술궂은 오 노인과 그 아내였다. 그다음 집이 내게 딸린 집이요, 그 집에는 유학생들이 있었다.
 골 맞은편, 삐젓한 큰 집에 센징[鮮人]이 살고, 날마다 자동차를 오 노인 집 문 앞까지 들어오게 하니 이것이 첫째 밸이 꼴리고, 다음다음 집에서 젊은 학생들이 밥 질 때마다 노래 부르는 아리랑 소리가 귀에 거슬려서 오 노인은 경찰서에 투서를 하였다. '몇 번지 아무개 집에 있는 대학생 몇 사람은 공산당이다'라는 것이었다. 형사가 나와서 샅샅이 가택 수색을 하였다. 경제학부 학생이라 서너 권 책과 같이 잡아가고, 밥 지을 때도 노래 소리는 안 들리게 되었다. 이렇게 심술궂은 오 노인은 공습이 시작되자 중풍을 앓고, 한 다리를 절뚝거리면서 뜰 소제를 하다 말고 가끔 화를 내서 연설같이 떠드는 때가 있었다.
 내 집과 그 집 앞에는 일본 제일이라는 큰 아파트먼트가 있어서 수백 세대가 살고 있었다. 오 노인이 소제를 하다 말고 빗자루를 휘두르고 "이런 제기" 하고 신문의 사설이나 지도(指導) 기사를 비판하고 "그래 백성은 굶어서 피골이 상접은커녕 뼈와 가죽이 이별을 할 지경인데도 필승의 신념이 있어야 한단 말야! 그래도 전쟁에 이긴다고만 하니, 이 자식들이 정신이 있는 놈들야! 이 망할 자식들!" 하고 신문기사를 참혹하게 비평할 때 아파트는 여기저기서 창을 열고 오 노인의 연설을 경청하고, 나는 또 오 노인이 정신이상이 되지나 않았나 하고 겁을 먹는 것이었다. 여론 기사는 물론 국외 특파원의 특전(特電), 종군기자의 전평(戰評)까지 여지없이 비평해낸다. 쾌도난마(快刀亂麻), 통쾌하기 비할 바 없다. 일본 국민의 패전(敗戰) 사상을 여지없이 알 수 있었다. 신문과 방송이 아무리 미문(美文) 여구(麗句)를 장식해놓아도, 시민은 정곡을 정확히 파악하는 것이다.

비평가는 '나는 이런 것을 안다'는 의미로 반드시 결점을 꼬집어내야만 만족하는 사람이 조선에도 많다. 그 비평을 코웃음으로 읽어버리는 진정한 비평가 —시민이 뒤에 앉아 있는 줄을 모르는 사람만이 행세하는 비평가인 경우가 많다.

(『자유신문』 1947년 11월)

노예성

"그 사람 무던한 사람이지!"의 다음 구(句)로 "사장 댁 요강까지 부시려고 드는걸!" 이런 말을 듣는 사람이 속히 출세하는 사람의 일종이다.

미 군인이 들어왔을 때, 길에서 상관을 만나도 인사를 안 하고, 자동차 위에서 발 뻗고 경주하다시피 다니는 것을 보고, 일본 군인의 엄격한 규율만 보던 우리는 몹시 놀랬었다.

그러나 지내보는 동안에 미 군인에게도 규율이 필요한 때에는 일군(日軍) 이상 엄격한 것을 보고 다시 한 번 놀래었다. 업무상 필요한 때에는 규율이 엄격하다. 그러나 업무 아닌 때에는 인간 대 인간 이외의 아무것도 아니다. 술 담배 심부름을 할 필요는 없다. 분간이 또한 엄격하다.

공출시키러 나온 사람이, 마르지도 않은 벼를 공출하라고 하였다. 농부는 놀래었나. "이것을 가져가면 곧 썩습니다. 좀더 말려야지!"

그 사람은 대답하였다. "그런 건 명령에 없다. 나는 명령에 의하여 공출을 시키면 된다."

요강을 부시려는 사람이 노예근성임은 틀림없다. 그러나 그 근성이란 것은 어제 오늘 시작된 것은 아니다.

공자, 맹자, 석가 님의 은혜로 시작된 것이다.

총독부 관리들은 물론, 일인(日人)들은 정오에 자동차나 기차를 달리면서 연도(沿道)에서 묵도(默禱)하는 '선인(鮮人)'들을 구경시키는 것을 자랑거리로 삼았다. 그러나 고개 숙이고 있는 선인은 결코 일본의 승전을 기원하지는 않았다. "요놈들, 언제나 이 원수를 갚나! 요놈들이 망하는 꼴을 생전에 보아야지—" 하고 서 있었다. 힘의 정치다. 예봉(銳鋒)은 반드시 피한다. 대항하여 순봉화(純鋒化)할 기력이 적음은 아리스토텔레스가 갈파한 바에 틀림없다. 그러나 그 속에 불가살(不可殺)의 끈기가 있는 것을 잊어서는 안 된다.

　구라파에 이런 이야기가 유행한다고 한다.

　히틀러와 무솔리니와 처칠이 연못에서 잉어 잡기 내기를 했다. 히틀러는 당장에 권총으로 쏘아서 실패했다. 무솔리니는 덤벙 뛰어 들어갔으나 못 잡았다. 웃으며 보고 있던 처칠은 그제야 여송연(呂宋煙)을 피워 물고 수저로 연못물을 퍼내기 시작하였다는 우화다. 수저로 물을 쳐서 잉어를 꼼짝 없이 잡으려는 끈기는 마음으로 저주하며 태연히 묵도의 시늉을 하고 서 있는 조선인에게 흐르는 것이다.

(『자유신문』 1947년 11월)

염판

"차나 한잔하러 가세."

"좋지."

서넛이서 찻집에를 가면 "나는 커피." "나는 홍차가 좋아." "나는 토스트……" "난 감을 하나 먹어봐야지. 올에 처음인걸……"

주문은 가지각색으로 나온다.

한참 앉아 있다가 일어설 때가 되어도 일어서지 못하는 것은 "가세!" 하고 발언한 사람이 총(總) 회계(會計)를 하게 되는 때문이다. 성미 급한 사람이 먼저 뒤집어씌우려고 든다.

"자네 오늘 넥타이는 일류일세."

"나더러 내란 말이지…… 자네는 구두를 신조(新調)하지 않았나?"

"아니야. 이 사람이 오늘은 한턱내는 거야. 돈이 생긴 모양야."

한참 주거니 받거니 하는 것이, 결코 즐겁지 않은 시간만은 아니다. 혹 가다는 유쾌한 때도 있다. 그러나 불쾌한 때, 불쾌하게 보일 때가 더 많은 것이다.

어느 나라 사람이든지 정식으로 초대한 이 외에는 자기가 먹은 것은 자기가 부담하는 것이 사회인의 상식이다.

회사에서, 사장 전무 지배인 무슨 부장이, 일껀 같이 앉아 있다가 혼자 쏙 빠져나가 혼자서 출출히 점심하고 들어오기는 사실 어려운 일이다. 같이 이야기하면서 먹는 것이 즐거우나, 일 년 열두 달 사장의 병정을 설 필요는 없는 것이다.

가기는 같이 가고, 먹을 것은 각자 선택하고, 값은 제것 제가 내는 '염판'으로 하면 좋을 것이다. 사사로운 심부름은 못 시키게 되고, 남 보기에도 사람이 깨끗하다.

"사장이 대구탕을 좋아하기 때문에 연일 식성에 없는 그놈을 먹어서, 요새는 대구탕이라면 신물이 나오네!"

가엾은 철면피는 비위(脾胃) 속까지 천하게 하려 든다.

셋이서 차를 먹고 있는데, 새로 온 두 친구가 반갑게 인사를 하면, 그 자리에 앉아서 먹을 것 다 먹고 시치미 떼는 사람은 더 말할 필요도 없다.

너무 타산적(打算的)이고 이약하게 보인다는 것이 조선 사람의 사회생활을 이렇게 타성화(惰性化)한 것뿐이다. 그것도 저것도 공자님의 『논어』에 '인(仁)'자만 80장(章)에 긍(亘)하여 논하고 105자나 쓰신 까닭이요, 그 한 글자를 또 차례차례 잘못 해석해놓은 까닭일 것이다.

(『자유신문』 1947년 11월)

생활의 설계

외국의 가정 잡지나 대중 잡지는 그 5퍼센트에서 7퍼센트까지를 생활의 설계로 편집하는 것이 흔히 있는 일이다. 대중적인 수준의 월급으로, 그 한 달을 어떻게 지내냐는 것을 지도하는 기사다.

배급받는 식량 대(代) 얼마, 연료 대 얼마, 피복 대 얼마, 반찬 값 얼마, 교통비 얼마, 교육비 얼마, 신문 잡지 서적 대 얼마, 혼상(婚喪) 부조 얼마, 예비금 얼마, 저금 얼마로 이렇게 저금을 몇 달 하고는 그 돈으로 어떻게 식리(殖利)해서 몇 해가 되면 집 한 채를 살 수가 있다는 등이다.

반찬값을 또 세분해서, 한 달 삼십 일 세 끼의 반찬까지 지정하고 맛나게 만드는 법과 그 값을 계산해주는 기사는 많은 신부들의 교과서가 되는 일도 있다.

우리나라에서는 이런 기사는 물론 없고, 누구든지 설계를 세울 수도 없다. 그렇다고 아주 못 사는 것은 아니다.

"그놈이 그래도 장사(葬事)를 치렀어!"

"부의(賻儀)가 이만 원이 들어왔다네."

맨손으로 상사(喪事)를 당해도 일을 치를 수 있는 것은 교과서에 없는 산술이다.

*

 생활의 설계란 말이 그럴듯해서, 한 사람이 지필(紙筆)을 내놓고 계산을 시작하기로 했다. 거기에 그만그만한 연년생 칠 남매를 두고, 그래도 매일 한잔은 안 하지 못하는 친구가 들어와서 이것을 보고 버럭 화를 냈다.
 "이 자식이 미쳤나! 예산(豫算)이 없으니까 사람이 살지!"

*

 "사람은 모름지기 그 수입 이하로 생활할 것"이라는 스마일스의 '자조론(自助論)'은 여기서는 무용(無用)의 말일 것이다.
 그보다도 마틴 루터는 이런 말을 했다.
 "사나이여 빈궁(貧窮)을 말하지 말자. 바람아 불어라! 파도야 쳐라! 나갈 데 없고 피할 곳 없어라. 모름지기 암야(暗夜)의 고등(孤燈)은 멸하고, 모든 희망은 끊어져라. 그래도 오히려 장지(壯志)를 시험하기에는 부족하도다. 한층 격렬하고 한층 폭려(暴戾)하여라. 이 손을 묶고, 이 등을 갈겨라. 희망은 가까우리라!"

(『자유신문』 1947년 11월)

땡추 중

  마음은 있으나 형편이 그렇지 못하여 몇 해 만에 쌀 한 말, 돈 열 냥을 가지고, 절에 불공을 드리러 김 생원은 올라갔다. 잘 아는 주지는 출타하고 땡추 중 한 놈이 있었다.
  "불공쯤은 저도 드릴 수 있는걸요."
  땡추 중은 쌀로 밥을 지어 불전에 진설했다.
  "메 올렸습니다. 올라오시지요."
  땡추 중은 주장(住掌) 중이 불공 드릴 때면 언제든지 주장 중을 따라서 틀림없이 통경(通經)도 하였다. 혼자라도 넉넉히 한바탕 송경할 것같이 생각하였다. 그러나 가사(袈裟)를 입고 서서 등(鐙)을 한 번 꾕 치고 나니, 첫 구절부터 한 마디도 나오지를 않는다. 눈앞이 캄캄해지고 똥이 탄다. 문득 생각난 것이 있다. 맨 끝에 마디 '옴 사바—'란 끝 구절이었다. 등을 꾕 치고, "아무 동(洞) 김 아무개 옴사바—"하고는 "옴사바"란 말만 한동안 내리 외며 등을 두드렸다.
  "불공 다 드렸습니다."
  김 생원은 꺼림칙했다. 이런 불공은 처음이었다. 동구를 다 내려와서 주지가 올라오는 것을 만났다.
  김 생원은 주지를 붙들고 한바탕 하소연을 늘어놓았다.
  "처음부터 끝까지 옴사바 옴사바 하는 불공도 있나?"

주지는 가슴이 덜컥 내려앉았다. 그러나 주지는 엉뚱한 인물이다.

"김 샌! 큰일 났습니다. '옴사바'란 구절은 백 냥짜리 천 냥짜리 불공에도 단 한 번밖에는 안 쓰는 알짬 말인데, 땡추 중 놈이 김 샌의 불공을 알짬으로만 드렸으니 이 일을 세상 사람들이 알면, 우리 절에는 열 냥짜리 불공밖에는 안 들어올 테니, 큰일 났습니다."

"아, 그렇게 잘 드린 불공인가. 그렇다면 입 밖에나 내겠나!"

"아예 입 밖에 내지 않으셔야 됩니다."

치사 받고, 함구할 것까지 약속받은 엉뚱한 주지는 일류다. 제 능력을 모르고 남의 대사(大事)를 맡은 땡추 중은 제 분을 모르고 날뛰는 사람들에게 비유할 수 있을 것이다.

일류 주지를 믿고 땡추질 하는 사람은 더욱 많다.

"먼저 자기(自己)를 알라."(소크라테스)

(『자유신문』 1947년 11월)

기업성

　내가 동경서 일할 때, 손님을 싫어했다. 자본주가 있었던 것도 아니요, 다만 두뇌 하나를 믿고, 일본의 재벌을 이루고 있는 출판사들과 싸움을 시작한 것이었다. 빈약한 두뇌와 자본력과의 투쟁이니 참으로 이십사 시간 노동이었다. 침상에도 메모를 달아놓고, 꿈결에도 '플랜! 플랜!'이었다. 제일 아까운 시간이 어느 시간이냐 하면, 변소 왕복의 시간이라고 말한 일도 있었다. 손님과 너덜거리고 있을 시간을 내기 어려웠다. 사무실에서 빙빙 도는 손님은 물론 없었다. 뉴스나 정보에는 달팽이 촉각같이 예민하려고 들었다. 해방 직전에는 세계의 촉각이 하얼빈(哈爾濱)에 모였으리라고 그곳까지 가 보려고 하였다.
　이번에 서울 와서, 몇 군데는 안 되지만 기업체를 보고 놀랐다. 손님을 대하는 시간은 결코 간단치 않다. 삼십 분으로 가는 이도 없고, 보내는 사람도 드물다. 할아버지 할머니부터 손자 안부까지 반복하고, "차나 한잔" 하면 사양하는 사람도 드물다. 점심 대접, 저녁 대접도 있다. 대접뿐 아니라, 초대도 많고, 연회도 많다. 아침에 출근하면 어젯밤 잘 먹은 이야기, 머리가 횅뎅하다는 이야기로 시작되어야 제법 일류다. 회사가 창립되면 우선 자축(自祝), 다음 피로(披露), 또 교제(交際), 이것이 모두 회사에서 생산하는 물건의 생산원가를 올리는 조건이라는 것을 생각하는 기업자(企業者)는 드문 것이다.

내일 당장 기계 돌릴 기름이 떨어져도, 오늘 저녁 연회만은 결행하려고, 돈 마련하러 나가는 기업인도 많다.

"너무 그러지 마슈. 다 됩니다."

중국 대인(大人) 식으로 하고도 될 수만 있다면 그도 좋으나, 미음 먹고 이 쑤시는 우리 형편으로는 허례는 폐지하고 인사는 간소화하고 바득바득 능률만을 올리기에 힘써야 하겠다는 말이다. 공원(工員)은 대부분이 '작업 중 면회사절'이다. 도대체 대세가 그렇게 하지 않고는 사업조차 못하게 되니 어찌 하느냐는 사람에게는 '기업성(企業性)'이란 인연 없는 말이다.

(『자유신문』 1947년 11월)

미친 기차

　재빨리 적산가옥이라도 한 칸 접수했더면 이런 고생은 면했으련만, 원래 주변이 없고 다만 실직(實直)하게 살아왔고 또 살아가려는 근로인 오(吾) 씨는, 개성서 서울로 매일 통근을 하였다. 새벽 다섯 시에 개성을 떠나면 여덟 시 전에 서울 착하고, 오후 다섯 시에 서울을 떠나면 여덟 시에는 개성 착(着)하는 것이 그다지 괴롭지도 않았다. 쌀 법령(法令)이 조변석개(朝變夕改)할 통에는 대단히 혼잡하여서 봇짐 틈에 끼어 있게 되는 일이 가끔 있지만, 봄에도 여름에도 가을도 견디었다.
　그러나 11월에 들어서부터, 기차는 가끔 조화를 부렸다. 캄캄한 네 시 반에 나가서 떨고 서 있으면, 열 시나 되어서 떠나는 날도 있었다.
　"기차가 연착이 되어서요" 하고 오정(午正)이 지나서 출근하는 날은 종일 미안한 마음으로 일하고, 다섯 시 차를 다시 탄다. 그 차가 또 연발(延發)하여 자정이 지나서 도착하면 "아유, 서울서 주무시는 줄만 알았지. 시장하실 텐데, 불은 다 꺼지고……"
　"미안하우, 기차가……"
　새벽 두 시가 지나서 집에 돌아온 날은 문을 두드리는 것이 이십 분은 걸린다.

"아니, 이게 무슨 일이오?"

"말 마우! 한술 떠먹고, 되돌아 나가야겠소. 설마 매일 이렇겠소!"

그날은 언제 발차하게 될는지 모른다는 것이었다. 마침 서울서 온 차가 있었다. 이 차가 토성(土城)까지 갔다 돌아와야, 서울 향(向) 발(發)하게 되는 것이었다.

오 씨는 용단을 내렸다. "이 차를 타고 가면 시발역(始發驛) 토성부터 좌석도 잡을 수 있지!" 하고 탔다.

이 차는 다음 역 토성에서 주저앉았다. 반일(半日)을 기차 속에서 지내고 개성까지 돌아오니 저녁때가 되었다. 그만 집으로 돌아왔다.

"아유, 오늘은 또 웬일이오. 아직 저녁도 안 되었는데. 늘 이렇게만 통근할 수 있으면 좋겠구만……"

토성에 갔다 왔다는 말을 할 용기는 없었다. 하룻밤을 잘 쉬고, 다음 날은 일찍 발차하였으나 중간 역에서 고장이 연발하여 서울 착(着)은 오후 다섯 시가 되었다.

"오 씨가 웬일일까?" 사원들이 이야기하는 중에 전화가 왔다.

"오요. ……시방 서울역에 도착했는데, 개성 가는 차가 떠날 시간이 되어서 곧 차를 되 타야겠소. 미안하오."

전화를 받은 사람이 그 말을 외우니, 사내(社內)는 웃음이 폭발하였다.

*

오 씨가 탄 기차는 문산역까지 가서 주저앉았다. 서울서 응급 기관차가 와야 된다는 것이었다. 오 씨는 하차해서 산보했다. 풀밭에 넋 잃은 사람같이 앉아 있는 기관수같이 보이는 사람을 만났다.

"언제쯤 떠나게 되나요?"

"글쎄요. 서울서 기관차가 와야지요."

"어째서 이렇게 정시 운행을 못하나요?"

"글쎄요, 그건 손님이 잘 아시겠지요."

그 사람의 말은 은근하고 정다웠다. 오 씨의 불평은 해소되고, 오히려 동정과 경의를 느끼었다. 용기를 내어서 "우리 추운데 근처에 나가서 약주나 한잔하십시다."

그 사람은 물끄러미, 그러나 미소를 띠며 이렇게 말했다.

"감사합니다만, 그건 못합니다. 그렇지 않아도 우리들이 술이나 먹고 게을리 굴어서 기차 운행이 제대로 되지 않는 것같이 말하는 사람도 있다드군요. 네 탓 내 탓이 아닌걸······"

오 씨는 무안했다. 그러나 "네, 네, 네, 네" 혼자 중얼거리고, 한참 서 있었다.

(『자유신문』 1947년 12월)

친할 수 있는 사람

 미국에서 오는 통신이라고 그 내용이 반드시 그의 전국적인 여론이 아닌 것이 있다는 것을 알아야 한다. 말하자면 우리의 원조국가인 미국에도 우리와 친할 수 있는 한 편과 친할 수 없는 한 편이 있다는 것을 알아야 한다는 것이다. 그것은 일본에 대해서도 그러하다.
 일본은 과연 사십 년 동안 우리를 착취하였고, 여지없이 압제하였고, 멸시하였고, 살육하였다. 그 원한은 잊어버려지지 않을 것이다. 그러나 그것은 사십 년간 일본의 정권을 장악한 군벌과 재벌이요, 그의 지도와 사주로 지각없이 날뛴 대부분의 국민인 것이다. 그 중에 있어서도 우리들이 친할 수 있는 사람이 있으니, 그것은 자기의 정치적 처지를 형성하기 위해서 조선인이나 학생을 지도 알선한다는 것을 매명(賣名)한 정치가나 군인이 아니다. 조선인 못지않게 그 정권의 박해를 받은 사람들이 있었다. 또 야나기 무네요시(柳宗悅)같이 조선의 예술을 국경을 초월하여 애중(愛重)하기 때문에, 총독부가 무지하게도 광화문을 헐어버리려고 할 때에 일관(一管) 필봉(筆鋒)으로써 그것을 살린 사람도 있었다. 시대와 같이 전진하기를 거부하고, 역행하는 폭악 일본 정권에 아부하기를 일삼지 않는 일련의 일본 사람들은 우리들이 친할 수 있는 사람들이다.

그러면 패전 후 일본은 어떠하냐?

소위 만주사변(滿洲事變)을 일으키자 미국으로 망명했던 오야마 이쿠오(大山郁夫)는 십육 년 만에 귀국하여 총리대신 이하 관민(官民) 만 명이 출석한 환영회 석상에서 "군벌의 세력은 일소되었으나 군벌의 수족이었던 관료들과 잔당들은 아직까지 세력을 유지하고 있다"고 폭로하여 현 정권이 우리와 친할 수 없는 것임을 지적하여, 일본에도 우리와 친할 수 있는 사람이 있음을 알게 하였다.

*

흔히 하는 말이 있다. "그는 역사를 공부해요." "역사책에 있어요." '역사'라면 곧 아무도 움직일 수 없이 믿어야 할 절대적 기록인 것같이 말하는 사람이 대부분이다. 그러나 그 한 사람이 말하는 '역사'란 누가 쓴 역사란 것이냐? 역사란, 쓴 사람의 관찰의 각도에 전부가 달려 있는 것이다. 『삼국사기(三國史記)』는 조선에 현존한 최고(最古)의 사기(史記)지만, 그 편자(編者) 김부식(金富軾)은 신라 왕조의 후예인 것이 분명하니, 그의 『삼국사기』가 신라를 씀에 정이 있고 후하였을 것을 우리는 쉽사리 엿볼 수 있는 것이다. 일본의 2천6백 년 사(史)란 것은 멀쩡한 거짓말이라고 학적(學的) 근거로 고증한 츠다 소키치(津田 左右吉)는 일본 사학계(史學界)의 중량을 좌우하던 학자면서도 감옥살이를 하게 되었었고, 패전 후에야 석방이 되어서 다시 학계의 환호를 받고 '2천6백 년'이란 터무니없는 일본사(日本史)를 수정하게 된 것이다. 패전까지의 십 년간의 일본 신문을 재료로 역사를 쓴다면, 그것이 아무 가치 없는 것이 될 것은 우리들이 잘 알 수 있는 일이다.

어떠한 특전(特電) 기사가 신문에 특대(特大) 활자로 발표되어도 그것이 사리에 옳고 그른 것을 분간할 수 있어야 하고, 우리가, 또 인류가 친할 수 있는 사람인지 친할 수 없는 사람인지를 분간해야 할 것이다.

우리 동포 가운데도 가장 친할 수 없는 한 편이 있다.『정감록(鄭鑑錄)』을 보고, 갓 쓰고 십승지를 찾아가서 정도령(鄭道令)이 출현하기를 기다리고 있는 사람들이다. 하루 속히 전쟁이 터져서 동족은 다 죽고 자기만 남아서 한몫 보려는 그 사람들은, 자고 일어나기만 하면 이렇게 중얼거릴 것이다.

"허허, 지난밤에도 터지지 않았나 봐!"

(『자유신문』1947년 12월)

주검

 만만치 않은 정적(政敵)은 제(除)하여야 하겠고, 그것은 감쪽같이 주살(呪殺)하는 것이 제일이라 하여, 민비(閔妃)는 대원군(大院君)을 주살하려고 궁궐 안에 판수를 불러들여, 대원군의 화상(畵像)에 궁시(弓矢)를 쏘며 경(經)을 읽게 하였다. 이 소문을 들은 대원군은 생각한 끝에 한 냉리(冷悧)한 청직(廳直)이를 불러서 의논하였다.
 "네 재주로 그 판수를 사로잡아 올 수 없겠느냐?"
 청직이는 선뜻 대답하였다. 힘 있고 날쌘 장사 열 명만 모아 주시면 감쪽같이 사로잡아 오리다 하여 장사를 구해주고, 장사들은 심야에 궁 장(牆)을 넘어 들어가서 경 읽고 활 쏘고 있는 판수를 감쪽같이 사로잡아 왔다. 판수를 어떻게 하오리까 하니, 대원군의 명령은 천만 의외였다.
 편히 쉬게 하고, 식사도 극진히 하여주라는 것이었다.
 "이런 제기!"
 그러나 명령대로 매일 밤참까지 손님 대접을 극진히 하였다. 며칠 후에 대원군은,
 "그 판수를 보내주어라" 하고 명령하였다.
 "이런 제기!"
 청직이는 천만 의외였다. 대원군은 "잘 보내주어라, 너희들이 모

르는 말이다."

판수도 어처구니가 없었다. 과연 민비는 이 판수에게 묻는 말이 많고, 고문이 심하였다. 그러나 대답할 말이라고는 하나도 없었다. 잘 먹고, 잘 자고, 잘 보내주더라는 말로는 만족할 수 없었다.

"나를 주살하라고 하였겠지?"

"천만에."

"저놈 봐라. 어쩌면 며칠 동안에 저렇게 환장이 되었을까? 단단히 매수를 당했구나. 죽여라!"

판수가 죽었다는 말은 곧 전해졌다. 청직이는 대원군에게 전했다. 대원군은 "거 봐라" 하고, 그렇게 될 것을 예측했던 듯이 말하였다는 이야기를 들은 일이 있다.

죽여 마땅하나 죽일 사람은 따로 있다는 것이다. 장한 권세를 가진 적이라도, 제하기 위하여 하수(下手)한다는 것은 이미 지고[敗] 들어가는 것이다.

한편, 남자는 언제 죽든지 뉘우침 없는 생(生)을 취하여야 할 것이다. 그렇다고 총 맞아 넘어질 때, "아아, 남아(男兒)의 본회(本懷)다" 하고 외치는 태도를 상(上)으로 볼 수는 없다. 마치 의사의 선고를 듣고 시조 한 수를 노래하며 떠난 사람과 같은 풍(風)이요 허세다.

학문이 있고 사업을 많이 했고, 장자(長者)인 소 씨는 칠십여 세로 위독하여 가인(家人)들이 사랑방에서 안방으로 모실 때에, "아이고, 인제는 죽는구나, 아이구" 하고 엉엉 울었다. 학문이 없고 다만 자수성가하여 장자가 되고, 자손이 많은 고 씨는 칠십여 세로 위독할 때에 자손들이 울고 있으니 그것을 말리면서, "내가, 내 할 일

다했고, 아무 한이 없다. 수(壽)하여 갈 데로 가니, 너희들도 웃고 보내어야 할 것이 아니냐?"고 웃으며 말하고 운명하였다 한다.

학(學)의 유무(有無), 인격(人格)의 고하(高下)는, 운명 시의 태도에까지 있고, 기세(棄世) 후에도 달려 있다. 만인이 아끼는 사람은 곧 이승에 천당을 쌓았고, 주검으로서 시원하게 생각하는 사람이 있다면, 그것은 곧 이승에 지옥을 지은 것이다.

(『자유신문』 1947년 12월)

구박 받는 문명

"석유 등잔이라니, 집 안이 컴컴해서 못씁니다. 집 안이 밝아야 일도 잘 되고 대감님도 좋아하셔서 복을 받게 되지요. 캄캄한 데서 고사 드리는 사람이 있나요? 전등을 켜십시오."

석유 등잔보다는 엄청나게 비싼 것이지만, 안방, 건넌방, 큰마루의 세 군데 등잔을 없이하고, 큰마루에 전등 한 개를 켜기로 했다.

그것 하나로, 넉넉히 온 집 안이 밝았다. 밝은 데 눈이 익어서 이 방 저 방에서 불평이 일어났다.

"아유, 전등을 달아주시지, 아버지도 너무하셔."

그 버릇이 점점 자라, 이 방 저 방 각 방, 뒷간에까지 켜야 살게쯤 되었다. 그때쯤 귀찮게 찾아오는 사람이 있었다.

"신문보다도 속히 세계 정보나 국내 정세를 알 수 있어요. 이것을 들어야만 세상을 살아갈 수 있어요." 라디오를 들으라는 것이었다.

"에에, 그런 것을 우리가 알아서 무얼 해요, 그저 조용히 살지요."

"아니, 그런 게 아니라, 쌀값이 오르고 내렸다든지, 또 관청에서 백성에게 알리는 말도 속히 알 수가 있지요."

"쌀값은 장에 가면 알고, 관청에서야 고지서가 나오겠지요."

그래서 라디오도 하나 사게 되었다.

라디오 듣는 버릇이 점점 자라서, 소위 국내 정보도 좀 채게 되고, 세계 정세도 에티오피아라는 나라가 있다는 것쯤 알아듣게 되었다. 패전한 것이 뻔한데 승전했다고만 방송하는 것이 답답해서, 옳은 정보를 들으려고 미국 방송을 들었더니, 세계 16억 인민이 다 듣고 있는 것을 들었다고 잡아다가 처형했다는 말을 듣자 팔아버린 수신기를, 해방이 되자 신문 배달은 항방(向方)이 없어서 다시 라디오를 듣기로 한 것이, 가끔 가다가 '찌르륵 삑삑' 하고 들리지 않는다.

아예부터 전등도 라디오도 모르고 지냈더면 아무렇지도 않으련만, 인제는 아주 몸에 젖어서 잠시만 정전이 되어도 못살 것같이 야단이다. 성냥은 어디 있느냐? 양초를 찾아라. 석유 등잔을 어째 사오지 않았느냐? 배급 나온 석유를 어째 받아 오지 않았느냐? 안방, 사랑방에서 야단이요, 부엌에서는 그릇을 깨뜨리고 화를 낸다. 온 집 안이 뒤집혀도 그것은 한 집안 일이거니와, 공장, 신문사, 통신사는 어떠하랴. 윤전기는 돌다가는 쉬고 쉬다가는 돌 것이요, 무선 전신 역시 그러할 것이니, 한낱 집안이 뒤집히는 것은 고사하고 온 나라의 심장이 정지하는 것이다. 모 국(某國)에는 만 킬로와트 이상을 발전하는 발전선(發電船)이 있어 수시 수처에서 송전할 수 있다 하며, 최근 외지(外紙)는 캘리포니아의 연구소에서 수백만 킬로와트의 인공 광선을 상공에 방사하여 밤을 낮으로 화하려는 연구를 계속 중이라고 전한다.

이 나라의 인재가 부족이냐, 정치의 빈곤이냐? 구박 받는 문명은 혼란을 일으킬 뿐 아니라 나라의 걸음을 멈추게 하고, 사람을 암미(暗迷)하고 무기력하게 하려 한다. 그 꾀에 넘어가서는 안 된다.

(『자유신문』 1947년 12월)

신화 유죄

선사 받은 닭 한 마리를 며칠 기르다가, 그나마 잡아먹은 지가 오래다. 잎나무 다 없어진 헛간에서 3년생이 달걀 한 개를 발견했다. 그 알이 엄청나게 컸다. 눈이 둥그래졌다.
"아버지! 큰일 났어요. 우리 집에서 임금님이 나시려는 게야요."
"무엇?"
"이 알 좀 봐요. 그냥 달걀은 아니지요?"
일 없이 뒹굴고 있던 아버지다. 3년생은 학교에서는 공부도 잘하는 편이요, 똑똑하고 가끔 엉뚱한 의견도 내는 귀한 자식이다. 또 무슨 말을 하나? 방 문을 열고 나왔다.
"야, 큰 알 났구나. 이십 원은 하겠다! 어디서 났어?"
"헛간에 있었어요. 임금님이 나오실는지 몰라요!"
"임금님?"
"우리나라에는 시방 임금님이 없지 않아요! 임금님이 나오셔야 하지 않아요?"
"그도 그럴 듯한 말야!"
"임금님은, 이런 큰 알에서 나와요."
"흐응?"
"고구려 시조 고주몽(高朱蒙)도 알에서 났지요. 신라 시조 혁거세

(赫居世)도 알에서 났어요. 이 알을 돼지를 갖다 줄까?"

"돼지에게 왜 준단 말이냐?"

"돼지에게 던져 주어도 돼지가 비슬비슬 피하고, 흰 말에게 주어도 흰 말이 피했어요. 그건 고주몽이지? 혁거세는 말이 알 앞에서 울고 있으니까 육촌장(六村長)들이 보러 갔어…… 응, 돼지가 어디 있을까?"

"야, 돼지에게 주기는 아까우니 그대로 우리들이 먹자……"

"안 돼요. 큰일 나요!"

알을 들고 뛰어나갔다. 마침 문 앞에 똥통 차 끄는 늙은 흰 말이 있었다.

"야아, 흰 말이 기다리고 있었구나!"

알을 말 다리 아래로 굴려준다는 것이, 돌에 부딪혀서 쫙 깨지고, 검정물이 주루루 흘렀다. 3년생은 "앗" 소리를 치고 놀랬다. 그러고는 한참 있다가, 울기 시작했다. 울음은, 그치지 않았다.

아버지가 "닭이 나뭇단에 알 한 개를 낳았을 것과, 그 알이 오래되어서 속이 곯았을 것"을 알아듣도록 이야기해주는 데 한 시간은 걸렸다. 그것은 실제적이요 과학적인 설명이다. 자기가 잘못해서 그르친 일이나 아닌가 하고, 어처구니없는 울음을 그치지 못하는 3년생의 가엾음은, 이 아이 하나에게만 있을 일이랴? 또 이처럼 비현실적인, 어리석은 차대(次代)를 만든 사람은 누구이냐? 온갖 잡서(雜書)는 물론, 방송도 이런 이야기를 연발한다.

신국(神國)이라던 일본도, 신궁(神宮)의 소위 신목(神木)은 건축재가 되고, 건국신화는 없애버린 지 오래다.

주권을 존중하고 지위를 절대화하기 위하여 신격화하려 한, 비과학 시대의 비과학적인 설화를 원자탄 시대에도 굳게 지니려는 어리석은 짓은, 이 시대에도 주권을 전천(專擅)하려는 패자(覇者)의 의도가 아닌 이상, 차대를 우미(愚迷)에서 구하기 위하여 급속히 청산하여야 할 것이다.

(『자유신문』 1947년 12월)

저승 문답

"어떻게 변변치 못하면 자손 놈을 얼어 죽게 하느냐?" 하고 증조부가 말했다. 증손은 대답할 말이 없었다. 천만 의외로, 손자가 동사(凍死)해서 저승에 온 것이었다.

아버지는 변변치 못하게 얼어 죽어 온 놈이 못마땅해서, 돌아앉아서 입맛만 다시고 있다.

"대궐 같은 집에, 논에, 밭에, 부족할 것 없이 물려주었는데, 무엇이 부족해서 하필, 얼어 죽어 온단 말이냐?"

가문에 큰 욕을 보인 것같이 애절한 표정으로 조부는 말했다.

"집을 판 지는 오래지요. 논, 밭, 팔아버린 건 더 오래지요. 수지 안 맞아요."

증손은 손아(孫兒)에게 물었다.

"너, 시방 무어라고 그랬니?"

"깟땜! 수지 안 맞아요!"

아버지가 불끈 야단을 했다.

"이 자식아, 그게 무슨 소리냐? 땅을 팔아서는 무엇을 하고, 집을 팔아서는 무엇을 했단 말이냐?"

"쌀 팔아 먹었지요! 술도 좀 먹고…… 수지 안 맞아요."

조부의 증조가 물었다.

"말끝마다 픽픽하는 말이, 대체 무슨 말이냐?"

너무 수성 수성하므로 대대(代代) 조(祖)가 모여 왔다. 할아버지의 증조의 오대조가 나오니, 얼어 죽은 귀신에게는 십대조가 좌상(座上)이다.

"자손이 얼어 죽어 왔다니, 웬 말이냐? 시체(時體) 사람들은 방에 불을 때고, 뜻뜻하게 산다고 들었는데……"

"나무가 있어야지요?"

십대손은 솔직하다.

"나무가 없다니?"

십대조는 놀란 표정이다. 증손도 놀래서 말했다.

"참 딱한 노릇이다. 산소에 있는 나무라도 베어서 쓰지! 그것이 치장으로 기른 것인 줄 아느냐? 첫째는 사태(沙汰)를 막고, 다음은 자손을 위한 것이지!"

"그건 전쟁 때 왜놈에게 공출했지요. 산소라고 나무가 남아 있나요. 산이란 산이 발가벗었는데……"

"허허."

십대조는 한숨을 쉬고 이렇게 말했다.

"내가 잘못했구나! 그때에 임금님께 그렇게 말씀하지 않았더면 좋을 것을!"

조부의 증조가 물었다.

"무슨 말씀이신지요?"

"그때는 산에 나무가 너무 많아서 나무끼리 불을 내기 쉽고, 호환(虎患)이 심해서 이것을 어떻게 했으면 좋겠느냐고 하시기에, 마루

방에 살고 있는 백성들에게 방에 불을 때고 살게 하면, 휼민(恤民)도 되고 산림도 적당히 간벌(間伐)이 될 듯합니다고 아뢰었더니, 그대로 령(令)을 나리셨어."

"그럼, 그때에는 방에 불을 때지 않았나요?"

"나도 평생 마루방에서 살았고, 대궐도 마루방이지…… 죽을 때에 하루 이틀 불 땐 방에서 잤을까?"

"네에." 대대손이 놀래서 고개를 숙였다.

"낙엽이라도 있으면 긁어서 때우겠지만, 그건들 있나요."

"허허, 낙엽을 그대로 두어야 나무가 자라지! 낙엽까지 긁어서야, 자랄 수가 있나!"

"자란 나무는 있나요! 수지 안 맞아요."

"아주, 못 알아들을 말이로구나! 그러나, 좌우간 네가 다시 한 번 살아 나갈 변통을 해야겠다" 하고 조상들은 비상회의를 열었다.

*

강시체(殭屍體)에게도 십대조는 있을 것이다. 그러나 대대 조상보다도, 지나가는 사람의 따뜻한 손이 그를 구했을 것이다.

(『국제정보』 1948년 4월)

손오공

지난 18일 사회면 첫머리 기사 '전후(戰後) 구미(歐美) 각국 국민 생활 현세(現勢) 보고'는 근래에 대단히 흥미 있는 큰 보도였다.

영국민(英國民)이 식량은 물론 생활필수품까지 배급에 의존하고, 비밀 거래가 없다는 것은 '편편자(片片子)'도 이미 9월 16일부 본란에서 쓴 바 있었거니와,

"물자가 이렇게 부족하면서도 비밀 거래를 하는 시장은 없다. 내가 한 조각 더 먹으면, 그만큼 다른 사람이 배고프다는 상호 간의 도의심(道義心)이 강하기 때문이라" 하였다. 그 후에 "그러나 어느 당이 정권을 쥐었든지, 그 시책(施策)은 영국인의 지혜 이상을 넘어가지 못한다는 우월감이 강하고, 어떤 내각이 서든 좋다는 생각을 가지고, 오직 일한다"고 소개되어 있다.

내가 본 외지(外紙)에 의하면, 미국은 트루먼 대통령이 11월 특별 의회에 보낸 교서에,

"미국의 물가는 작년 이후, 연료는 1할 3푼, 의료 1할 9푼, 식량 소매가격 4할, 생필품 2할 3푼의 등귀(騰貴)로, 주부는 1년 반 전에 7달러로 사던 식량을 지금은 10달러를 지불하게 된다"고 말하였다. 우리나라의 물가 등귀율(騰貴率)과는 비교해 보기도 어려울 것이다.

그러나 또 "작년 동국(同國)에서 육가(肉價)가 폭등하였을 때에, 주

부들이 동맹을 지어 보이콧 운동을 일으켜서 승리했다. 이것이 소비자의 민주주의이다"라고 외지는 보(報)하고 있다. 우리나라에서 육가가 폭등하였다고 해서 주부들이 모여서 쑤군쑤군 일을 일으키려고 한다면, 그들이 어떻게 될 것인지는 독자가 먼저 잘 알 수 있을 것이다.

비밀 거래가 없는 나라도, 물가 폭등을 주부의 힘으로 억제할 수 있는 나라도, 어떤 정당이 정권을 쥐건 국민 대중의 지혜 이상 재주를 부릴 수 없다고 믿을 수 있는 우월감이든, 그것은 오로지 대중의 정치력인 것이다. 미국의 어떤 신문은 일본을 평하여, "정당이 많다, 둘이면 된다"고 하였다. 그러나 그 나라에는 겨우 대여섯 개의 정당이 국회에 대의사(代議士)를 보내고 있을 뿐이다. 우리나라에 정당이 많고 사회단체가 많다고 해서, 그만큼 정치력이 대중에게 있다는 것은 되지 않는 것이다.

그렇다고 이 모두가 우미(愚迷)에서 나오는 것이냐 하면, 그것을 긍정하기는 어려울 것이다.

하룻밤 사이에 장작 한 마차에 천 원이 폭등하는 상태를 누가 예견할 수 있고, 누가 또한 조절할 수 있을 것이냐? 손오공은 구만 리 장천(長天)을 갔다가 돌아왔으나, 가운데 손가락 위에서 오무락거렸을 뿐이다.

(『자유신문』 1947년 12월)

회한

　격조했던 친구를 만나서 차 한잔을 마시고, 해묵은 이야기로 배불리 즐거운 시간을 보내고, 찻집을 나오면, 홑옷 하나를 걸치고 사시나무같이 떨고 서 있는 전재민(戰災民)이 손을 벌린다.
　내 집이라고 돌아오면, 핏기 없는 자식들이 옹종하게 앉아서 치어다만 보고 있다. 얼굴에 분칠하고 능라(綾羅)로 성장(盛裝)하고, 화려한 무대에서 휘황한 조명을 받으면서 춤추고 노래 부르고, 우레 같은 박수를 받은 후에 집에 돌아갈 때에, 오히려 마음 쓸쓸함을 느끼지 않았더냐?
　하늘이 돈짝만 해 보이게 곤드레로 취해서 큰소리 할 대로 마음껏 떠벌리고 자고 일어나면, 아침을 보기 부끄럽지 않았더냐? 머리 한 모퉁이에서 애처로운 회한(悔恨)을 느끼고 있음을 알지 못하였느냐? 악수하고 헤어져 가는 친구를 돌아볼 때에, 그 두툼한 잔등이에 외로움을 느끼지 않느냐?
　발바닥의 익살스러운 주름이 또한 우스운 가운데, 애끓는 회한을 느끼게 하는 것을 아느냐 모르느냐? 일하고 싶어도 할 일이 없을 때 물끄러미 들여다보는 손바닥, 익살스러운 엄지손가락, 애처로운 새끼손가락! 바다같이 푸짐하던 가슴이 갈가리 드러나 앙상해진 아내의 가슴이, 눈물을 자아내지 않았더냐?

말 듣지 않는다고 자식을 후려갈기고 나면, 그 손을 잘라버리고 싶은 회한을 느끼지 않느냐?

삶이란 사람을 위하여 일하고 사람을 위하여 산다 하였으나, 눈물도 웃음도 오직 나 하나 뿐의 탓이란, 세상에도 가엾은 망측한 꼬락서니가 아닐 것이냐?

'역마차 까딱까딱, 딸랑딸랑'도 부럽기는 하다만, '된다, 된다'로 한 해를 지냈다. 이번에는 틀림없다는 말은 얼마나 들었고, 마카오 종이 한 톤을 구하려 커피는 몇 동이를 먹고, 찻집 문지방은 얼마나 해뜨렸드냐?

그 미친 모리배의 입술 하나를 하늘같이 믿고, 밤 길 낮 길은 얼마나 걸었고, 목은 얼마나 쉬게 하였더냐? 오징어 5백만 원어치가 어데 있기나 하더냐? 그나마 "오징어로도 안 된다, 북어 눈알 5백만 원어치"라야 된다니…… 미친놈의 전보 한 장은 쉬운 일이지만, 오징어로 북어 눈망울로, 사람조차 미치게 하지 않았더냐! 욕(辱)의 1947년도 저물려 한다. 108번뇌를 깨끗이 씻어준다는 제야의 종소리를 귀담아 들으며, 여섯 근 청정(淸淨) 묵은 때, 묵은 티끌, 묵은 생각, 깨끗이 흘려버리고, 거리낌 없는 바른 정신, 옳은 몸뚱이로 새해를 맞이하려 박차고 일어나자! 올바른 우리 하늘을 찾기 위하여, 대지에 발뒤축 자국자국 나도록, 착실하고 힘 있는 걸음을 걸어가자! 몸과 생각이 공중에 떠서는 살 길은 없다.

(『자유신문』 1947년 12월)

전차와 단장(短杖)

"독립은 됐어! 독립은 틀림없어요. 절대로 내가 보장합니다."
유 씨는 이렇게 서둘며 들어왔다.
"이 단장(短杖)을 보쇼! 좋지요? 이야기를 하지요."
유 씨의 이야기는 이러했다.

*

유 씨는 중풍을 앓는 사람이라, 반신불수는 아니지만 자신이 없어서 단장을 의지하고 지낸다. 여러 달 만에 서울 가서 전차를 타고 을지로4가로부터 세종로 앞까지 가게 되었는데, 신한공사(新韓公社) 앞까지 와서 전차가 급정거를 하는 바람에, 유 씨는 중심을 잃어서 쓰러지고, 그 위로 사람들이 넘어지게 되었다. 일어설 때에는 단장은 세 동강이 되었다. 세종로에서 내리니 단장이 없어서 보행이 곤란하였다. 생각하다 못해서 승무원들이 있는 곳으로 들어가서, 그 사정을 이야기하고 "이 단장을 물어달라는 것은 절대로 아닙니다. 내가 구하는 대로 곧 도로 갖다 드릴 터이니 혹 승객이 잊어버리고 간 것을 보관해 두신 것이 있다든지, 막대기라도 있으면 빌려주셨으면" 하였다.

그 사람은 곧 전화를 걸었다. 몇 시 몇 분쯤 220호차가 신한공사 앞에서 급정거하여 승객들이 엎어진 일이 있느냐고 물었다.

유 씨는 어쩐지 좀 무안한 생각도 있고 해서 밖에 나가서 산보하였다. 한참 후에 전화 오는 소리가 나고, 그 사람이 뛰어나왔다.

"대단히 미안합니다. 본사에서도 그런 분이라면 어떻게 해서든지 단장 한 개를 구해드리라 하고, 실물(失物) 보관은 열흘 후에는 경찰서로 보내므로 지금은 한 개도 없다고 합니다. 지금 몇 사람이 단장을 구하러 나갔으니 잠깐만 기다려주십시오."

말은 공손하고 태도는 솔직하여 유 씨는 감격하였다. 시간이 걸렸다. 종로까지 가서 한 개를 구해 왔다는 것이다.

"마음에 들지 않으시겠지만······"

"원 천만에, 도리어 미안합니다. 그럼 구하는 대로 곧 갖다 드리겠습니다."

"아니올시다. 좋지 않은 것이지만, 이것으로 불편을 참아주셨으면 고맙겠습니다."

아니올시다, 아니올시다, 하는 바람에 유 씨는 눈물이 나올 뻔하였고, 여러 번 무릎을 칠 뻔하였다.

"됐다! 뒤죽박죽은 아니로구나!"

볼 것 다 보고 구경도 할 만큼 했으니, 인제는 가난하건 구박받건 우리는 우리끼리 얼싸 안고, 어떻게든지 살아 나가야겠다는 생각이 맥맥(脈脈)이 흐르는 것 같은 느낌을 얻었다는 것이었다.

(『자유신문』 1948년 1월)

차관(借款)

 멍텅구리지만 애지중지하는 외아들이 기생 첩(妾)을 했다고 해서, 아버지는 살림을 차리도록 넉넉히 돈을 주었다. 얼마 후에 그 아버지는 그 집을 들여다보았다. 이불장 하나밖에 없고 방은 텅 비었다.
 "세간 장만할 돈이 부족했던가?"
 "세간 장만할 것은, 여기 있어요."
하고 벽장에서 은기(銀器) 유기(鍮器)를 수없이 내보였다. 아버지는 입맛을 쩍쩍 다시고 나갔다.
 "괘씸한 계집아이다!"
 아버지는 그 살림이 오래 가지 못할 것을 예견했던 것이다. 얼마 후에 헤어져 나간 첩은 세간은 하나도 건드리지 않은 것 같으나 알맹이는 몽땅 가져갔던 것이다.

*

 젊은 과부의 집에 앞 댁 어머니라는 분이 쌀 바리 나무 바리를 실어 드린다.
 "아이구, 이게 웬일이에요?"
 "염려 말아, 돌아가신 분이 덕이 있었는 게지! 걱정해주는 분이 계시니, 받아서 쓰면 되지!"

꼭 꼭 들어오던 나무 바리 쌀 바리가 끊어지게 되니, 그 덕에 살던 과부는 조석(朝夕)이 캄캄하다. 애초에 바느질 품이건 남의 집 빨래를 해주건 가난한 살림이나마 제 주장 살림을 시작하였더라면 그런 일은 없을 것이지만, 인제는 꼼짝 못하게 되었다. 앞 댁 어머니에게 웬일로 나무 바리 쌀 바리가 끊어졌느냐고 묻고,

"오는 정이 있어야 가는 정이 있다"는 핀잔을 듣고, 구차하게 절조(節操)를 짓밟게 되었던 것이다.

이런 이야기는 시정잡담(市井雜談)이다.

*

정치성 없는 인도주의만으로의 차관(借款)이란 없다.

영국은 미국의 '마샬 안'에 관하여 여좌(如左)히 보도하였다. (8일, 『이브닝 스탠다드』)

영국민은 마땅히 그를 거부하여야 한다. 그런데 만약 영국이 미국의 원조를 거부하게 되면, 영국은 그가 일찍이 겪어보지 못한 고난에 부딪힐 것이다. 그러나 영국의 경제적 자유를 미국에 파느니보다는 차라리 청빈(淸貧)의 생활을 택함이 좋을 것이다.

(『자유신문』 1948년 1월)

그르친 청춘

 패전(敗戰) 후 일본의 제일 큰 두통거리가 특공대(特攻隊) 출신들이었다.

 전시(戰時) 중 십사 세 이상의 청소년을 '특별공격대(特別攻擊隊)'라는 이름으로 대서특서(大書特書) 모집하여, 주관은 물론 견해까지도 없이하기 위하여 삼 개월 내지 육 개월을 훈련하여 상관(上官)의 명령 일하(一下)에 일사(一死)함을 인생의 제일 의(義)로 교육하고, 불완전한 비행기에 폭탄 한 개를 매달고 그 비행기와 같이 적함(敵艦)에 돌입하여 일생을 산화(散華)시킴으로써 일본 민족으로서의 가장 큰 의의와 긍지를 느끼게 하였던 것이다.

 떠날 때에는 장관급들이 지르르하게 나와서 경례를 하고 신문은 굉장히 떠들고 국민은 환송하였으니, 어깨는 으쓱하고 영웅이나 된 것같이 생각하고 떠났던 것이, 항복을 하였다고 해서 돌아오게 되니 그 꼴은 말이 아니다. 신문이나 국민은커녕 동네 사람들까지도 '이 욕이 너희들 탓'이라는 것같이 힐끗힐끗 보게 되니, 이 특공대 영웅은 국화(國華)로부터 국(國)의 악화(惡華)로 전락하게 되었던 것이다.

 "언제는 영웅이라 하고, 언제는 본 척도 안 하니, 너희들이 대체 무엇들이냐?" 하는 반감과 한번 으쓱했던 어깨를 축 처뜨리기는 좀처럼 쉬운 일이 아닌 까닭일 것이다. 일본도(日本刀) 대신에 창칼을 가지고 지나가는 사람을 협박하여 금품을 탈취하고, 여학생을 유괴하고 겁탈, 강도, 절도로, 전국에 출몰하는 소년범의 대부분이 특공대 출신들이요, 그들이 또한 배운 대로 어린 사람들을 인도하여 다수의 부하를 거느리게 되었다는 것이다. 한번 그르친 교육은 바로 잡기 어려운 것이다. 벌어먹기에 급해서 영웅이라고 떠받들어놓은 자에게 그 책임은 있다.

  자기의 말이 곧 하늘의 의사(意思)나 국가의 의사인 것같이 신봉케 함으로써, 반(反)민주주의로 인도하여 자기의 세력과 지반을 강화하려 한 히틀러, 무솔리니, 도조 히데키(東條英機)는 청소년을 오도(誤導)한 괴수(魁首)들이요, 그런 것은 어느 시대 어느 땅에도 있기 쉬운 일이다. 그르친 청춘은 이성의 상실을 꾀하는 교육에 그 죄가 있다.

(『자유신문』 1948년 1월)

과세(過歲)

"댁에서는 양력 과세(過歲)하시지요?"
이렇게 묻는 것이 요사이 인사가 되었다.
"과세나 마나지요. 형편 있습니까?"
"그래도 차례는?"
이 대답은 구구하다.
"양력으로 지냈습니다" 하는 대답은 드물고, "제례(除禮)했습니다" 하는 대답도 있고, 심한 것은 이런 대답이 있다.
"작년까지도 양력으로 지냈는데, 올해는 가친(家親)께서 아무리 해도 음력으로 지내시겠다 해서요."
"건 또?"
"아버지와 어머니께서 여러 날 두고 말이 많으셨던 모양이어요. 다른 집이 다 조선 정월로 과세하는데, 우리만 일본 정월을 쇨 것이 있느냐고 어머니께서 말씀하셔서, 아버지는 양력이란 일본 정월이 아니라고 아무리 말씀하셔도 어머니께서 듣지 않으시니 어찌 합니까? 십여 년 만에 다시 음력 과세를 하게 되었지요. 하하하……"
웃어버릴 수 없는 이런 집이 상당히 많이 있다.
일제시대에 음력 과세를 못하게 한 까닭에, 음력 정월에 대문 닫고 몰래 차례 지내고 몰래 세배 받은 어른들은 그것이 일제가 힘으로 누르는 데 반항한 것으로 보아 어리석으나마 갸륵한 정신으로 볼 수도 있을 것이나, 세계가 모두 양력을 사용하고 다만 회교도(回敎徒)를 비롯한 가장 뒤떨어진 몇 민족만이 쓰는 음력으로 과세한다는 것을 자랑하기는 어려운 일일 것이다.

더욱이 양력으로 지내던 집까지도 해방이 되었다고 해서 도로 음력으로 하게 된 것이 그다지 훌륭한 일이라고는 생각할 수 없을 것이다.

여기도 민족의 통일이 못 됨은 유감(遺憾)된 일이요, 양력을 아직도 일본 것으로 알고 있는 사람이 있다면, 수백 종의 신문 잡지가 있다 해도 섭섭한 일이 아닐 수 없다.

(『자유신문』 1948년 1월)

젊은이 노래

늙은 어머니의 말이다.

"너 없는 동안에 방은 비었고, 얼마라도 보탬이 될까 해서 학생 하나를 두게 되었구나. 네 처(妻)가 그 귀찮은 것을 잘 시중하였지.

학생도 보기에 얌전하고 깨끗했는데, 아침 새벽에 일어나면서부터 밤중 늦도록까지 동내(洞內) 집이 부끄럽도록 창가(唱歌)를 부르는데, 원 그런 망칙한 창가도 있니? 아리랑이니 도라지란 것은 여학교에서도 가르친다지만, 만날 하는 소리가 '죽으려고 내 왔던고, 울려고 왔던고, 비린내 나는 부둥켜 안고'라는 둥 '외로운 사람을 대접할 줄 모르네'라고 하니, 그 말이 네 색시를 보고 하는 소리가 아니냐?"

*

젊은이의 노래는 어느 나라를 물론하고 그 나라와 그 시대를 반영하는 데 가장 급하고, 또 감상적이라느니보다도 퇴폐적인 노래를 즐겨 하기 쉬운 일이지만, 요사이 조선 젊은이들의 입에 젖은 노래야말로 마음 있는 사람의 눈살을 찌푸리게 하는 일이 많다.

밥만 먹고 나면 나가서 들판으로 길가로 노래 부르며 휘돌아다니는 것이 결코 나쁜 일은 아니다. 그러는 동안에 방향을 얻게 된다. 그것은 일생에 뿌리를 뻗을 방향이 되기도 한다.

  선인(先人)들이 시(詩)를 외고 다니다가 내 감상을 읊어서 시인이 되기도 하고, 자연에 황홀하여 그것을 재현해보려고 들어서 미술가가 되기도 하고, 울분을 밝히어 옳게 깨달음으로 혁명가와 투사의 길을 찾는 사람도 있다.

  또 고독한 젊은이들이 흔히 향하는 곳은 종교다.

  그것은 종교적 기분, 즉 감상이기 쉬운 것이다. 감상이란 종교는 아니요, 종교는 오히려 감상을 극복하고 나오는 것이어야 하기 때문이다. '마음대로 해주옵소서.' 잔뜩 종교적이라고 생각하는 것이 감상인 경우가 많다.

(『자유신문』 1948년 2월)

지폐 홍수

중국 저장 성(浙江省) 소산(蕭山)에 구십육 세의 노파가 있었다. 자식이 주는 잔돈을 푼푼이 모아둔 것이 오십 년 동안에 중국 달러로 4,122달러가 되었다.

"옛다! 땅 마지기나 장만하렴!"

인제는 날품팔이 농사를 짓지 않고 내 땅 농사를 하게 될 수 있으리라고 생각한 노파는 득의만면이었다. 그러나 그 오십 년 적공(積功)이 퀄련 다섯 개 값밖에는 안 되었다는 말을 동내 사람들의 쑤군쑤군으로 알아들은 노파는 끽 소리도 없이 까무러치고, 그만 세상을 떠났다고 한다.

화폐 가치의 저락(低落)이 자아낸 '희비극(喜悲劇)'의 절정일 것이다.

*

화폐 가치의 저락은 지폐 홍수를 초래하고, 지폐 홍수로 말미암아서 갈팡질팡하는 꼴은 여러 가지 형태로 나타난다.

제1차 대전 이후의 독일에서 노임이 전전(戰前)의 8천5백 배가 되었고, 생활비는 1조 2천5백억 배가 되었고, 전차 타는 사람들이 전차 삯으로 각기 류색에 한 짐씩 지폐를 짊어진 것을 만화로도 보았고, 러시아의 로화(露貨)는 조선 사람들도 많이 사 두었다가 손해를 본 일이 있었지만 2차 대전 이후에도 이야깃거리가 많다.

이탈리아는 '리라화'다. 재작년에 이미 3천억은 돌파하였으리라 하나 국고상(國庫相)은 그래도 봉쇄는 안 한다, 증세와 저축의 정공법으로 애국정신에 호소하고, 고관·정부의 부당이득을 적출하기 위한 고율의 이득세(利得稅) 신설, 요리점 봉쇄, 공채·국민기금의 모집 등으로 지폐 홍수를 억제하려고 하였다. 핀란드는 45년도에 이미 3차나 평가절하를 하였으나 그래도 효과가 없어서 46년도에는 대액(大額) 지폐를 반쪽만 쓰게 하였다. 반을 짝 찢어서 우편 반쪽을 반액(半額) 신 마르크로 통용케 하고, 좌편 반은 봉쇄하고, 이 이상 절하는 안 하겠다고 성명하였으나 별무효과였다.

루마니아에서는 무명저금(無名貯金)이라는 것을 창설했다. 모리배나 졸부가 지폐를 가마니로 축적하는 사실은 어느 곳이나 마찬가지다. 그것을 회수하려고 주소도 씨명(氏名)도 불요(不要)다, 암호 하나만 정해놓고 저금해라, 과세(課稅)도 물론 없고 누가 부자인지도 모를 터이고, 소용될 때는 암호로 언제든지 내어 주마는 것이다.

헝가리는 '펭괴(pengo)화'다. 전전(戰前) 펭괴는 미화 1달러에 5펭괴였던 것이, 46년 7월에는 일 분간에 10억 펭괴씩 저락되어 미화 1달러에 백만조 펭괴라는 천문학적 숫자가 나왔다. 세금도 고지서 액면대로만 받아서는 셈이 안 되기 때문에, 체납할 때는 그날 그 시간의 감가(減價) 시세로 계산하여 징수하기로 하였고, 비밀 거래하는 자는 이십사 시간 내에 사형에 처하겠다고 하였으나, 무효과로 8월에는 펭괴화를 폐지하고 포린트화를 채용하기로 하였다. 1포린트는 2억 펭괴라고 한다.

　소련은 지난 12월에 화폐개혁을 하였다. 12월 14일 현재로 10대 1의 신통화(新通貨)를 발행했는데, 그 교환율은 단순치 않다. 3천 이상 1만 루블까지의 저금은 3대 2로 하고, 소비조합 집단농장의 저금은 5대 4로 하고, 다만 14일 현재 유통 통화에 대해서만 10대 1이라 한다. 그리고 보수와 농민의 신수입은 현재 액(額) 그대로를 신통화로 준다고 한다. 이것은 전쟁 중 독일로부터 들어온 위조지폐의 구축과 전시 중의 이중가격제도를 단일 공정가(公定價)로 하여 16일부터 배급제도를 전폐(全廢)하고 자유판매로 되는 관계 상 전시 졸부들의 과잉 구매력을 억제하기 위한 조치라고 한다.

*

　중국과 일본은 우리들이 잘 아는 바이지만, 일본의 통화개혁도 별무효과로 태평양전(太平洋戰) 직전의 발행고 50억의 사십 배, 2천억을 작년 말까지 발행했고, 이 3월까지는 2천5백억이 되리라고 하며, 통화 회수책도 가지가지가 있다. 5만 원 '보첨(寶籤)'은 한 장 50원인데 궐련 다섯 개를 덧붙여 준다고 하며, 5백 원 정액 예금을 하면 추첨으로 자전거나 라디오도 경품으로 준다고 야단이다. 미국은 대통령의 교서에 의하면, 물가 고등(高騰)은 전년의 3할 정도인데도 불구하고, UP통신사 예년의 '지난해 세계의 10대 사건' 현상 투표 결과는 제2위로 '국련(國聯) 내의 미·소의 알력'을 들었고, 제1위가 '미국의 물가 고등'이라고 발표된 것을 보면, 우리나라나 다른 나라에 비해서 그 뱃심도 그럴 듯하거니와 인민의 힘, 여론의 힘이 또한 그럴 듯한 것을 엿볼 수 있다. 또 대통령은 이것을 미구(未久)의 인플레이션을 내포한 것으로 규정하여 통제 정책을 국회에 제출하였고, 태프트 공화당 차기 대통령 입후보는 그 필요를 인정치 않는다고 맹렬히 반대하고 있다. 이것은 물론, 선거 전초전의 도구로 된 것을 알 수 있는 일이지만, 우리 해방 국가에서 전등료(電燈料)가 한번에 여섯 배로 되고, 기차 삯이 한동안 다섯 배로 오른다는 말이 있었는데, 이것이 사실이라면 그것은 참혹한 일에 속할 수 있는 일이라 아니할 수 없다. 전등, 전차, 기차 운임의 인상은 결코 그것에만 그치는 것이 아니요, 일반 물가의 폭등을 초래하고, 다시 불가피적으로 지폐 증발(增發)을 유발케 하며, 노임(수입)과 생활비(지출)의 마라톤 경주를 격화케 하는 필연성을 내포하는 까닭이다.

각국의 인플레이션은 역사적 과정과 전쟁, 패전, 혁명, 배상 부담, 생산 저해 등의 역사적 사실로 말미암은 역사적 필연성으로 발생하고 발전한 것이지만 우리나라의 과도한 인플레이션은 그의 필연성을 이해하기 곤란한 것이다.

"인플레이션은 정치적 요인에 의하여 발현하고 발전한다. 그 머리와 끝은 정치 문제인 것이요, 그 동체(胴體)가 경제 문제인 것이다."(기무라 키하치로[木村禧八郎])

인플레이션의 악화는 경제적 의타성(依他性)의 도를 높이고, 마침내는 정치나 외교 등 경제 외적 대책으로서밖에는 해결할 수 없는 상태로 유도하는 것이다.

(『자유신문』 1948년 2월)

술·담배

"아이 추워, (덜덜) 담배 한 개만 줍쇼."

내다보니 한 달에 두어 번 오고, 오면 돈 주는 단골 거지다. 담배 한 개를 주고 돈을 주려 하니 돈은 사양하고 갔다. 가고 나서 생각해보니, 그도 그럴 듯한 일이다. '야미'로 산 무궁화 한 개는 7원이었다. 추워서 덜덜 떨면서도 담배 한 개가 급하다.

*

방송 연예에 '천문 만답(千問萬答)'이란 시간이 있다.

"금주와 금연은 어느 것이 하기 쉽겠습니까?"

이런 질문이 있었고, 그 대답도 각색으로 여러 분이 걸리고, 여러 박사님들의 이론적인 대답이 웃음을 주지는 못하였다.

"담배가 맛이 있느냐? 술이 맛이 있느냐?"고 질문하는 것과 같다. "술도 끊기 어렵고, 담배도 끊기 어렵구려!" 이것이 반드시 현답(賢答)이라는 것은 아니다. 술이나 담배를 비교할 수는 없다는 말이다. 나는 술도 좋아하고, 담배도 남 못지않게 좋아한다. 아침에 잠을 깨면 우선 한 개 피워 물어야 하고, 세수할 때까지 다섯 개는 소용되고, 면도할 때도 물고 있는 재주까지 있다. 식후니 한 개, 변소에서 두어 개, 책을 펴놓고 한 개, 신문이 오면 한 개, 하루에 궐련 백 개, 물론 이것은 옛날이야기에 속한다. 하루 사십 개를 어떻게 안분(按分) 할당하느냐가 과제이던 것이, 스무 개로 편성해야 하게 되었고, 그도 위기에 당도하였다. 배급은 여러 번 없고, 무궁화 야미 70원이니 하루에 140원이면 한 달에는 물경 4천2백 원이다.

술 역시 그러하다. "오늘은 어쩐지 으시시하니 한잔", "눈이 오니 한잔", "비가 오니 한잔", "날이 좀 풀렸으니 한잔", "작주(昨醉) 미성(未醒)일까, 찌뿌드드하니 한잔", "야, 오늘은 날이 좋다, 한잔", "그 찌개 맛있게 되었소, 한잔", "우리 집 김치 맛있게 되었어, 한잔", "여보, 이 신문 좀 보오, 통쾌해서 한잔, 분개해서 한잔."

동무가 있어야 하고 안주도 있어야 하니, 술 끊기가 담배 끊기보다 쉬우리라는 사람은 도대체 술을 모르는 사람이다.

아무도 없는 틈을 타서 부엌이나 광방(廣房)에 들어가서 주루룩 들이켜는 데 오징어나 마늘 한 톨이 긴급 물자가 될 리 없지만, 그러나 그대로 있을 리 만무하니 불가불 누구나 악질 아닌 바에는 술 담배 끊기를 어려워할 것은 없을 것같이 생각되는 것이다.

(『자유신문』 1948년 3월)

자주성의 상실

최근 일본에 전고(前古)에 드문 잔인한 범죄 사실이 있었다. 1월 26일 백주(白晝)에, 동경 시내에 있는 조그마한 모 은행 지점에 '동경시 방역원'이란 완장을 한 사십여 세의 신사가 자동차로 와서, 전염병 예방약을 복용하라고 열여섯 명 전원에게 독약을 마시게 하여, 열두 명이 사망하고 네 명도 위중하다고 한다. 그 사이에 범인은 불과 십 수 만 원을 가지고 도주한 것이다. 이 사실을 모 신문 소 평자(小 評子)는 이렇게 비평하였다.

"십 수 인이 어찌하여 조금도 의심치 않고 독약을 마시었느냐가 문제이다. 범인이 미(美) 군인과 같이 지프를 타고 왔다는 사람도 있고, 또는 범인이 뒤쫓아 MP가 올 터이니 오기 전에 속히 먹으라고 말하였다고도 한다. 대부분의 일본인이 자주성이 없다는 것을 볼 수가 있다. 쥐 잡는 것이나 모기 발생을 저지하기 위하여 하수도를 소제(掃除)하는 것도 자진해서 하지 않고, 진주(進駐) 미군의 명령이나 혹은 검사하러 온다니 한다는 등이 그것이다. 사망자에게는 미안한 말이나, 자주성의 상실이 이번 사건을 가능하게 하였다고 할 수 있고, 제2 제3의 이런 사건이 발생할 가능성도 있다고 볼 수 있다."

그리고 이렇게 결론하였다. "국력이나 경제력은 4등국으로 떨어질

망정 자주적 정신을 가진 국민성만은 1등국의 긍지를 잃지 않고 싶다."

*

  이 말을 비평할 필요도 없고, 또 덧붙일 필요도 없을 것이다. 다만 우리가 취할 점만 취하면 족할 것이다.
  조선 사람은 우미(愚迷)하다 해도 십 수 명이 독약을 꿀꺽꿀꺽 마시지는 않을 것도 같고, 더욱이 '호랑이에게 물려가더라도 정신만 잃지 말라'는 말은, 우리 고래의 위대한 교훈이다.

(『자유신문』 1948년 3월)

면자(面子)·몰유법자(沒有法子)

　미국 어느 주 의회에 '사창(私娼) 금지 법안'이 제출되었을 때에, 많은 의원들은 "사창을 법령으로 금지할 수는 없는 일이다. 그것을 어떻게 하는 수가 있나?" 이렇게 생각하였다.
　그러나 미국이란 여인 문제만큼 정치가의 정치적 생명을 좌우하는 문제는 없다. 첩이 있다거나, 불의(不義)의 관계가 있다거나 하는 소문이 있기만 하면, 그는 실각(失脚)하게 된다. 여인을 모욕했다 하면, 그는 행세를 못하게 된다. '사창 금지 문제'도 법률로 될 일이 아닌 것같이 생각하면서 그래도 '이것을 반대하였다가는 사창을 시인하고 옹호하는 것이라고 해서 비난을 받을 터이니 내야 차마 반대할 수가 있나! 불가불 찬성 투표를 해야지!' 이렇게 생각하고 찬성 투표를 한 의원이 많았다고 한다.
　나의 '면자(面子)'를 위하고 '몰법자(沒法子)'를 피하기 위하여 투표한 결과는 법안을 절대 다수로 통과시켰다.
　어떤 학자가 쓴 이 이야기는 결코 그 당시의 의원들을 모욕하려는 의사는 아니요, 그 요점은 다음 구에 있다.
　"그러나 법안이 한번 통과되자, 참으로 사창은 마침내 자취를 감추게 되었다. 그것은 많은 사복형사들의 일방적 고발로 범죄가 성립되어 여지없이 처벌을 당하게 되었기 때문이다."

한번 통과된 법률은 그것을 실시하는 데 철저하였다. 어두컴컴한 데서 눈 껌벅하는 여자가 있으면 다짜고짜로 데리고 가서 변명할 여지없이 처벌하였던 것이다. 사팔뜨기는 가끔 횡액을 당하였을는지도 모른다.

*

민족의 염원인 국민학교의 의무교육제가 되어 개학을 하게 되고, 월사금도 받지 않게 된다는 소식은 근래의 낭보(朗報)임에 틀림이 없다. 해방된 민주주의 국가로서는 응당 있어야 할 일이다.

그러나 해방 국가의 '면자(面子)'를 위하여, 의무교육제·월사금 폐지를 표방하고, 후원회비나 직원 생활 보조비라는 등을 증액하거나 현상을 그대로 둔다면, 이것은 결코 '몰유법자(沒有法子)'를 면할 수는 없는 일일 것이다.

(『자유신문』 1948년 3월)

선배·후배

 까딱까딱, 이리저리 왔다 갔다 하며 자동차 앞 유리에 붙은 눈이나 빗방울을 씻어주는 기계를 발명한 것은 일본인이다. 그러나 유리는 전기를 통하지 않는 것이지만, 그 표면만 전기를 통할 수 있게 해서 전력을 통함으로써 눈과 빗방울을 제거하게 할 수 있도록 될는지도 모를 일이고, 그보다도 눈과 빗방울과 먼지까지도 제거할 수 있는 유리, 그것을 발명해내는 것도 멀지 않을는지도 모르는 일이다.

 지금은 원자탄이 제일 무서운 병기지만, 투탄(投彈)된 원자탄을 공중에서 분해시켜 비나 눈으로 변화시킬 수 있는 연구가 없으리라고는 아무도 장담 못할 것이다. 과학은 미신이 아니다. 면역(免疫)은 더욱 아니다. 이미 성과(成果)된 과학은 새로운 것을 발견하는 토대로서 더욱 유용한 것이다.

*

 청년은 선배를 존경하려는 마음이 있다. 외로운 인생을 깨닫는 동시에 선배에게 의지하려는 것이요, 선배를 찾아서 자기의 부족을 보충하여 생(生)의 의의를 바로 찾으려는 것이다.

그러나 그것을 얻으면 그를 존경함이 지나쳐 학문을 떠나서, 다시 말하면 옳고 그른 것을 분간해 볼 여지없이, 그의 의사에 맹종하게 되는 데 폐단이 많은 것이다.

옳은 선배는 자기의 의사나 학설을 뒤집어엎는 의사나 학설을 말하는 후배라도 그 가운데 옳은 것을 시인할 수 있고 편달할 수 있는 사람이다.

그러한 선배는 위대한 인물에 속할 것이요, 세상에는 드문 것이다. '네 생각도 좋으나, 내 생각이 옳다'거나 '그 말도 좋으나, 당분간은 나를 좇으라'고 주장하여 맹종하기를 강요하는 속물 선배가 세상에는 충만한 것이다.

이견(異見)을 강요당할 때에 앙연(昂然)히 그 자리에서 일어나 자기가 생각하는 바의 길로 갈 수 있는 청년은 대단히 드물 것이요, 그런 사람은 한 학문을 이룰 수도 있고 인물을 이룰 수도 있는 길을 얻을 수 있는 일이지만, 그곳에서 자지러지고 맹종하게 된다면 그의 생의 의의는 거기서 없어지게 되는 일이 많다. 공자(孔子)도 "당인불양어사(當仁不讓於師)"라고 하였다. 옳은 일에 당해서는 스승에게도 양보하지 않는다는 말이다. 진리를 위하여서는 아무에게도 양보해서는 안 된다는 말이다.

(『자유신문』 1948년 3월)

한글 반포 오백한 돌날에

인류가 가진 문자 중에도 가장 뛰어난, 위대한 '한글'이 반포된 지 오백한 돌을 맞이한다. 문자란 민족이 공동생활을 하는 데 필요하므로 생긴 것이니, 민족이 멸망함을 따라 자취를 감춘 언어도 많고 문자도 또한 많다.

나라는 찾았으나 국어 국문자를 잃어 타국어를 국어로 쓰는 민족도 있다.

인류가 창조해놓은 문자는 인류가 지배하기도 하고 문자가 인류를 지배하기도 한다.

501년 전 이조(李朝) 4대왕 세종(世宗)은 "사람들로 하여금 쉽게 익히어, 일용(日用)에 편하게 하고자" 궁중에 '정음청(正音廳)'을 창설하고, 아드님 문종(文宗), 세조(世祖)를 비롯하여 성삼문(成三問), 정인지(鄭麟趾) 등 중신들에게 연구를 명하시고, 몽고어, 범어(梵語)를 주로 참작하여 조선 사람들이 일용하는 '말'을 그대로 기록할 수 있는 기호를 가장 간단 정확하고 학문적 근거가 뚜렷한 스물여덟 개의 표음문자로 창정(創定)하여 반포하시었다.

이때에 부제학 최만리(崔萬理) 등 다수의 문신들은 "천하에 '글'이란 중화(中華)에 있을 뿐이요, 조선은 중화에 사대(事大)하여 소중화(小中華)로 자처하여, 중화에 다음 가는 문자국인데, 이제 꼬부랑 글자를 만들어 '오랑캐'가 되려 하니, 이게 웬일이냐"고 대단히 반대하는 상소를 하였다고 한다. 남의 나라 글자를 버리고 '내 글자'를 가지려는 것이 '오랑캐'란 것은, 지금 사람들이 생각하면 일소(一笑)에 붙일 수 있을 것이나, 그때는 그렇게 생각하는 사람이 많았을 것도 우리가 넉넉히 이해할 수 있는 일이다. 세종은 물론 불윤(不允)하시고, 극간(極諫)하는 중신들을 하룻밤 하옥시킨 일도 있었다고 한다.

이렇게 세종의 열성으로 창정되고, 열성으로 널리 보급된 '국문'이 5대를 지난 연산왕(燕山王) 대에는 말살을 당할 뻔하였다. 음학무도(淫虐無道)한 연산군을 비방하는 벽보가 국문으로 씌어서 도처에 걸리게 되었기 때문이다. 국문 책은 태우고, 국문학자는 극형에 처하고, 국문을 가르치지 못하게 하였다.

인민으로 하여금 널리 알리려고 한 세종은, 세상에도 드문 인군(人君)이다. '알리지 않고 어리석게 하여, 복종하게만' 하는 것이 지배자의 상도(常道)였던 것이다.

연산은 인민들의 솔직한 의사표시의 도구인 '국문'이란 무기를 빼앗은 것이다. "인민은 내 말에 복종하면 된다. 알 필요는 없다"는 것이다. 소수의 '내 편' 사람에게만 문자를 가지게 하려는 것이니, 그것은 곧 학문이자 정치요 과학인 것이다. 이것은 오백 년 전이나 지금이나 다름이 없는 것이다.

연산의 만행으로 세상에서 자취를 감출 뻔한 국문은 우리들의 위대한 할머니들인 부녀자들이 국문 책에 들기름 먹여서 농 속에, 함 속에 간직한 바 되었다. 그것은 마치 태극기를 돌돌 말아서 농

속에 함 속에 사십 년 동안 간직해온 할아버지들과도 같다.

여하한 폭정, 역경에도 민족의 자랑인 문화유산을 보존 전후(傳後)하려는 위대한 우리 조상들의 불굴의 민족혼이 오늘날의 영광을 가져오게 한 것이다.

수난과 역경에 있어서는, 민족의 문화유산을 아끼고 간직하려는 공통된 민족정신이 은밀(隱密)한 가운데 창일(漲溢)한 것이다.

그러나 이제는 우리가 생각해야 할 과제가 많다.

산소(酸素)와 수소(水素)는 일본인만이 아는 말이다.

중국인은 산소를 '氧', 수소를 '氫' 이렇게 쓴다.

'스시'를 '초밥'이라고 고치려는 것은 오히려 어리석은 일이다. 산소와 수소 같은 일본어는 많은 것이다. 이런 것을 고쳐야 할는지 그대로 두어야 할는지는, 우리 언어학자와 과학자들이 할 일이다.

세계는 좁아졌다. 최신 비행기는 육십여 시간이면 지구를 일주하고, 원자탄은 순식간에 20방리(方里)를 칠십 년 불모지로 화할 수 있다. 의복은 세계를 하나로 하려 하고, 언어의 공세 또한 우심(尤甚)하다.

일제시대에 일인(日人) 야나기 무네요시(柳宗悅)는 이런 말을 하였다.

"총독부가 조선어를 탄압한다고 그것을 원망하지 마라. 그 분노를 '위대한 문학을 창조'하는 방향에 경주하면 조선어는 결코 멸망하지 않는다."

괴테를 읽다가 독일어 공부를 시작한 사람은 많다고 한다. 평론가 고바야시 히데오(小林秀雄)는 도스토예프스키의 평론을 쓰다가 붓을 던지고, 노어(露語)를 시작하여 노어를 체득한 후 스스로 원본을 읽은 후에야 다시 쓰기 시작하였다. 오륙 인의 번역 책을 재독 삼독해도 위대한 문학은 원어로 읽지 않고는 만족하지 않았던 것이다. 의학 공부를 하는 사람은 독일어를 배운다. 무역을 하려는 사람은 우선 영어 공부부터 시작한다. 위대한 문학, 위대한 과학이 없고는, 위대한 언어는 존재할 수 없는 것이다.

4천 년 역사와 4억의 인구를 가지고도 과학이 발달되지 못하여 세계에서 가장 뒤떨어진 중국은, 그 죄과가 한문자(漢文字)에 있음을 인식하고 문자 혁명에 갈팡질팡하고 있다.

우리는 단 열 시간만 배우면 쓰게 될 수 있는 가장 '일용에 편한' 한글을 가지고 있다. 3천만 전체가 한글을 지니기는 쉬운 일이다. 그러나 다시 한 번 위대한 문학, 위대한 과학이 없고는, 위대한 언어는 존재할 수 없는 것이다.

우리가 가장 아끼고 사랑하는 '한글'을 또다시 연산왕 대와 같이 봉욕(逢辱) 당하지 않게 지키고 후세에 널리 전하기 위하여는 '사랑하는 방법'을 생각해야 할 것이다.

(『자유신문』 1947년 10월)

어린이날을 위하여

제26년 '어린이날'을 맞이하고, 해방 후도 세번째를 맞이하게 되었다. 1923년 어린이날의 구호는 훌륭한 것이었다.

"씩씩하고 참된 소년이 됩시다. 그리고 서로 돕고 사랑하는 소년이 됩시다."

또 어른들에게는 어린이를 해방할 것과, 그 개성의 발전을 도모할 것과, 어린이들에게 경어(敬語)를 쓸 것을 종용했었다. 그 효과는 결코 없지 않았다.

해방 후 세번째 맞이하는 금년의 어린이날은 그날을 맞이하는 의의도 다른 것이 있다.

"모든 국민은 어린이들의 심신을 올바르게 육성하도록 노력하지 않으면 안 된다. 모든 어린이는 한결같이 그 생활이 보장되어야 하고, 애호(愛護)를 받아야 할 것이다."

그러나 이 나라에서는 경어를 받고 애호를 받아야 할 어린이들이 빈 깡통을 들고 라이터 돌을 들고 파리 떼같이 길거리를 차지하고 있는 것이 사실이다.

*

자식을 잡아서 먹어버리는 짐승은 있고, 훈련하기 위하여 바위에서 자식을 떨어뜨리는 짐승은 있으나, 버릇을 가르친다고 해서 욕하고 때리는 짐승은 없다. 인간만이 내 자식 남의 자식을 욕하고 때리는 것이다.

버릇을 가르친다 해서 욕하고 때리는 것은 의사(意思)의 자유를 억제하며, 개성의 발전을 저해하는 것뿐이요, 또 그 어린이가 동무를 욕하고 때릴 수 있게 가르치는 것이 된다. 그것은 결코 제2국민의 심신을 올바르게 육성하는 길은 아니다.

*

33인 중의 한 사람인 모 중학 교장은, 기미년 3월 1일을 앞두고 최후의 조회시간에 "옳지 않은 일을 볼 때에는, 돌맹이 하나라도 집어 던질 수 있는 사람이 되라!"고 과거 수년 간의 교단에서의 교육을 뒤집어 엎어버리는 한마디를 외쳐서 학생들로 하여금 소름이 끼치게 하고, 그 한마디만이 일생 잊지 못할 교훈이 되었다고 한다.

*

이사 온 지 여러 달이 되건만 길이 멀어서 한 번도 찾아보지 못한, 조카의 집을 찾아갔다. 문 밖에서 여러 아이들과 놀고 있던 오륙 세의 어린이가 잠시 쳐다보더니 별안간 쫓아가서 대문을 가로막고, "우리 아버지 없어요!" 했다.

그 얼굴은 놀라움과 무서움이 찼고, 벌린 두 손은 떨리는 것 같았다.

"아니다, 나는 네 할아버지야!" 얼싸 안으려 하였으나, 어린이는 손을 뿌리칠 뿐이었다.

"없어요! 울 아버지 없어요! 가요!"

그 소리에 놀라서 아이 어머니가 뛰어나오고, 아버지가 뛰어나와서 반기어 맞으니, 그때야 어린이는 안심한 듯이 놀던 데로 달음질쳐 뛰어갔다.

패전(敗戰) 직전의 일제가 학병(學兵)과 징용(徵用)을 피한 동포를 수색하러 다닐 때에, 이런 공포에 떤 어린이들이 많았다. 그들은 지금은 소학생이 되었고, 그다음 아우들이 또 새로운 별다른 공포에 작은 가슴을 이처럼 조아리게 될 줄 누가 생각이나 하였으랴!

어린이에게 죄는 없다.

*

'어린이날' 없는 나라는 없다.

어린이날에는 어린이들을 위하여 떡도 하고 놀이도 하고 온 나라가 떠든다.

그러나 우리는 먼저 '지난 일 년 동안 우리나라 어린이들을 위하여, 그의 행복을 전취(戰取)해주기 위하여 얼마나 노력을 했나? 얼마나 생각한 일이 있나?'를 반성하고 비판해보는 엄숙한 날로 지내는 어른이 많기를 바라고 싶다.

그리고 이십육 년 전보다 진보가 없을는지 모르나, 오늘의 현상으로 보아서 우리들이 어린이들에게 해줄 수 있는 최소한도의 한 구호를 내걸고 싶으니, 공감하고 스스로 약속하는 어른이 많기를 바란다.
 "욕하지 말고, 때리지 말고, 부리지 말자!"

(『자유신문』 1948년 5월)

『편편상』에 대한 비평

석생(石生)

　　마해송 씨의 단문집(短文集) 『편편상』이 출판되었다. 『자유신문』 지상(紙上)에 게재되어 호(號)를 거듭할 때마다 광범한 독자층에 흥미와 실익을 가지고 환영을 받은 주옥같은 편편의 사조(詞藻)를 중심으로 하여 해방 전 씨(氏)의 구고(舊稿)를 한데 모아 단아한 장정으로 세간(世間)에 나오게 된 것이다.

　　씨의 단문이 가진 표현의 묘미는 능숙한 풍자에 있다. 불합리한 세태의 가지가지를 포착하여 조소와 분노로써 적발(摘發)하고 있는 다채(多彩)한 필치는 특히 해방 이후 조선 사회에 차 있는 위선의 범람에 대하여 그것을 부정하고 그것을 근절하기 위하여 싸우고 있는 지사(志士)의 열의를 볼 수 있다.

　　「푸라나간 신부」「오자키(尾崎)노파」 문제 많던 「몽양(夢陽) 영결(永訣)」「사랑방」「수사변천(修辭變遷)」 등은 다 웃지 못할 해방 조선의 활사(活寫)이며 「정밀(靜謐)」「향수」「편편상」 등 구고(舊稿)에 보이는 고요한 분노는 괴로운 일제 시(時)의 기억을 방불하게 하는 것이 있다.

　　또 하나 이에 선편(選編)된 단문은 주로 소년 문제에 놓여 있으니 그것은 씨가 과거 수십 년 소년 문화운동을 위하여 음으로 양으로 갖은 노력을 다한 분이라는 것을 아는 이는 그의 해방 이후 첫 출판의 성격이 이렇다는 것을 백열화(白熱化)한 오늘에 있어서도 수긍할 수 있는 사실이리라. 특히 어른의 세계에 있어서 계급적 대립이 아동의 마음·아동의 세계만은 천진난만(天眞爛漫) 순미무구(純美無垢)라든지 백지(白紙)와 같고 천사(天使)와 같다는 무계급 초계급인 것으로 보랴하는 개념적이요 공상적이요 미신적 신성화에 불과한 과거의 많은 소년 운동자의 과오를 극복하여 아동의 생활·아동의 마음속에도 차 있는 계급적 상위(相違)를 밝히고 부모와 함께 싸우고 있는 불쌍한 조선 인민의 어린이를 위하여 그들에게 위로를 주고 힘을 주고 그들을 위하여 무지한 어른들을 깨우치려는 불 붓는 정성은 씨의 글줄마다 차 있는 기조(基調)가 되고 있는 것이다.

「고무신·운동화」「조선 살림」「소학생과 소제(掃除)」를 읽고 가슴이 메여지지 아니하는 어른이 있을 것인가. 「중학생의 과부족」「엄마 생각」「울음」 등을 읽고 반성하지 아니한 소년운동가가 있을 것인가. 실익(實益)과 취미(趣味)를 위하여 대방(大方)의 일독을 권하며 특히 소년 문제에 관심하는 이의 일독을 권하여 마지 아니하는 바이다.

1948년 4월 19일, 『자유신문』 신간평

횡보생(橫步生)

간밤에 봉화(烽火)를 보았느니 총 소리를 들었느니 하고 두런거리는 아침에 이 아담한 단문집을 받는 길로 읽어 가노라니 이러한 혼란과 소음 속에서「유치원의 위기」를 염려하고「유아 의자」의 치수를 마음으로 재고「소학생과 소제」를 걱정하고 마지막으론「가난한 조선 어린이」를 한탄하는 소리가 주위와 현실에서 동떨어진 한담(閑談)이라 하겠는가? 도리어 때가 이러하니 만큼 이러한 기본적인 과제를 처들은 논의야 말로 귀담아 들어야 할 말이요 값있는 노력을 여기에서 발견하는 것이다.

또한 저자는 다만 어린이의 생활을 관찰하고 그 씩씩한 성장에만 열정을 기울이는 데 끝이지 않았다. 생활 문화의 전반을 통하여 우리의 반성할 바를, 따라서 개신(改新) 개선(改善)할 바를 지적하고 제언하기에 애쓴 자취를 우리는 높게 사야 할 것이다. 이『편편상』은 비록 그 구체적 지도서는 아니로되 예리한 관찰로써 생활 개선에의 많은 시사와 지표를 던져준 것만으로도 저자에게 사의를 표하는 바이니, 저자가 들춘바 모든 문제는 국부적(局部的) 소소한 '편편(片想)'같되 기실은 민족 재생(再生)의 근본 문제인 것이다. 유의한 대방(大方)의 일독(一讀)을 권하여 마지 않는다.

1948년 5월 5일,『서울신문』신간평

김철수(金哲洙)

'편편상'을 읽기 위해서 『자유신문』을 사는 친구가 있었다. 그만큼 연재 중에 인기 있던 '편편상'이 아담한 의상(衣裳)을 갖추고 나왔다.

본래 책이란 독자에게 노력과 시간을 강요한다. 그러나 실상은 독자가 부담한 그 시간과 노력에 해당한 보상을 반드시 이행하는 책이란 그리 흔하지 않다.

그래서 일찍이 프랑스의 에밀 파게는 "모든 책은 은인(恩人)만이 아니다"라고 우리에게 경고한 바 있었고, 독자가 범람하는 출판물 가운데서 택서(擇書)를 한다는 원인도 또한 그 점에 있는 것이다. 그러한 논자(論者)에게 이 『편편상』은 반드시 좋은 벗이 될 것을 의심치 않는다.

『편편상』은 제(題) 그대로 일정한 체계를 생각지 않은 단문이다. 「푸라나간 신부」는 불과 4행밖에 안 되는 단문이 독자에게 주는 감명은 40행 400행에 해당한다. 여기에 『편편상』의 입맛이 있고 값이 있다.

8·15가 가지고 온 혼란 가운데서 『편편상』의 저자같이 냉정할 수 있다는 것도 그리 쉬운 일은 아니다. 그러나 『편편상』은 오직 유아독존식(唯我獨尊式)의 냉정만이 아니다. 하나하나의 모든 단문 속에 애정과 분노의 흐름이 있다. '시(是)는 시야(是也) 비(非)는 비야(非也)'라 하는 끊임 없는 관찰에서 오는 결론 가운데 민족과 문화를 아끼고 어루만지는 따뜻한 정이 흐르기도 하며, 의(義) 아닌 곳으로

내뿜는 분노는 단문이 아니라 정(正)히 단도(短刀)이기도 하다. 그러나 바른 길의 독자와는 생활을 함께하려는 저자는 또 간간히 웃음 속으로 독자를 이끌기도 한다.

일제가 왜 나빴고 자본주의의 침략이란 어떤 것인가 하는 등의 정치 경제의 어려운 문제까지 평이(平易) 간결(簡潔)한 단문으로 소화해버린 『편편상』이라, 닥치는 대로 아무 페이지 아무 장(章)에서 읽기 시작해도 좋고 때와 장소를 가리지 않고 자세를 갖추지 않고 읽어도 그만이다.

가장 적은 시간과 가장 적은 노력으로 좋은 벗을 얻으려는 독자에게 『편편상』은 배반함이 없을 것이라 생각하고 감히 일독을 권하는 바이다.

1948년 5월 5일, 『한성일보』 신간평

* 1948년 4월 발행된 『편편상(片片想)』 1집(輯)에 대한 평을 놓은 것입니다.

사회와 인생

고인(古人)도 날 못 보고 나도 고인 못 뵈
고인을 못 뵈도 예던 길 앞에 있네
예던 길 앞에 있거든 아니 예고 어쩔고

　　　　　　　　　―이황(李滉)

● 원문 출처: 『사회와 인생』(세문사, 1953)
　　　『사회와 인생』은 기 출간한 『편편상』(1948)과 『속 편편상』(1949)의 선집(選集)이다. 본 전집에서는 원 출처의 편제를 따르고, 『사회와 인생』에 새로 추가된 원고 6편만을 여기에 수록한다.

어린 날의 회상

　어린 날의 기억은 어머님의 엄지손가락.
　안방 앞마루에 볕이 따뜻하다.
　어머님은 두 발에 실테를 얹고 꽤에 옮기신다.
　나는 퇴짓돌에 걸터앉아 어머님의 발에 기댄다.
　버선 신으신 발을 만적거린다.
　개도 없고 고양이도 없고 셋째 방의 아주머니들은 졸고 있는지 바느질을 하는지 아무 소리 없다.
　어머님의 손가락을 만져본다.
　가만히 계신다.
　햇빛에 비쳐서 새빨갛다.
　"이게 무어예요?"
　"살이지 뭐야!"
　손바닥을 만적거린다.
　"이게 뭐야요?"
　"살이지 뭐야!"
　엄지손가락 뿌리 두툼한 데를 만적거린다.
　"이건 뭐야요?"
　"살이지 뭐야!"

이내 뿌리치고 다시 실을 감으신다.

*

누님이 나온다.
네 살 위 누님은 뒷터에서 놀다가 살금살금 나온다.
두 손에는 색종이로 접은 각시를 하나씩 높이 들고 나온다.
"장개간다. 시집간다."
내가 앉은 퇴짓돌에 와서 앉고 마루 끝에 각시를 모신다.
"첫날밤이다!"
각시 둘은 신랑과 색시가 곱게 접혀 있다.
누님은 각시 둘을 누여 놓고 손바닥으로 꼭꼭 누른다. 나를 돌아본다.
"왜 그래?"
"보지 말아! 너는 몰라!"
나를 돌아앉힌다.
"아이 낳다!"
그 소리에 돌아다보니 손바닥으로 꼭꼭 누르고 있던 자리에는 정말 작은 각시 하나가 늘어서 셋이 되어 있었다.

*

"오관 가련?"

어머님이 부르신다. 오관은 이모님댁. 북부 행길 끝에서도 한참 올라가는 북산이다.

아름드리나무! 띄엄띄엄 있는 컴컴한 길로 지나가야 하고, 산골짝 맑은 물이 졸졸 흐르는데 허물어진 돌다리를 건너면 오른편에 채전(菜田)이 틔어 있고, 왼편에 큼직한 초가집이 이모님 댁이었다.

나는 좋아라고 날뛰고 먼저 나선다.

어머님은 새 옷 갈아입으시고 자줏빛 누비 머리보에 하얀 쓸치마 포옥 쓰시고 회색 테두리 하얀 콧등의 가죽신 신으시고 나서신다.

대행길을 피해서 골목길을 지나서 천변으로 나가신다.

천변 모래사장을 가로 뛰고 세로 뛰고 앞서간다.

어머님과 같이 먼 길 가는 것이 좋아서 춤을 추듯 뛰어간다.

아무 말씀 안 하시고 오시던 어머님은 이모님 댁이 보이게 되고 지나가는 사람이 없는 데 서셔서 꾸중을 하신다.

"점잖게 걷지 못하고 그게 무슨 짓이냐? 괜히 데리구 왔다!"

좋아라고 날뛰던 나는 찔끔하고 기운이 떨어진다.

돌아올 때는 기운 없이 어머님의 쓸치마 뒷자락만 보고 질질 따라온다.

*

겨울 어느 날, 나는 돌림감기를 앓고 아랫목에 누워 있었다.

"대문 꼭꼭 닫아라."

어머님은 대문 단속을 자꾸 하신다.

늙은 여우가 할머니가 되어서 돌아다니는데, 여우 할머니가 쑤욱 들어와서 예쁜 아이에게 입을 맞추고, 그러면 그 아이는 그만 죽는다고 하셨다.

*

복동(福童) 어멈은 오면 마루 아래에서 절하고 인사하였다.
어머님이 아무리 들어오라 하셔도 올라오지 않았다.
그 복동 어멈이 둘째 방 장지를 빠끔히 열고 서서 이야기를 한다.
시방 남편하고 살게 된 이야기를 길게 하는 것이었다.
"밤두 늦어서 돌아오는데 컴컴한 골목에 들어서니 뒤에서 덥석 쉰네를 움켜잡고 '인제 살자' 그러지 않아요."
그런 이야기를 하면서 눈물을 흘린다. 어머님도 이야기를 들으시면서 눈물을 흘리신다.

*

밤이면 내 머리맡에 있는 유경에 기름 심지 돋우고 누님이 소설책을 읽고 어머님은 이불에 들어 누우셔서 듣고 계시다.
내가 꼼지락거리면, 들으면 안 된다고 자라고 하였다.
『춘향전(春香傳)』,『구운몽(九雲夢)』,『진대방전(陳大方傳)』,『사씨남정기(謝氏南征記)』.
나는 자는 척하고 여러 가지 소설을 들었다.

어머님도 우시고 누님도 울고, 그러나 나는 울지 않았다.

*

아침이면 모두가 모여서 조반이다.

사랑에서 아버님이 들어오시면 아랫목 머리맡에 나와 겸상, 발치에 어머님과 내 동생이 겸상, 큰형님 둘째 형님 셋째 형님이 각기 각상으로 조반이 시작된다.

누님과 형수들은 건넌방이다.

초하루 보름이면 고사다.

저두(猪頭)에 흰밥에 소주 한잔은 대문켠 마당에, 뒷다리, 앞다리, 갈비, 염통 여러 쟁기가 광방, 부엌, 뒷터, 마루 위에 놓이고, 어머님이 빌고 절하신다.

이날 조반상에는 김도 있고 채도 있고 산적도 있다.

물지게꾼이며 드나드는 사람들이 한 상 받는 날이다.

*

설은 엿 고는 게 시작이다.

온 마루에 돗자리 깔아놓고 콩가루 뿌려놓고, 엿자박, 콩강정, 깨강정, 들깨강정, 땅콩강정을 빚어서 늘어놓는다.

그다음에는 떡이다.

낮에 친 떡을 저녁이 되면 온 방에 모여서 길게 뽑고 대추만큼씩

자르고 또 그것을 대칼로 가운데를 잘룩하게 만든다. 조랭이 떡이다.

세찬(歲饌)은 꿩, 닭, 돼지 다리, 소갈비, 건포, 계란 꾸러미, 대구, 명태, 시굴서는 바가지, 빗자루 모두 뜰 아랫방에 쌓아 두었다가 음식이 되어서 삿반에 그득히 늘어 놓는다.

식혜, 경단, 과줄도 같이 있다.

뜰아랫방 장자를 건드렸다가는 큰일이다.

그믐날은 온 집 안에 등불을 켜놓는다.

헛간에도 뒷간에도 등불을 켜놓는다.

그런 등불을 끄고 잘 때는 긴 장대에 채를 꽂아서 지붕에 세워놓고 신발을 모두 감추고 잔다.

하늘에서 양괭이가 내려와서 신발을 가져간다고, 가져가면 새해에 좋지 않다는 것이었다.

*

내 이불 위에는 꼬까 새옷이 기다리고 있고 머리맡에는 청목뎅이 동생 머리맡에는 꽃뎅이가 놓여 있다.

가죽으로 만들고 꽃무늬 있고 기름으로 절이고 바닥에는 징 도독도독 박은 가죽신이다. 해마다 아버님이 인천에서 사 오시는 것이다.

새벽부터 축제다.

아버님의 오대조부터 내 조부모님까지 다섯 번을 드리니 한 번 드리고는 방에 들어가서 쉰다.

그런 때면 아버님은 그런 분의 이야기를 해주시고 그중에도 십대 조 죽계 선생(竹溪先生, 義慶) 이야기를 많이 들려주셨다.

박연폭포 가는 길, 서사정(逝斯亭) 옆에 사현사(四賢祠)로 모셔 있다는 이야기, 임금님이 부르셔서 벼슬을 주어도 안 하셨다는 이야기……

*

세배를 하면 아버님도 어머님도 형님들도 돈을 주신다.

떡국 먹고 옷 갈아입고 산소에 간다.

초하루는 풍덕(豊德) 범고개, 이튿날은 장단(長湍) 늘무니[板門橋].

닷새 엿새는 아버님 손님 잔치. 초여드렛날은 내 생일. 학교 선생님 잔치. 형님이 학교에 다니시기에 나는 입학하기 전부터 학교 선생님들에게 안기기도 하고, 해마다 내 생일에는 귀염을 받았다.

*

늙고 젊은 원통사(圓通寺) 여승 두 분이 다녀가면 대보름이다.

새벽에 눈 뜨면 부럼을 깐다.

밤 세 톨 딱딱 까고 술 한 모금 마시고 엿을 먹는다.

대보름날 반찬은 모두가 채소다.

콩나물, 녹두나물, 튀각, 도라지, 호박나물, 산나물. 그중에도 절에서 갖다 준 취쌈이 향기롭다.

*

서당은 동부 끝, 멀기도 하다.
청목뎅이 징이 얼음에 미끄러워서 종종걸음이다.
장 선생님은 관(冠) 쓰고 수염이 길다.
회초리보다도 담뱃대로 글을 가르치신다.
『천자(千字)』한 권도 못 떼우고 보통학교에 입학하였다.
"다들 다니는 데니 다니기는 해도 그까짓 건 공부가 아니야!"
학교에 가기 전에 『천자』를 꺼내놓고 아버님이 가르쳐주시는 덴 딱 질색이다.
어머님만 쳐다본다. 힐끔힐끔 쳐다본다.
"학교 늦을라! 어서 가봐라!"
『천자』책 집어치우고 후닥닥 뛰어나온다.

*

여덟 살. 1912년.
엄마니 아버지니 어머니라고 불러본 기억이 없다.

*

호롱불이 까물까물한 사랑방에 아버님 어머님 형님이 모여 앉아 계시다. 둘째 형님만 안 계시다. 말이 없다. 근심스러운 얼굴들이다.

대문 밖에서는 아가가 소리가 요란스럽게 일어났다가 잦았다가 사람들이 몰려들다가 물러갔다.

어머님은 나를 꼭 붙들고 계시다.

"나가면 안 돼! 큰일 난다!"

사르르 잠이 들었다.

잠결에 이런 말을 들었다.

"무엇 하러 나가? 그러다가 돌에 맞아서 다치면 어떡허려구!"

돌싸움 구경 나갔던 둘째 형님이 아버님께 꾸중을 듣고 있는 것이다.

돌 던지는 소리, 아가가 소리는 창 밖에서 그치지 않는다. 무서운 밤이다.

*

4월 8일은 부처님 잔치. 사흘 잔치. 엿 잔치, 등(燈)대, 꽃등대, 줄등, 등불 구경. 가게마다 스무 자나 되는 왕대에, 색비단 감은 등대 세우고 비난 오색 기 휘날리고 문 닫고 술상 벌려놓고 아이에게는 엿 사주고 저녁이면 줄등에 불 밝히니 장안이 불바다가 되고······

*

학교에 갈 때는 가꿀이라는 좁은 길을 지나야 하였다.

가꼴은 양쪽이 모두 일인(日人) 상점이었다. 그 골목은 대단히 흥성흥성하였다.

다른 큰 행길 우리 상점들은 조용해도, 가꼴에 들어서면 그 사람들이 왔다 갔다 하는 폼이 굉장히 활발하다.

고깔 같은 높은 머리 하고 울긋불긋한 옷 앞자락을 집어 들면서 높은 게다짝 짝짝 끌고 다니는 갈보도 많고, 고목나무로 간판을 만든 호화로운 요정(料亭)도 생겼다.

그러나 그 흥성흥성하던 가꼴은 내가 사 년 동안 보통학교에 다니는 동안에 하나씩 둘씩 이가 빠지듯이 문을 닫아버리고, 학교를 졸업할 때쯤은 몇 가게 안 남고 다 가버렸다.

한일합방(韓日合邦)이 된 직후라 한몫 단단히 보려고 덤벼든 일인들이 개성에 자리 잡은 것이 잘못이라, 개성 사람들은 결의나 한 것같이 그 사람들 가게에 드나들지 않았으니, 저희끼리 건너집 앞뒷집끼리 주고받고 놀고먹고 하다가 저희끼리 보따리를 싸게 된 것이리라.

*

5월 5일 단오(端午)는 추궁(鞦宮) 가는 날. 추궁은 남부 끝 부주개[不朝峴] 지나서 이태조(李太祖)가 등극하였다는 경덕궁(敬德宮).

아름드리나무가 우거져 나무마다 그네를 매고 이날만 문을 여는 곳.

밤새 갖은 떡 만들고 새벽부터 콩국을 만들고 누님 형수들 나들이웃 입고 나가는데 나만 못 가게 하였다. 나는 따라가겠다고 울고 불고—.

어머님은 나를 달래시며 이렇게 말씀하셨다.

"너는 사내야! 사내대장부지! 대장부는 안 가는 데야! 여자만 가는 데야!"

*

학교 선생님들은 금테 한 줄, 둘은 모자 쓰고 금빛 칼을 차고 있었다. 금테 두 줄은 군수 한 사람, 세 줄은 도장관(道長官).

칼자루 끝에 넙데데한 놈은 말 안 듣는 아이 자지 베는 거라고 하였다.

*

목조 이층집. 아침이면 유리가 번쩍번쩍 찬란도 하고, 넓은 운동장 오른쪽은 언덕이 되어 있고 언덕 위에는 전시주만 한 기둥에 고리 단 줄이 여러 개 있어서 그 고리를 붙들고 빙빙 도는 운동대도 있었다.

교문 밖에 살구나무 있는 납작한 기와집은 여자부(女子部) 교실이다.

누님은 여기서 공부를 하는 것이었다.

누님은 예쁘기도 하려니와 번번이 일등생이라 어른 남학생들이 그 이름을 많이 부르고 있었다.

*

　칠판에 글씨 쓰던 선생님이 벼락같이 유리창가로 뛰어가고, 그때에야 '쿵!' 하는 놀라운 소리가 들린 것 같았다. 운동대가 넘어갔다. 밑이 썩어서 넘어갔다.
　철망 밖에 사는 어린아이가 들어와서 상학시간(上學時間)에 혼자서 빙빙 돌다가 대가 넘어가서 죽었다.
　선생님이 뛰어나가고 그 아이 어머니와 여럿이 뛰어나와서 언덕 위에서는 요란한 울음소리가 났다. (조밥도 찬밥 한 덩어리 먹고 이렇게 되느냐? 그런 줄 알았더면 더운 이밥이라도 먹여 보낼걸!) 그런 넋두리가 들려왔다. 놀라우면서도 슬며시 우습기도 하였다. 운동대는 영영 없어졌지만 언덕 위에도 나는 영영 올라가지 않았다.

*

　세수하고 나면 책을 읽어보라고 하셨다. 나는 일어 책을 내놓고 큰 소리로 읽는다.
　"그게 무슨 개소리냐?"
　조반 상이 들어올 때까지 아래 웃방에 웃음이 터진다.
　나는 학령(學齡) 여덟 살에 입학했지만 같은 반에는 나이 먹은 사람이 많았다. 아이 있는 사람도 있고 장가간 사람은 더욱 많았다.

공진항(孔鎭恒)도 진장섭(秦長燮)도 공진형(孔鎭衡)도 허진(許瑱)도 전용순(全用淳)도 같은 반이다. 같은 또래는 임일식(林日植) 주리회(周利會) 진병호(秦柄昊).

*

집에 가면 일장기를 사서 대문에 달라고 하였다. 그래야 훌륭한 사람이라고 하였다.
기를 사자고 졸랐다.
아무도 사 주지 않았다.
나는 종이에 벌겋게 그려서 나무깽이에 붙이고 대문에 달았다.
초라한 기가 보기에 창피하였다.
아버님도 어머님도 못마땅해하셨다.

*

제등 행렬이 있었다.
벌건 등에 양초를 켜고 「동포 합쳐서 6천만」이라는 창가를 부르며 신이 나서 돌아다녔다.
한일합방을 축하하는 밤이었다.
집에 돌아오니 아무도 좋아하지 않았다.
나 혼자 잘난 것 같았다.

*

　누님과 같이 졸업한 이등생인가 삼등생이 장안 갑부 맏며느리로 시집을 가게 되었다는 이야기를 중매할머니가 와서 어머님께 이야기하는 것을 엿들었다.
　중매할머니가 많이 드나들었다.
　내가 잠이 들락말락할 때쯤 어머님과 아버님이 누님 시집 자리 걱정하시는 것을 엿들었다.
　이등생이 좋은 자리로 먼저 가고 일등생이 아직 정하지 못하고 있다는 말도 들었다.
　중매할머니는 자꾸자꾸 드나들었다.

*

　지저분하던 헛간을 깨끗이 치우고 멍석을 깔았다.
　곳간도 깨끗이 하고 평상이 들어앉았다.
　다음 날은 마당에 차일을 쳤다.
　안손님 바깥손님이 쏟아져 들어왔다.
　손님은 들어올 때마다 사랑방 마루에 앉은 분에게 글씨 쓴 종이와 10전 20전의 돈을 내놓았다.
　누님이 시집가는 날이었다.
　누님은 얼굴에 하얗게 분칠하고, 연지 찍고, 큰 머리 얹고, 꽃 꽂고, 활옷 입고, 앉아 있다.

숨이 가빠 보였다.
머리가 무겁다고 하였다.

*

이등생이 시집간 날 신랑이 오줌을 쌌다고 소문이 났다.
우리 누님은 시집을 잘 갔다고 어른들이 좋아하였다.
누님의 신랑은 동경 유학생. 얼굴이 희고 키가 크고 부잣집 맏아들이라고 하였다.
나는 그 집 사랑방에 여러 번 놀러 갔다.
갈 때마다 친구들과 술상을 벌이고 있었다.

*

보통학교 사 년을 졸업하고 개성학당(開城學堂)에 들었다.
오랫동안 보이지 않던 중매할머니가 왔다.
여러 사람이 드나들었다.
내 색시감을 대는 중매라고 하였다.
학교에 가는 좁은 길가에 사는 여자의 이름도 나왔다.
그의 아버지도 어머니도 나를 잘 알고 좋아한다는 말을 엿들었다.
다음 날 학교에 갈 때에 그 애를 만났다.
나는 부끄러웠다. 그 애는 얼굴이 빨개지며 집으로 뛰어 들어갔다.
땋아 내린 머리가 출렁거렸다. 머리끝에 빨간 댕기가 햇빛에 아름다웠다.

그 애는 퇴자를 맞았다. 아버지가 난봉이라고 하였다.

*

그해 4월 8일도 지난 10일에 나는 장가를 들었다. 열두 살.

좋은 비단옷 자꾸자꾸 갈아입고 내가 말하면 무엇이든 척척 갖다 주었다.

신선로니 약식이니, 찜이니 약과니 임귤(林橘)이니, 문제가 없었다.

손님은 온 집 안에 들끓었다.

건넌방에서 자형이 부른다고 하였다.

자형은 한 상 받고 앉아서 나에게 이렇게 말했다.

"장개갈 줄 아나?"

"……"

"신방에 들어가 앉아 있으면 신부가 들어올 테니…… 불을 끄고, 불도 심지가 둘인데 입으로 불면 안 돼! 유경대 아래 심지 누르는 게 있으니 그것으로 꼭 눌러서 끄구, 신부 저고리를 고이 베끼구, 치마 고이 베끼구, 자리에 누여놓고, 그리구, 옷 벗고 속옷만 입고 같이 자는 거야! 잘 때에 비녀 뽑고 가락지 뽑아서, 가락지 속에 비녀 꽂아서 베개 아래에 감추어 두어! 아침에 색시가 그걸 찾아 가지고 나가는 거야! 알았어?"

나는 부끄러워서 고개 숙이고, 다 듣고 나서 뛰어나왔다.

"나 알아요."

*

어머님 생각

그때가 어느 때일까. 일곱 살 때일까. 내가 보통학교에 다닐 때였습니다.

하학해서 집으로 돌아올 때에 어쩐 셈인지 동무 아이들이 나 하나를 빼어놓고 삼삼오오 손목을 잡고 창가를 부르면서 이리 뛰며 저리 뛰며 즐거웁게 나아갑니다.

'내가 무슨 나쁜 일을 했기에 나 하나만 축에 넣어주지 않나?'

먼저 나가는 아이들을 안 보는 체 물끄러미 바라보면서 심심해서 못 견디었습니다.

그 아이들이 보이지 않는 다른 길을 걸어서 줄달음질, 집으로 돌아왔습니다.

대문 중문을 걸어 들어가도 집 안에는 아무도 없습니다.

후닥닥 방문을 열고 들어가니까 안방에 어머님이 혼자서 안경을 쓰시고 실패를 감고 계십니다.

"다들 어데 갔어요?"

"관왕묘(關王廟)에 갔단다."

마침 정월 대보름날이라 관왕묘에 점 치러 간 모양이었습니다.

그렇기로 크나큰 집에 어머님 한 분을 남겨두고 큰누님 작은누님 여러 아주머니들이 모두 나아간다니…… 그만 눈에 눈물이 핑 돌았습니다.

'그럼 나는 어머님 옆에 있을 테야.'

그렇게 생각하고 책보를 끄르고 웃방 방바닥에 엎드려서 책을 읽기 시작했습니다.

내일 첫 시간이 수신(修身). 수신 책을 펴놓고 처음부터 주욱 읽었습니다.

제 몇 과였는지, 마침 '신용(信用)'이란 과목이 있었습니다. 그 과목을 읽었을 때였습니다.

그때까지 아무 말씀 없이 실을 감고 계시던 어머님이,

"그렇단다. 사람은 신용이 있어야 한단다. 신용이 없는 사람은 점점 사람들이 사귀어주지도 않고 동무도 없어진단다."

나는 그때까지 참고 있던, 심심하고 외로운 생각이 나서 그만 눈물이 주르르 흘렀습니다.

책 위에 눈물을 뚝뚝 흘리면서 얼굴을 들 수가 없었습니다.

신용 있는 사람이 되어서, 훌륭한 사람이 되어서, 동무들 축에 빠지지 않고 언제까지든지 동무들과 사이좋게 지내야겠다고 나는 생각하였습니다.

나는 지금 동경에 있습니다. 벌써 십 년 동안 이곳에서 일을 하고 있습니다. 몹시 바쁜 일을 하고 있을 때에도 일을 마치고 돌아와서 방 안에 혼자 앉으면 어머님 생각을 하고 어머님의 이 말씀이 생각나서 '아아! 언제까지든지 동무에게 버림을 받지 않는 사람이 되어야겠다'고 생각합니다.

*

이것은 어린 그 시절을 회상하고 일본서 써 보내서 1935년 신년호『소년중앙』잡지에 실린 것이다.

또 다음다음 1937년 7월호『소년』잡지에는 다음의 글을 보내었었다.

키다리 김 선생

내가 보통학교를 졸업하고 그 웃학교에 다닐 때 보통학교에는 간이 상업학교라는 야학이 있었습니다.
일 년 동안에 졸업이고 저녁에 단 두 시간씩이므로 그리 힘드는 일도 아니고, 다른 동무들이나 또는 우리 아버님께서도 모르는 사이에 졸업증서 한 장을 더 얻는 것이 재미가 있어 그 야학에를 다녔습니다.
다니기 시작한 지 한 달도 못 돼서 아버님께서 아시고 기특한 일이라고 퍽 칭찬을 하셨습니다.

하루는 야학이 시작되자 비가 왔습니다. 둘째 시간은 키다리 김 선생님의 주산 시간이었습니다.

김 선생님은 키가 후리후리 크고 익살을 피워 생도들을 웃기기 잘하는 좋은 선생님이었습니다. 그래서 생도들이 김 선생님을 키다리 김 선생님이라고 부르고 있었습니다.

그렇지만 내가 제일 싫어하고 잘 못하는 주산과 산수 선생님이기 때문에 나는 키다리 김 선생님을 싫어했습니다.

김 선생님이 몇 원 몇십 전, 몇 원 몇십 전이라고 부르면 생도들은 일제히 주산을 놓고 있습니다. 그렇지만 나는 두 번이나 세 번만 놓으면 벌써 틀립니다. 놓을 수가 없어서 허둥지둥하고 있었습니다.

이런 때에 교실 문이 열리자 우리 아버님이 들어오셨습니다.

야학을 다닌다니 기특한 일이라 무엇을 배우누 한번 구경하실 겸 비가 오니까 우산을 가지고 오신 것이었습니다.

김 선생님은 공손히 인사를 하시고,

"모처럼 오셨으니 잠깐 구경을 하십시오" 하고 의자에 모셨습니다.

그리고 다시 주산이 시작되었습니다. 큰일 났습니다. 마친 생도들은 "하이, 하이" 하고 기운 좋게 손을 듭니다마는 나는 손을 들기는커녕 얼굴도 바로 들 수가 없었습니다.

두번째가 시작되었습니다. 또 틀렸습니다. 다른 생도들은 "하이, 하이" 하고 손을 듭니다.

그때에 김 선생님이 벽력같이 소리를 지릅니다.

"마해송, 손 들어!"

"마해송, 손 들어!"

깜짝 놀라는 동시에 얼굴에서 불이 나는 것 같았습니다. 아이구, 부끄러워! 아버님이 물으시는 일본 말로 연해 이렇게 소리 지릅니다. 세번째 네번째 연해 김 선생님은 손을 들라고 소리를 지릅니다. 나는 할 수 없이 손을 들었습니다. 물론 주산은 맞을 리가 없습니다만 다른 생도들과 같이 들었습니다.
"더 기운 있게, 번쩍 들어!"
김 선생님은 이렇게 소리를 지르셨습니다.

그때의 부끄럽던 생각은 언제까지든지 잊을 수가 없었습니다.
어디 계시든지 한번 찾아가서 뵈옵고저 했더니 몇 해 전에 돌아가셨다는 말을 듣고 다시 한 번 뵈올 길이 없음을 한탄하고 있습니다.

*

개성학당(開城學堂)은 일본 불교 정토종(淨土宗) 포교소가 한 것이라기보다 그 주승(主僧)이 경영한 것이다. 학교 안에 있는 교장 사택에도 불상을 안치하고 조석으로 교장이 목탁 치고 송경(頌經)하는 소리가 들렸고, 우리들 학생도 일요일이면 포교소에 모이라고 하였다.
나는 열심으로 포교소에 갔다. 불경도 많이 배웠고 외우기도 하였다.
야학에 나오는 학생은 벌써 여기저기 취직한 사람이 있었다.
보통학교를 같이 졸업한 석(石) 군은 군청에 들어가서 월급 3원을 받는다고 '칼표' 담배만 피우고 야학이 끝나면 자주 극장에 갔다.

나도 따라간 일이 있다.

'협률사(協律社)'라는 곳이었다.

광대가 노래하고 춤추고 기생들이 많이 나왔다.

춘향의 노래, 이도령의 노래를 그때에 들었다.

노래를 부르다가 꽃무늬 울긋불긋한 큰 부채를 활짝 펼 때는 그 부채에 귀신이 있는 것같이 무서웠다.

울긋불긋 진한 채색이 상여(喪輿)의 채색, 절의 명부전(冥府殿)의 채색 같기 때문이었다.

극장이 파하면 뒷골목 노둑골로들 들어갔다.

기생집 갈보집 술집이 깔린 골목이다.

그 골목에 들어갈 때는 나의 존재는 완전히 무시당하였다. 누구 하나 나를 끌려는 사람도 없고 아는 체하지도 않았다. 그들보다 너무 어렸기 때문이다.

*

고한승(高漢承; 색동회 동인, 1952년 서[逝])의 집에 자주 모였다.

한참 유행의 토론회를 하는 것이었다.

'문(文)이 승어(勝於) 무(武)'라든지 '과학(科學)이 승어(勝於) 종교(宗敎)'라는 등의 제목으로 서로 토론을 하는 것이었다.

삼대독자인 그는 오형제 칠남매의 여섯째인 내가 받는 귀여움의 정도가 아니었다.

웃사랑에는 할아버지, 아랫사랑에는 아버지, 그리고 안채 뜰아랫 방을 그가 차지하고 있었으니, 이 방은 말하자면 우리들의 구락부였다.

오월이니 이월이니 하는 하인을 부른다.

5월에 들어온 하녀는 오월이요, 2월에 들어온 하녀는 이월이라고 불렀다.

"광에 가서 술 한 주전자만 가져와!" 하면,

"아유, 큰일 나요! 꾸중 들어요!" 하고 대답하지만, 그건 제법 아양이고 곧 상을 차려서 한 주전자 들여놓는다.

그것은 가양소주(家釀燒酎)로 송순주(松荀酒)다.

이것으로 나는 술을 배웠다.

가끔 가다 한 달에 한두 번씩 색시는 우리 집에 왔다.

가마를 타고 오기도 하고 인력거를 타고 오기도 하고 나중에는 걸어오기도 했다.

오면 잔치요, 손님이었다.

하루는 하인이 여러 사람 앞서서 여러 가지 떡이니 오이니를 이고 지고 색시가 사인교(四人轎)를 타고 왔다.

또 손님이요, 잔치였다.

'살러 온다'는 것이었다.

그날 밤은 색시가 집에서 자고 그 색시 방에 들어가서 같이 자라는 것이었다.

나는 싫다고 하였다.

색시는 나와 동갑. 예쁜 색시였다. 그러나 그 예쁜 얼굴은 내가 첫날밤에 꿈에 본 무서운 새의 얼굴과 같이 생각되었다.

장가간 지 몇 해가 되어도 마주 본 일도 오래 본 일도 없고, 힐끔 힐끔 곁눈으로만 본 탓일는지도 모른다.

나는 그 첫날밤에 이런 꿈을 꾸었다.

나는 병들어 신음하고 있었다. 새 한 마리가 날아 들어왔다. 대문으로 들어왔다. 그 새가 마당으로 들어와서 마루로 올라와서 내가 누워 있는 방까지 들어오면 나는 죽는다는 것이었다. 앙큼상큼 뛰어서 중문 문중방에 뛰어올랐다. 갸우뚱 안방을 들여다보는 그 새의 얼굴을 보고 소스라쳐 잠을 깨었다.

땀을 흠뻑 흘렸다.

신방이 너무 더웠던 탓이리라.

살러 온 날 예쁘게 차린 색시의 얼굴은 꿈에 본 새의 얼굴과 같이 생각되어 무섭기만 하였다.

(『신태양』 1953년 2-3-4월)

거리

납작보리에 양쌀을 섞은 밥은 찐기가 없어서 숟가락에 잘 담기지 않았다.

아버지와 어머니는 한 숟가락 입에 넣고는 오래오래 씹고 있다. 열다섯, 열셋, 열 살, 세 아이는 푹푹 떠먹고 새우젓 한 가지 반찬으로 맛있게 먹어낸다.

아버지는 우두머니 그것을 보고 있다. 푹푹 떠서 달게 먹고 있는 것을 보고 그 불그스레한 두 불타구니와 토실토실한 팔때기와 살진 넓적다리를 보고 생각한다. 별로 잘 먹이지도 못하고 영양분이라는 여러 가지를 먹이지도 못하였는데 어떻게 저렇게 살지고 무럭무럭 커 가는가 하고 희한하게도 고맙게도 이상하게도 생각한다.

어머니는 아버지를 보고 말한다.

"못 잡수시겠지요?"

애들을 보고 또 말한다.

"애들도 한참 자랄 때 이런 것만 먹여서는 안 될 텐데……"

그리고 생각에 잠기는 듯 고개 숙이고 있다가 문득 이야기를 끄집어낸다.

"너희들이 갓 낳을 때에 얼마나 참 귀염을 받았다구……"

띄엄띄엄 계속된다.

"매일 의사가 오구, 의사 말이 방 안 온도는 육십 도가 좋다구 해서 그 추운 겨울에 육십 도를 만드느라구 혼이 났지! 스토브 세 개에 화로까지 들여놓구, 물을 끓이구, 아 그러니까 아이가 눈곱이 끼는데 이건 또 안질(眼疾)이라고 야단을 했지……"

아이들은 듣는지 안 듣는지 그저 숟가락 놀리기에 바쁘다. 아버지는 이것도 듣는지 안 듣는지 말이 없다.

어머니의 푸념은 그치지 않는다.

"우유도 많이 먹었지. 젖이 부족한 것도 아닌데 우유에 양유(羊乳)에 과즙에…… 그리구 백화점 식당에 가서 양식도 참 좋았지. 너희들 생각 안 나겠지?"

"왜 안 나, 사라다도 먹구……"

열세 살짜리가 불쑥 대답하고 쳐다본다. 그리고 생각난 듯이 또 말한다.

"메롱도 먹었지?"

"그럼, 빠나나도……"

"응, 빠나나……"

"그런 것 다 생각 안 나서요?"

어머니는 아버지에게 물었다. 아버지는 그저 '흠흠' 한다.

아버지는 말없이 고개 숙이고 있는 열다섯짜리를 본다.

눈물이 한 방울 밥그릇에 떨어졌다. 이 애가 웬일인가 하고 들여다본다. 눈물이 자꾸 나오는 모양이었다. 아버지는 놀랐다.

"얘! 넌 우니? 왜 우는 거야?"

열다섯짜리는 '흑—' 하고 한번 느낀 다음, 두 눈을 두 손으로 닦고는 웃어 보이며 말했다.

"아니야요."

그리고 또 소리 내어 웃었다.

어머니도 놀래서 말문이 막히고 아버지는 슬그머니 일어서서 밖으로 나갔다. 늦게야 밖에서 돌아온 아버지를 끌어 앉히고 어머니는 이렇게 말했다.

"아버지가 나가신 후에 왜 울었느냐고 물었더니 글쎄 이렇게 대답을 하지 않겠어요. 우리들은 희망에만 살고 있는데 아버지 어머니는 날마다 옛날이야기만 하고 있으니 그게 슬프대요……"

(『대구매일신문』 1953년 7월)

물 한 통

　피란을 내려와서 우리 가족이 셋방을 들어 사는 집에는 수도가 시원치 않았다. 더욱이 여러 세대가 같이 살고 있기 때문에 아침저녁 밥 지을 때면 동네 집으로 물을 얻으러 가는 때가 많았다. 그것은 중학생 두 아이의 일이었다. 물통을 들고 나간 두 아이는 빈 통을 들고 돌아와서 투덜거렸다.
　"아침에 물 주면 재수 없다고 안 주는걸!"
　저녁때에도 물통을 들고 나갔다가 그대로 돌아와서 툭 투덜거렸다.
　"해가 졌는데 물 주면 재수 없다고 안 주는걸!"
　"우물물도 안 주는 깍쟁이라!"
　그렇지만 어데 가서든지 한 통 받아 와야만 하겠다는 어머니의 말에 그 둘은 또 물통을 들고 나갔다.
　나는 문득 이런 생각이 났다.
　개성 사람을 흔히 깍쟁이라고 하였다.
　한일합방이 되자 일본 사람이 우리나라에 쏟아져 들어왔다. 개성에도 많은 일본 사람들이 들어왔다. 장사를 해서 한몫 단단히 보려고 온 그 사람들은 한두 해 동안에 보따리를 싸 가지고 도루 가게 되었다. 그것은 개성 사람들이 약속이나 한 것같이 그 사람들의 물건을 사지 않았기 때문이었다. 곧 '개성 깍쟁이'였다. 나는 이런 이야기를 십오 년 전에 『고려시보』에 쓴 일이 있었다.

개성 사람을 깍쟁이라고 하는 것은 개성 사람들이 경우에 밝고 신용이 있고 살림이 깨끗하고 돈에 깨끗한 탓이라고 썼었다.

그런데 지난 번 『고려시보(高麗時報)』에 이런 글이 실려 있는 것을 보고 나는 놀랐다. 어떤 여자의 글이었다.

그 여자는 누이동생과 같이 피란길을 떠났다. 연약한 여자 둘이서 겨우 조그만 보따리 한 개를 가지고 떠나서 토굴 속에서 자고, 자고, 그저 남으로, 남으로, 내려왔다. 대구, 부산, 그래도 살 길이 없어서 다시 영등포로 올라갔다. 그렇게 굴러다니며 고생하는 동안에 제대로 먹지 못했기 때문에 동생은 그만 영양실조로 돌아가고 말았다. 그를 뒷산에 묻고 쓴 글이었다. 그 끝에 이렇게 씌어 있었다.

"내 고향 개성에로 길 터지는 그날까지 너의 넋을 안고 맹세한다. 깨끗하고 곧고 바르게 살라는 너의 말을 지키기를!"

죽은 동생은 '깨끗하고 곧고 바르게' 사는 것이 개성 사람의 긍지요, 그렇게 하지 못하면 그것은 곧 고향을 욕 뵈는 일이라고 항상 말했다는 것이었다.

형은 돌아간 동생에게 그것을 맹세하는 것이었다. 나는 이 글을 읽은 기억이 새삼스레 떠올랐다.

그 여자가 그 후에도 또 피란길에서 '깨끗하고 곧고 바르게' 살기 위해서 얼마나 고생을 하고 있을까? 과연 생명을 유지하고 견디어 살고 있을까? 하고 생각하는 것이었다.

그리고 생각하는 것이었다.

'깨끗하고 곧고 바르게' 사는 것은 언제나 옳은 일이다. 비단 개성 사람뿐 아니라 어느 고장 사람이라도 그래야 할 것이다.

그러나 '깨끗하고 곧고 바르게'라는 것이 소극적으로 옹졸한 데만 치우쳐서는 안 된다고 생각하였다. 융통성이 없어서는 안 된다고 생각하였다.

내 집 문 앞을 깨끗하게 하기 위해서 쓰레기를 앞집 문 앞에 던지는 것은 결코 깨끗하게 사는 것이 아니다. 내가 깨끗하게 살기 위해서는 남도 깨끗하게 살 수 있도록 생각해야 할 것이다.

아침이나 저녁때에 남에게 물을 주면 좋지 않다는 것이 이 고장에 전해 오는 풍속이라 하더라도, 당장에 밥 지을 물이 없어서 얻으러 온 사람에게 그것을 거절한다면 그것은 결코 고향을 빛내는 일도 사랑하는 일도 못 되고, 깨끗하고 곧고 바르게 사는 것도 아니리라고 생각하였다. 더욱이 복을 받을 수 있는 일은 못 될 것이다.

내가 잘 살려면 남도 잘 살 수 있도록 생각해야 내가 잘 살 수 있는 것이라고 생각하는 것이었다.

"헤에, 별일도 있지! 얼마든지 길어다 쓰라는 집이 있어! 그런데 좀 멀어! 아이 팔야."

중학생 둘이 물 한 통을 들고 들어왔다.

(『학원』 1953년 7월)

고개

    제법 시원하다고 반가이 맞이한 가을도 어느덧 바람이 쌀쌀해지니 겨울 걱정이 앞서면서, 그러나 생각해보면 어린 자식들이 "우리도 하이킹 가요" 하며 누구네는 언제 가고 누구네도 가고 공일마다 조르던 일이 생각나서, 추워지기 전에 그놈이나 한번 해주리라고 연(淵) 씨는 마음 단단히 먹고 지난 공일에 그것을 단행하였다.
    중학생을 위로 두 아들과 딸과 아내와 다섯 식구 전 가족의 출동이다.
    길에 깔린 사람들이 모두 아이들을 데리고 놀러 가는 사람이요, 전차도 자동차도 오늘은 꽃밭 같아서 연 씨는 '해주어야 일을 해준다'는 만족한 마음으로 전차를 기다리는 시간도 그리 괴롭지 않았다.
    "울 아버지도 돈 많이 벌어서 자동차 태워주었으면 좋겠지!"
하는 딸의 속삭임을 들은 아버지 연 씨는 '옳지! 돌아올 때는 자동차를 태워주리라'고 마음먹었다.
    자식들은 가로 뛰고 세로 뛰고 토끼같이 뛰어간다.
    한 고개를 넘어섰다.
    딸만 한 사나이가 늙은 거지하고 둘이서 옹종그리고 앉아서 손을 내밀고 고개를 끄떡거린다.
    지나치고 돌아보니 역시 끄떡이고 있다.

연 씨는 "아!" 하고 딸을 불렀다. "이걸 갖다 주어라."

백 원 한 장을 주었다.

딸은 갖다 주고 와서 오빠들에게 말했다.

"오늘 아버지 좋은 일 했지!"

또 한 고개를 넘어섰다.

여인이 토굴을 파고 있다. 그 옆에는 병든 남편과 젖먹이가 누워 있었다. 거처할 곳을 만들려는 것이 분명하다.

연 씨는 지나치지를 못했다.

머무적거리다가 몇 장을 꺼내서 여인에게 주었다.

또 한 고개를 넘어섰다.

토굴 속에서 다 죽어가는 아내를 앞에 놓고 남편이 넋두리를 하고 있는 것이었다.

연 씨는 눈물이 핑 돌고 어느새 주머니에서 돈이 나와 그 자리에 놓고 일어섰다.

힐끔 보는 아내의 눈은 비난도 아니지만 찬성도 아닌 것 같은 복잡한 표정이었다.

또 한 고개를 넘어섰다.

사람들이 많이 모여 있었다.

구덩이 속에서 지금 당장 해산을 하였다는 것이었다.

연 씨는, "허허 좋은 날이로군!" 하고 웃음을 띠었다.

아내는, "여보! 나도 좀 주슈!" 하고 손을 내밀었다.

연 씨는 주머니에 손을 넣고, "이크! 한 장밖에 없어!"

그 한 장을 아내는 구덩이 속으로 들여보냈다.

그 고개를 넘어서 자리를 잡고 점심을 하려고 앉았다.

어디서인지 깡통 든 거지 아이들이 우루루 몰려왔다.

둘째 아들과 딸은 울려고 하고, 큰아들은 거지를 쫓으려고 하고, 아내는 부랴부랴 짐을 꾸렸다.

"집에 갑시다."

집에 돌아온 다섯 식구는 모두가 제각기 침울하였다.

연 씨는 후회되는 것 같기도 하고 후회하고 싶지 않기도 하고, 결국 한 사람의 힘이란 힘이 아니라는 말을 안 것 같기도 하고, 덜컥 드러누워서,

"이 몸이 죽어 무엇이 될꼬 하니……" 하고 성삼문(成三問)의 시조를 외우니 아내는 팍 쏘았다.

"되긴 무에 돼!"

(『자유신문』 1948년 10월)

독서수처정토(讀書隨處淨土)

마음이 어지러울 때에는 독서하면 마음이 가라앉는다.

더워서 못 견딜 때에는 독서하면 더위를 잊을 수 있다. 독서하면 곧 수처(隨處)라도 정토(淨土)일 수 있다.

국문 책은 누워서 읽고, 앉아서 책상에 펴놓는 책은 한문 책이 근사하다.

내가 좋아하는 몇 구절을 내 소견대로 희석(戲釋)해본다.

齊人有一妻 妾而處室者 其良人出 則必饜 酒肉而後反 其妻問所與飮食者 則盡富貴也 其妻告其妾曰 良人出則 必饜酒肉而後反 問其與飮食者 盡富貴也未而嘗有賢者來 吳將瞯 良人之所之也.

제(齊)나라 사람이건 어느 나라 사람이건 좋다. 말하자면 예두 한 사람이 한 처(妻)와 한 첩(妾)을 데리고 살았다. 그 남편이 외출하면 반드시 주육(酒肉)을 싫도록 먹고, 얼근해서 돌아온다. 그 처가 "어떤 사람하고 먹었느냐"고 물으면 대답 모두가 부자나 귀인의 이름을 말한다.

처가 첩에게 말했다.

"남편은 매일 나가고 나가면 잘 먹고 돌아오는데, 누구하고 먹었느냐고 물으면 반드시 부자나 고관들과 먹었다고 하지만, 그런 사람이 한 번도 찾아오는 일이 없었으니 내가 한번 남편의 뒤를 따라보리라."

蚤起 施從良人之所之 偏國中無與位談者 卒之東墎墦間之祭者 乞其餘 不足 又顧而之他 此其爲饜足之道也 其妻歸告其妾曰 良人者 所仰望而終身也 今若此 與其妾訕其良人 而相泣於中庭 而良人未之知也 施施從外來 驕其妻妾

일찍 일어나 살그머니 남편의 뒤를 따랐다. 길에서 친구를 만나는 일도 없고, 인사하는 사람도 하나 없다. 마침내 북망산에 이르렀다. 제사 지내는 산소가 여기저기 있었다. 남편은 그중 한 산소에 가서 제물(祭物)의 나머지를 구걸해 먹는다.

그것을 다 먹고 나서는 다른 산소로 가서 또 그 짓을 하고 있다. 처는 그만 돌아와서 첩에게 이야기하고, "이럴 줄은 몰랐소. 이런 남편하고 어찌 평생을 지낼 수가 있으리오" 하고 처첩이 얼싸 안고 울고 있는데, 이런 줄은 모르고 남편은 얼근하게 취해서 부른 배를 두드리며 득의양양(得意揚揚) 돌아왔다.

由君子觀之 則人之所以富貴利達者
其妻妾不羞也 而不相泣者幾希矣 (孟子)

부자나 고관된 자로 처첩을 부끄럽게 하지 않는 자 얼마나 있고 그 처첩에게 부끄럽지 않은 남편이 얼마나 있으리오. 또 서로 얼싸안고 우는 사람이 얼마나 많으리오.

　이것은 『맹자(孟子)』의 한 구절이다. 훌륭한 단편소설이요, 유머 만점이다. 하필 산소의 제삿밥 제삿술이리오, 옳지 않은 행실과 재물로 배를 불리는 무리를 말함일 것이다.

　　天下多忌諱 而民彌貧 法令滋彰 盜賊多有 (老子)

"기휘(忌諱)에 저촉(抵觸)된 바 있어"란 문구는 일제 때 신문이 흔히 쓰던 말이다.

　매일같이 혹은 하루 걸러서 반드시 '기휘에 저촉되는' 기사가 있었다. 비단 신문의 보도나 언론뿐이 아니라 국민생활에 기휘가 많으면 가난해진다는 말이요, 그것은 곧 나라가 가난해지는 것이다. 법령(法令)이 명문(明文) 명구(名句)로 성(盛)하면 도적이 많아진다. 어린 자식에게도 "그러지 마라" "안 된다"는 잔소리가 심하고 엄하게만 굴면 자식은 어른에게 숨어서 하게 되고, 일을 저지르게 되고, 불량자가 되고, 집안을 망하게 하기 쉬운 일이다.

　　民之飢以其上食稅之多 是以飢 民之難治 以其上之有爲 是以難治
　　(老子)

　백성이 굶주리게 되는 것은 윗사람이 먹는 것이 많기 때문이다. 가혹한 세금이자 뇌물 바치기에 백성은 굶주린다.

백성을 다스리기 어려운 것은 윗사람이 재주를 부리고 꾀를 부리기 때문이다. 정치에 꾀가 들면 다스리기는 어렵다.

　　三軍可奪帥也 匹夫不可奪志也 (論語)

　전쟁은 이길 수 있고 항복은 받을 수 있으나 백성의 마음은 좀처럼 빼앗기 어렵다. 군주(君主)나 장사(將師)나 재상(宰相)의 마음은 얻기 쉬우나, 백성의 마음은 얻기 어렵다.

　　君子 貞而不諒 (論語)

　마음은 곧고 말씀은 곧지 않다는 말은 곧게 살기 위해서는 말씀쯤 곧지 못할 수도 있다는 말이다.
　일제하의 백성들과 대부분의 관리들이 이런 생활을 하였을 것이다. 어떤 신문이 '제왕국가군(帝王國家群)'을 비평하고 그의 장래를 논하는 사설을 게재한 사실이 있었다.
　물론 일제 당국의 '기휘에 저촉되는 바' 되었고 출두 명령이 내렸다. 호걸 사장이 출두하였다. 관(官)의 칼을 품은 신문에 대하여 사장은 시치미를 떼고 이렇게 대답하였다.
　"허허, 이건 천만 의외요. 일본은 만세일계(萬世一系)의 인신(人神)이 통치하시는 세계무류(世界無類)의 신국(神國)인데 어찌 서양의 뭇 제왕국(帝王國)과 같이 취급할 수 있으리오. 우리들은 그렇게 생각해왔는데 귀관은 신국 일본도 제왕국가의 하나로 생각하시오?"

관(官)은 찡그리다시피 웃음을 짓고, 정간(停刊)은 면하게 되었다 한다. 호걸 사장의 말씀은 물론 그의 마음에 비쳐서 곧지 않은 말이요, 하룻밤을 꼬박 새워가며 생각해낸 엄청난 거짓말이었다. 여인의 정조는 한 곳인데 창녀의 정조는 다른 곳에 있다고도 한다.

    天之道 不爭而善勝 不言而善應 不召而自來 坦然而善謀 天網恢恢 疏而不失 (老子)

천지도(天之道)는 진리다. 진리는 싸우지 않고도 이기고 말하지 않아도 잘 응하고 부르지 않아도 응보(應報)는 반드시 온다.
   유유연(悠悠然)하게 모든 것을 해결해준다. 진리는 이긴다. 틀림이 없다. 진리의 법망(法網)은 무한광(無限廣)하니 그들의 구멍이 세밀하지 않더라도 한 놈의 악(惡)도 놓치는 일은 없다.

    朝聞道 夕死可矣 (論語)

'아침에 도(道)를 들었으면'이란 말은 '아침에 깨달았으면'이란 말이다. 아침에 진리를 깨달았으면 저녁에 죽어도 좋다. 그러나 깨닫기만 하는 것은 도(道)가 아니다. 행(行)하여야 도(道)다. 알기만 하면 죽어도 좋다는 말이 아니다. 진리를 깨달았으면 그날 죽을 위험이 있더라도 실천하라는 말이다.

(『대구일보』 1953년 7월)

너를 때리고

나는 오늘 아침에 너를 때렸다.

뺨도 때리고 등도 때리고 궁둥이도 때리고 다리도 때리고, 네가 두 손으로 두 눈과 얼굴을 가리고 좁은 방 이 구석 저 구석으로 피하는 것을 따라다니며, 가릴 바 없이 무지하게 때렸다. 죽어라고 때렸다.

너의 평생 십오 년, 처음 당하는 일이었다.

매를 맞는다는 일도, 이 아버지나 어머니가 손질을 하지 않는 만큼 처음 맞는 일이요, 이 아버지로서도 평생에 처음으로 여지없이 후려 때린 것이었다.

너의 몸뚱이에는 여러 군데 멍이 들었을는지 모른다. 뼈가 어떻게 되었을는지도 모른다.

그러나 너는 인제 나의 심정을 이해하고 아버지를 원망하거나 억울한 매를 맞았다는 생각은 없으리라고 생각한다.

*

어제 저녁, 나는 여러 날 만에 일찍 돌아왔다.

너희들과 저녁밥을 같이 하는 일이 드물었기 때문에 너희들은 대단히 반기어 어머니와 다섯 식구가 즐거운 저녁밥을 먹어 치운 후에 너는 이렇게 말했다.

"아아, 음악이 듣고 싶다!"

그것은 아버지에게나 어머니에게 조르는 말이 아니고, 그저 혼잣말을 한 것이었다.

어머니는 아버지를 보고 네 얼굴을 보고 또 아버지를 보고 빙그레 웃었다. 즐거운 저녁 식사를 한 다음에 좋은 음악을 듣고 싶은 마음은 누구에게나 있을 수 있는 좋은 취미라 한 것이고, 네가 그런 생각이 났다는 것이 대견하게 생각되었던 까닭이리라.

너는 다시 "슈베르트의 노래 두어 장만 들었으면……" 하였다. 어머니를 보고 또 말했다. 아버지하고 셋이서 가자고도 하였다.

사실 우리들은 피란을 내려오기까지는 언제나 집에서 음악을 듣고 즐기고 지내었다.

너는 무엇이든 좋은 음악을 들을 수 있었다.

그러나 피란을 내려온 후로는 그것이 벌써 삼 년이나 되는 그동안 너는 그것을 즐길 수 없었다. 다방에 가서 차를 사 마셔야 하기 때문에 그것은 어려운 일이었다. 어머니가 데리고 가거나 네가 따르는 선생님께 부탁해서 갔을 뿐이었다.

한참 자랄 무렵에 음악을 자주 들려주지 못하는 것을 아버지 어머니는 항상 섭섭하게 생각하였고, 또 너도 피란살이 가난한 사정을 잘 알기 때문에 너의 욕심을 말하는 일이 없었던 터이라, 어머니는 눈짓으로 아버지의 승낙을 구했고 아버지는 그것을 승낙해서, 급기야 너는 어제 저녁 어머니와 같이 슈베르트의 노래 몇 곡조를 들으러 다방으로 가기로 되었다.

밖으로 나간 어머니와 너는 얼마 안 되어서 돌아왔다.

"모처럼 아버지가 일찍 돌아왔는데 둘이만 다방에 가서 음악을 듣는 것보다는 그 돈으로 첫물 딸기를 사 가지고 들어가서 같이 먹고 놀자"는 너의 의견을 어머니도 기특하게 생각하고 그대로 하였다는 것이었다.

이렇게 어제 저녁은 우리 가족 모두가 즐거운 시간을 보내고 자리에 누웠다.

오늘 아침은 흐렸다.

*

어머니는 늦게야 일어나서 부랴사랴 아침 준비에 바빴다.

이 방 저 방 여러 세대의 아주머니들도 각각 아침 준비에 법석하였다.

그때다.

"학생! 어제 우리 신문 보고 어떻게 했어?"

안집 할머니의 말은 너를 보고 하는 말이 분명하였다.

어머니는 할머니를 돌아다보고,

"우리 아이들은 안 그랬을 텐데요."

"아냐요!"

할머니는 자신 있게 대답하고 너를 그대로 보고 있었다.

그제야 어머니는 너에게 물었고, 너는 뜻밖에도 고개를 숙이고,

"봤어."

기운 없이 대답하고 신문을 찾기 시작하니, 어머니는 이렇게 울부짖었다.

"너는 그런 짓을 안 할 줄 알았는데 웬일이냐!"

그 소리는 떨렸다.

아무 대답도 없이 좁은 방 구석구석을 그저 뒤적거리고 있는 너는, 보기에 더욱이 화가 치밀었다.

나는 눈이 뒤집혀서 때리기 시작했다.

*

문제는 남의 신문 한 장이었다.

어제 오후에 네가 학교에서 돌아오니 방은 비었고 안방도 비었는데, 신문이 왔다.

너는 그것을 안방 장자 틈으로 넣어두어야 할 것을 잠깐 보고 넣으리라 생각하고 읽어보다가 그대로 마루에 놓은 채 놀러 나갔다. 그리고 오늘이 되었다는 것이 네가 흐느끼며 보고한 사실이었다.

여기서 너는 몇 가지 일을 저질렀다.

남의 신문을 말없이 먼저 본 것이 잘못이다. 신문이라도 그것은 안 된다. 신문이라도 남에게 온 것을 말없이 먼저 읽는 사람은 남에게 온 편지를 볼 수 있는 사람으로 생각할 수 있다.

누구에게나 믿음을 받을 수 있는 사람이어야 한다. 나는 그렇게 가르쳤고, 너도 또 그렇게 해왔었다.

첫째, 빌려달라는 말을 안 할 수 있도록 해야 한다. 부득이 빌려 써야 할 때는 허락을 받고 써야 한다. 쓸 때는 내 것과 같이 아껴 써야 하고 지체 없이 돌려주어야 하고, 돌려줄 때는 "잘 썼습니다. 돌려드립니다" 하고 반드시 인사를 하여야 한다. 나는 그렇게 가르쳤고 너도 그렇게 해왔다.

아버지 어머니에게는 언제나 더할 수 없이 귀여운 자식이지만 남에게는 언제나 얄미운 자식 귀찮은 것으로밖에는 안 보이는 것이다.

오직 착한 일을 함으로써만 귀염을 받을 수 있고, 옳은 일을 함으로써만 인격을 인정받을 수 있는 것이다.

제일 큰 잘못은 아버지 어머니의 믿음을 잃게 한 그것이다.

'우리 아이는 그런 짓을 안 한다'고 믿고 있는 아버지 어머니의 믿음을 여지없이 무너뜨린 그것이다.

그러나 나는 또 생각한다.

이런 일은 요즈음 세상에는 문제도 안 되는 일이요, 신문 한 장은커녕 책이건 담배건 라이터건 남의 것 내 것의 분간이 없고, 내가 잘살기 위해서는 남의 몫으로 나오는 돈이나 남의 몫으로 나오는 물건까지도 홀딱 먹어버리는 사람, 내 욕심을 채우기 위해서는 남의 생명까지도 생각하지 않는 사람이 흔히 있는 세상인 만큼, 신문 한 장을 가지고 이러니저러니 하는 것이 당치 않은 것 같으나, 결코 그렇지 않다.

그것은 곧 사람이 살아가는 데 지키기로 되어 있는 약속이요 질서라는 것이다.

한 가지 약속 한 가지 질서를 문란하고 큰 약속 큰 질서를 지켜 나가지는 못하는 것이니 작은 약속 작은 질서부터 문란하지 않기를 항상 마음먹어야만 한다.

차표 살 때 차 탈 때에 새치기하는 것도 그것이다. 물 받을 때에 새치기하거나 욕심을 부려서 남을 곤란하게 하는 것도 그것이다.

물건이 크고 작은 것, 일이 크고 작은 것, 값이 많고 적은 것이 문제가 아니다.

이렇게 작은 일에도 질서를 존중하는 사람이 많아지면, 그것은 차츰 퍼져 나가서 모든 사람이 옳지 않은 일에 대한 부끄럼을 스스로 알게 되고, 옳고 바른 일을 하게 되어 서로서로 믿고 살 수 있는 아름답고 정다운 세상이 될 것이 아니냐?

너를 때릴 때에 인정도 사정도 없었던 것은 곧 옳지 않은 일에 대해서는 그만큼 미움을 느끼는 아버지라는 것과, 또 그 매가 너 한 사람에게 가는 것만이 아니라 모든 옳지 않은 일에 대한 미움이 폭발했기 때문이란 것을 너는 알면 된다.

사랑하는 내 아이야.

오늘도 나는 일찍 들어가리라.

일찍 들어가서 일찍 저녁을 먹고 너와 어머니와 또 동생들도 같이 음악을 들으러 가자.

네가 듣고 싶어 하는 슈베르트의 노래를 들으러 가자.

[『코메트』 1953년 8월]

후기

'편편상(片片想)'이란 1925년부터 내가 쓰는 모든 짧은 글의 총제(總題)로 써오는 것이다. 그것을 수필이라고 하건 산문시라고 하건 잡문이라고 하건 나는 무관하다.

동경에는 개성 유학생의 오랜 역사를 가진 '송경학우회(松京學友會)'라는 모임이 있었고, 그 회보 편집을 맡아볼 때에 매호 쓰기 시작하였다. 그것이 1925년부터였다.

회보에 발표한 것은 많이 유실되었고, 제1집에 여덟 편을 옮겼으나 여기는 한 편만을 실었다.

그 후 또 서울서 발행하는 신문 잡지에 기고할 때는 대개 동제(同題)로 써왔으나 1947년부터는 많이 썼다.

이런 연유(緣由)가 있다.

1945년 10월에 『자유신문(自由新聞)』을 창간 주제한 염파(念坡) 정인익(鄭寅翼)은 개성에 우거(寓居)하는 나에게 매월 5천 원씩을 보내주었다. 그것으로 나의 시량(柴糧)은 족하였다.

후에 "매월 계속해서 보내야겠는데 출자주(出資主)가 생겨서 거북한 점이 있으니 매월 수 회의 기고를 해주었으면 좋겠다"는 것이었다.

그래서 나는 '편편상'을 써서 보내기로 하였다. 한 달에 두 번 못 쓰기도 하고 일곱 번을 쓰기도 하고 아주 안 쓰기도 하고, 1947년 7월부터 49년까지 백 편에 달하였다.

『편편상』 제1집은 1927년래(年來)의 구고(舊稿)를 합쳐서 1948년 3월 '새문화사'에서 상재하였고, 『속 편편상』은 1949년 2월 역시 동사(同社)에서 간행하였다.

지난 1월 '흥국연문협회'에서 간행한 제3집 『전진(戰塵)과 인생』은 거의 1·4후퇴 이후의 것들이다.

이번에 '세문사(世文社)' 조성진(趙聖鎭) 씨의 호의로 1·2집을 합본하여 재간하게 되매, 구고를 정리하고 최근의 것을 증보하였다.

『사회와 인생』이란 거창하여 거북한 감이 없지 않으나, 시인 박두진(朴斗鎭) 씨가 지어준 것이니, 책 이름이란 항상 남이 지어주어야 마음이 편하다.

                        1953년 계사년(癸巳年) 중복(中伏) 대구에서

                                              저자

미발간 수필

● '미발간 수필' 원고는 작가의 초기작부터 『사회와 인생』(1953) 출간 이전 시기에 신문과 잡지에 발표한 수필 원고를 대상으로 하여 '발표 연도' 순으로 수록한다. 원문의 보존 상태에 따라 확인이 불가한 일부 누락 원고가 있음을 밝혀둔다('□'로 표시하고 글자 수를 적시함).

마음의 극장

1. 「모원」을 보다

쓰키지(築地) 소극장의 「모원(毛猿, 털보원숭이)」을 보다.

「모원」은 — 성성(猩猩, 오랑우탄)이라고 해야 옳을는지 짐승이라고 해야 좋을는지 모르겠으나 — 미국의 현대 극작가 유진 오닐(Eugene G. O'Neill)의 대표적 작품이라 한다. 오닐의 극은 이때까지 동 극장에서 서너 편을 보았으나 그를 유명하게 한 대작을 접하기는 이번이 처음이다. 더욱이 이것은 미국은 물론 기타 수 개 국에서 상연해 굉장한 물론(物論)을 일으켰다는 말을 듣고, 또 최근(작년 1월)에는 러시아에서도 상연해 대호평을 받았다는 소식을 들었으므로 상당히 기대되던 것이다.

*

주인공 — '양크'라고 불리는 주인공 로버트 스미스 — 젊은 화부(火夫)는 몸이 든든하고 힘이 센, 마치 로댕의 조각 「생각하는 사람」을 연상할 만한 인물이다. 자기야말로 세계의 원동력, 모든 것을 대표하는 강철이라고 믿고 지옥 같은 기선의 기관실에서 노동하고 있었다. 집 생각을 하고 슬픈 노래를 부르는 화부가 있으면, "집이 무슨 소용이냐"고 그를 질타한다. 청춘의 꿈을 꾸는 노(老)화부에게는 "꿈이 무슨 소용이냐, 과거가 무엇에 소용되느냐"고 제재한다. "일등선실에 자빠져 있는 신사나 갑판을 산보하고 있는 부자들이 결코 우리보다 잘난 사람이 아니다. 그보다는 우리들이 세상에 소용되는 인물이다. 우리들이 일을 하니까 기선이 움직이지 않느냐. 한 시간 이십오 리의 속력! 그것이 온전히 우리의 힘이다"라고 부르짖어서 동료들로 하여금 피를 끓게 한다. 그러나 어느 날, 화부들과 같이 석탄을 넣고 있을 때이다. 다른 화부들이 비실비실 물러서자 그는 동료들의 게으름을 책한다.

그러나 여러 사람의 태도가 이상하므로 그들의 시선을 따른다. 바로 그 배후에 묘령의 여자가 하얀 비단옷을 입고 방긋이 웃으며 서 있지 않은가. 그는 여자를 본 일순간에 증오의 마음이 불같이 일어난다. 견학 온 그 여자는 그의 무서운, 마치 짐승의 얼굴 같은 그 얼굴을 볼 때에 "앗!" 소리를 지르며 나가버린다. 그는 분한 마음을 이기지 못해서 삽을 팽개친다. 여러 사람들은 그 여자가 나갈 때에 '짐승 같다'고, '성성이 얼굴 같다'고 하더란 말과, 그 여자가 그 기선의 소유자 강철회사 총재의 딸이란 말을 전한다. 노동하는 것을 보러 온 것부터 모욕으로 아는 그는 그 말을 듣고 분격하여 어찌할 줄을 모른다. 복수다. 모욕해주리라. 성성이의 힘이, 짐승의 힘이 과연 어떠한 것인가를 알려주리라고 맹세한다.

이상이 제4장까지이다. 전부 대서양을 항해하는 기선 가운데서의 연극이다. 다음 삼 주일 후의 일요일, 그는 그 여자를 찾으러 뉴욕의 어느 교회 앞에서 지키고 있다. 예배가 끝나서 신사 숙녀가 그치지 않고 나온다. 거만한 태도로 나오는 그들을 보고 양크가 그들을 조롱하고자, 모욕해주고자 하나, 그들은 양크를 본 척도 아니하고 지나간다. 양크는 기어코 한 신사를 욕보였다. 신사는 경관을 부르고 경관은 그를 인치(引致)한다.

옥의 독방 안에서 창살을 두드리며 자기가 참말로 성성이가 되지 않았나 한다. 옆방 사람들이 웃는다. 그에게 들어온 이유를 말하라 한다. 자기를 모욕한 여자, 강철회사 총재의 딸을 모욕하고자 한다는 말을 한다. 모든 것을 파괴해서 성성이의 힘을 보여주려 한다는 말을 한다. 옆방 사람은 그러면 I.M.M.에 들면 제일 쉽다고 가르쳐주며, 그의 신문 기사를 일러준다.

출옥한 그는 즉시 I.M.M.의 사무실을 찾아가서 입회한다. 그러나 그의 요구, 그의 포부를, 즉 강철회사, 기선, 기차, 부자들을 다 파괴하고자 한다는 진심을 피력할 때에는 I.M.M. 사람들이 그를 기밀부의 탐정이라고 오해하고 만다. 문 밖에 내쫓기고 만다. 그는 울음 반으로, 여기서도 내가 얼마나 세상에 소용 있는 자인지를 알아주지 못한다고 탄(嘆)한다. 이제는 아주 갈 곳이 없다. 경관은 귀찮다고 버려둔다. 어디로 갈까를 물으니까 지옥으로 가라고 방언(放言)한다. 그는 갈 곳이 없다. 동물원으로 들어갔다. 그를 성성이라고 하니 성성이가 어떤 꼴을 하고 있는지 보고 싶었다. '사람 길에 못 드는 짐승 같은 사람이니 짐승만은 나의 마음을 알아주겠지······' 하고 성성이 앞에서 고백한다. 그리고 '너는 그래도 원시림으로 갈 희망과 기쁨이 있다, 갈 곳이 있다. 그러나 나의 갈 곳은 어드매냐?'고 부르짖는다. '형제여, 같이 산보 가자'며 창살문을 열고 성성이를 끌어 낸다. 악수하자고 손을 쥐려 할 때에 성성이는 그를 압살(壓殺)해서 창살 안으로 던져버리고 달아난다. 잠깐 정신을 차린 그는 성성이까지 자기를 몰라준다고 운다. 그리고 부르짖는다.

"오오, 신사 숙녀여! 이 창살 안에 있는 것은 틀림없는 성성이다. 성성이가…… 성성이가 산에서……"하다가 그만 죽어버린다. 뉴욕에서의 4장이다. 전 8권.

*

이리도 붙지 못하고 저리도 붙지 못하는 '중간'의 비극이다. 모든 것을 이기려던 원시적 힘의 자멸이다. 조화! 어떻게 해야 이곳을 조화(調和)할 수 있을까? 작자는 이렇게 말한 일이 있다. 또 간단한 해설 가운데는 이렇게 씌어 있다.

자본주의적 기계 문명의 현대 사회에서 '지력을 함께 갖지 않은 힘'인 그는 어떻게 살아야 할 것이었을까? 그 운명의 경로는 또한 각성 없는 프롤레타리아트의 운명으로 우리들에게 어떤 힘이 있는 암시를 주지 않는가. (5월 30일)

(『조선일보』 1927년 6월 6일)

2. 「릴리옴(Liliom)」

까부는 아이, 교만한 아이 '릴리옴'은 귀여운 사람이다. 교외의 유원지에 있는 목마장(木馬場)의 광고쟁이 문지기다. "들어오시오, 들어오시오" 하고 온종일 손님을 청하고 있다. 젊은 계집애들은 그를 보러 목마 타러 오고 또 그와 같이 희롱한다.

서곡

릴리옴을 몹시 귀여워하는(남편과 같이) 목마장 주인 무스카트 과부는 다른 계집애들이 릴리옴을 둘러싸고 정답게 노는 것을 보면 몹시 시기한다. 릴리옴을 완전히 독점하고자 한다. 목마 타고 있는 한 계집애 유리아를 릴리옴이 껴안았다고 무스카트 마누라는 몹시 노해서 유리아와 그 동무 마리아를 끌어낸다. 다시는 목마장에 오지 말라고 내쫓는다. 릴리옴이 나선다. 계집애들을 내쫓으라 한다. 다시 오지 못하게 하라 한다. 그러나 릴리옴은 물론 마누라의 말을 순순히 듣지는 않는다. 마누라는 그러면 너도 내보내겠다(해고)고 위협한다. 릴리옴은 자진해서 마누라와 작별한다. 유리아와 마리아는 걱정한다. 그들은 그 동리(洞里) 어느 집의 하녀들이었다. 마리아를 돌려보내고 유리아와 릴리옴은 나무 그늘의 벤치에 앉아서 이야기한다. 서로 생각하고 서로 사랑하던 사이이다.

제1장

릴리옴과 유리아는 부부가 되었다. 그러나 돈은 물론 없고, 릴리옴은 아무것도 할 줄을 모르고 하기도 싫고, 동리 사진관에 폐를 끼치고 있다. 릴리옴은 원래 성질이 그런지라 몹시 귀여워하면서도 그런 기색을 보이지 않고, 오히려 욕하거나 때리거나 한다. 사진관 노파, 마리아 등은 유리아에게 이혼하기를 권한다. 상처(喪妻)한 목수 한 사람이 유리아를 몹시 생각하고 있다는 말을 전한다. 릴리옴에게는 목마장 마누라가 와서 또 유혹한다. 릴리옴의 마음이 솔깃할 때 유리아가 그를 부른다. 마누라가 안으로 피한 후에 릴리옴은 할 말이 있으면 어서 하라고 소리 지른다. 유리아는 울음 반으로 임신했다는 말을 하고 안으로 달아난다. 릴리옴은 의외의 말을 듣고 어쩔 줄을 모르고 기뻐한다. 밖에 있는 동료를 부른다. 사진관 마누라를 부른다. 그러고는 "우리 색시가 아이를 낳는단다" 하고 소리소리 지르면서 뛰어다닌다. 목마장 마누라가 나와서 선금으로 받으라고 돈을 주며 내일부터 와달라고 하나 릴리옴은 다 소용없다고 내보내고 "아이를 낳는다, 아이를 낳는다" 하며 기뻐한다. 유리아가 그 소리에 놀라서 나온다. 릴리옴은 부끄러워서 방석으로 얼굴을 가리고 자빠진다.

제2장

"색시가 아이를 낳는다, 돈을 좀 벌어야겠다"고 동료에게 의논한다. 동료가 하라는 대로 그는 식도를 가지고 나온다. 나가지 말라고 몹시몹시 말리는 유리아를 팽개치고 나간다.

제3장

　동료와 같이 거리에서 회계원이 오기를 기다리고 있다. 회계원이 온다. 충돌한다. 그러나 릴리옴이 식도를 꺼내기 전에 회계원은 단총(短銃)을 꺼냈다. 기마순사가 온다. 그 통에 동료는 도망했다. 릴리옴은 때를 놓쳤다. 식도로 자살한다.

제4장

　그렇지만 "나는 잘못했다고 하지 않는다. 나는 사과하지 않는다" 하며 릴리옴은 유리아에게 안겨서 영영 절명된다. 다 각각 헤어지고 밤은 깊었다…… 장엄한 음악 소리와 한 가지 실내는 자줏빛 광선이 차고, 천국의 사자 두 사람이 나타난다. "죽으면 만사가 해결될 것같이 생각하는 것은 인간의 무지한 생각이다. 천국에도 경찰이 있다. 심판을 받으러 가야 한다" 하고 릴리옴을 앞세우고 나간다.

제5장

　천국의 경찰 자살자 심판실이다. 먼저 온 두 사람이 있다. 두 사람의 진기한 취조가 끝난 후에 릴리옴은 취주를 받는디. 그러나 그의 성질은 변함이 없다. 경시(警視)의 질문에 잘 대답도 아니한다. "다시 지상으로 가고 싶으면 갈 수 있다, 갈 권리가 있다, 가서 좋은 일을 하고 오면 천국으로 갈 수가 있다"고 하나 릴리옴은 싫다고 한다. 경시도 릴리옴의 고집은 어찌할 수 없어서 그러면 "십육 년 후에 딸이 열여섯 살이 될 때에 한번 지상에 보내리라" 하고 '정화(淨火)'로 보낸다. 정화란 장밋빛 광명의 세계다. 그 안에 있을 동안에 나쁜 성질이 선화(善化)한다는 세계다.

제6장

십육 년이 지났다. 유리아는 과부로 딸 루이사와 같이 공장 일을 하면서 즐거운 생활을 하고 있다. 뜰에서 오찬을 하고 있을 때에 십육 년 전과 다름없는 릴리옴이 찾아온다. 문밖에서 부른다. 유리아는 걸인인 줄 알고 루이사에게 점심을 주게 한다. 릴리옴은 받아 들고 먹으면서 루이사에게 이야기한다. 아버지를 모르는 루이사는 자기 아버지가 훌륭한 사람인 줄로 알고 있다.

"우리 아버지는 훌륭한 사람이라우."

"너의 아버지는 광고쟁이, 연설장이, 유원지 목마장에서……"

이 말을 듣고 유리아는 놀랐으나, 어린 루이사에게 나쁜 것을 가르쳐주는 그 사람이 밉상스러웠다. 그런 걸인과는 이야기하지 말라 하고 내쫓으라고 했다. 루이사는 릴리옴에게 나가라고 한다. 릴리옴은 루이사에게 잠깐 나오라며 끌고 나와서, 좋은 것을 주마 하고 천국에서 따온 별 한 개를 주려 한다. 귀여운 딸에게 아무것도 줄 것이 없으므로 지상으로 내려올 때 별 한 개를 도적질해 온 것이었다. 그러나 유리아가 말리므로 루이사는 그것을 받지 않으려고 한다. 릴리옴은 노해서 루이사의 팔을 몹시 때린다. 그리고 정신없이 어정어정 돌아간다. 지옥으로 가는지……

유리아는 루이사를 때린 걸인을 욕한다. 그러나 루이사는,

"아주 퍽 몹시 맞았는데, 그런데 조금도 아프지 않아요. 아주 이렇게 입이라도 맞춰준 것같이…… 맞고도 안 아픈 일도 있을까요?"

하고 어머니에게 묻는다. 어머니 유리아도 그 말을 듣고는 기억이 있다.

"있고말고, 맞고 안 아픈 일이…… 맞아도 아프지 않은 일이……"
하고 이전 이전 옛날 지난 일을 멀리 꿈꾸고 있다.

제7장(전 8장)
「릴리옴」은 헝가리의 현대 극작가로 유명한 페렌츠 몰나르(Ferenc Molnár)의 작이다. 해설 가운데는 이렇게 씌어 있다. "심원한 사상을 보인 것도 아니요, 파란만장의 멜로드라마도 아니다. 우스운 어른의 동화다. 그러나 그러나, 무엇인지 있다. 인생에게 보내는 무엇인지가 있다"고.

또, "풍자와 해학을 갖고 견사(絹絲)와 같이 섬세한 정조와 눈물겨운 애수를 교묘히 맺어놓았다"고.

바로 작년 이맘때, 나는 「릴리옴」을 본 일이 있다. '근대극장'이라는 조그마한 극단이 『국민신문』 강당에서 할 때에 본 그 인상이 아직까지 남아 있다. 이번에 본 쓰키지 소극장의 것보다 오히려 인상 깊었다. 그야 물론 책으로 볼 때가 제일 맛이 있었지만. (6월 17일)

(『조선일보』 1927년 6월 23-24일)

3. 「밤」의 인상(印象)

　암담한 인류의 밤은 갔다. 동무여! 새벽의 광명을 맞이하지 않으려느냐?

　이것은 쓰키지 소극장이 「밤」을 상연할 때에 총과 칼을 그린 거무접접한 포스터의 한 귀퉁이에 쓴 광고문이다.

　작년 11월 26일부터 열흘 동안 동 극장에서는 「밤」을 상연했다. 이것은 프랑스 좌익작가 마르셀 마르티네(Marcel Martinet)의 작품으로, 그 작이 발표되었을 때 레온 트로츠키는 "프랑스에 나타난 최초의 민중극이요 최초의 혁명극"이라고 극구 찬양하여 러시아에서 상연할 것을 약속하였다는 이름 있는 혁명극이다.

　사건은 1차 세계대전 당시 독일 혁명에서 암시를 받아 발단된다.

　프랑스 어느 시골에 마리엘이라는 할머니가 있다. 노파는 여러 번의 혁명에 남편을 잃고, 둘째 아들을 잃고, 또 그 장남을 전지(戰地)에 보내고, 며느리와 손자와 셋이 쓸쓸한 살림을 하고 있다. 그러나 마리엘은 희망과 용기를 갖고 있는 인자한 사람이었으므로, 그 동리(洞里) 사람들은 누구나 그의 집에 모여서 밤마다 슬픔을 호소하고는 마리엘에게 위로를 받는다. "울고 싶을 때 마음껏 울어라. 그러나 실망해서는 안 된다. 그것은 누가 나쁘고 누가 잘한 것이 아니다. 사람 모두가 나쁜 것이다. 서로 사랑하는 마음이 없는 까닭이다. 인제 인제 밝은 세상이 오지." 그렇게 여러 사람들을 위로한다. "참말 우리는 불행한 사람이다. 그러나 아직 남아 있는 한 가지 행복이 있다. 우리들끼리만은 서로 미워하지 않는다는 것이다." 그렇게 마리엘은 말한다.

제1장

마리엘의 집이다. 음침한 기분이 보는 사람의 머리를 무겁게 한다. 마리엘은 의자에 앉아서 버선을 깁고, 며느리 안느 마리는 접시 그릇을 부시고 있다. 들창으로 눈보라가 친다.

"저녁에는 소와 돼지에게 무엇 좀 먹였니?"

"뭐, 먹이가 있어야지요."

이것이 최초의 대사다. 그리고 모이는 사람과 새로운 저주와 새로운 호소를 울며불며 부르짖는다. 마리엘은 그들을 위로하며 새로운 세상, 새로운 생활이 장차 올 것을 말한다. 그러면 한편 구석에 있던 목사가, "참아야 됩니다. 하나님께 기도해야 합니다" 하고 말한다.

여러 사람은 "우리들은 믿을 수 없다. 당신도 말은 하지만, 아마 믿지는 않으리다" 하고 "우리들은 마리엘을 믿는다"고 말한다. 그때에 요란한 소리를 내면서 모자도 안 쓰고 눈과 진창에 젖은 군복을 입은 병정 한 사람이 뛰어들어온다. 그리고 부르짖는다.

"전쟁은 끝났다."

뒤를 이어서 대여섯 명의 병정이 또 들어와 전쟁이 끝난 이야기를 한다.

"적병들도 인간이라 각성해서, '싸워라! 죽여라! 죽어라!' 하고 호령하는 상관들을 모조리 잡아 가두고, 병정들은 일치단결해서 그들을 짐승같이 부리고 있던 살인대장 ○○을 잡아서 방방곡곡에 구경을 돌리고, 그리고 우리나라 군대로 보내고 전쟁을 그만두자고 했다"는 말을 한다.

여러 사람들은 기쁨을 참지 못한다.

마리엘은 전쟁에 나간 장남이 돌아오기를 기다린다.

제2장

마리엘 가족이 휴전의 기쁨을 이야기하고 있을 때, 장교 한 사람이 들어와서 집을 내놓고 나가라고 한다. 동리에 쓸 만한 집은 이 집밖에 없으니 총사령관의 숙소로 쓰겠다며 원수(元帥)가 들어오고, 장교가 들어오고, 짐이 들어온다. 마리엘은 애걸복걸해서 겨우 부엌에서 자게 된다. 장교와 원수 등의 생활의 풍자다. 실로 유쾌한 장면이었다.

제3장

동리 술집 마당에 병정들이 자꾸자꾸 모여든다. 수많은 병정들은 모이기는 모이면서도 무엇을 하러 왔는지를 모른다. 좌우간 모여서 어떻게 해야겠다는 무의식적 요구가 제가끔 마음속에 일어났기 때문에 모인 것이다.

"적국 임금 보았나?"

"보고말고. 그래서 왔지."

"적국 병정들은 다 잘났데."

"그러니 우리들은 어떻게 해야 옳아."

"누구 시원히 연설이나 좀 해라."

구도데란 늙은 병정이 회계상(會計床) 위에 올라서서 연설을 한다.

"우리들은 이전부터 각자의 마음속에 이런 생각을 하고 있었을 것이다. '우리들은 다 무장한 무수한 대중이다. 우리들이 희망하기만 하면 여하한 것이라도 이길 수가 있다. 우리들이 다 마음만 합하면……' 하고. 제군! 이런 생각을 우리들은 다 각각 가슴속에 가지고 있었다.

우리들은 아무것도 무서워하지 않는 희망을 가졌다. 우리들에게 공포란 문제가 아니다. 그리고 만일 제군 가운데 형제를 가져본 사람이 있으면 이제 우리들이 형제와 같이 단결하고, 형제와 같이 서로 사랑하지 않으면 아니 될 때가 올 것을 알 터이다……"

하고 박수 중에 말을 마친다. 그러나 그러나, 장차 어떻게 해야 하리라는 구체적 방침은 나서지를 않았다. 박수하던 병정들은 소리 지른다.

"그러니 어떻게 해야 되누?"

"제군!"

하고 소리치며 나오는 경박한 병정 파브롤은 단에 올라서서 말한다.

"그럼 어찌하겠느냐? 전선에서 대항하고 있던 저 나라의 병정들은 동지가 많이 모였을 때 어떻게 했나? 그들은 먼저 무엇을 했나?"

하고 ○○과 상관들을 처치하는 것이 선결 문제라고 한다. 가부 논쟁 중 다시 한 젊은 병정 레드류가 등단(登壇)해서 열변을 토한다. 과격 수단은 동지 간의 이반을 일으키기 쉽다고 말하고, 혁명적 공포 수단을 피하고 혁명군의 대표 기관 조직을 제창해서 일동의 찬성을 받는다.

제4장

마리엘의 집에 있는 원수는 궐련만 피우고 있다. 대장이 들어와서 각 군대 중에 동요가 생겨난 일과 한곳에 집합할 계획이 있는 듯하다는 보고를 한다.

원수는 웃는다. 전쟁에 이겨서 좋아하는 것이니 그대로 버려두라고.

그리고 그 포로를 들여오라고 명령한다.

병정 두세 명이 보통이 하나를 들여다 놓는다. 붉은 바탕에 금색이 찬란한 군복을 입고 훈장을 달고 금투구(모자)를 쓴 미남자 한 사람이 먼지를 툭툭 털며 나온다. 원수는 자빠질듯이 뒤로 물러서며 최경례(最敬禮), 거수례(擧手禮), 탈모례(脫帽禮)를 거푸 한다. 그것은 물론 적국 황제다.

제5장

가정부(假政府)가 조직되고 위원회가 조직되어 혁명의 일이 착착 진행된다. 레드류는 병졸위원회를 통솔하여 혁명의 완성을 기한다. 성공의 보고는 자꾸 들어온다.

사관은 전부 체포했다.

×× 지방을 완전히 수중에 넣었다.

목하 양식 보충에 망쇄(忙殺) 중 혼란은 없다.

농민은 위원과 협력한다.

공장과 광산은 위원회의 손으로 복업(復業)되었다.

소관리(小官吏)의 반항이 있었으나 오히려 관료주의 철폐에 도움이 되었다.

두 개의 새로운 직업학교를 설립하였다.

극은 공연하고 강연회는 개최된다.

그리고 원수까지 체포하고 만다. 원수의 처결 문제로 논쟁이 일어나서 요란한 가운데, 혁명 운동의 가면을 쓰고 자기의 이익을 도모하는 가정부의 일원 포르데 데파트가 다수의 병졸을 이끌고 들어와서 위선적 망언을 토한다. 동지 파브롤을 비롯하여 십여 명의 위원은 포르데 데파트를 따라 나간다.

레드류 외에 두세 명이 다시 일에 착수한다.

제6장

혁명군이 있고 반동군이 있으니 결국 곤란을 받을 사람은 백성이다. 전쟁 당시보다 이상의 불안을 느끼는 백성들의 호소다. 따라서 그것을 곧 혁명의 죄로 돌리고 마는 백성들은 이렇게 떠든다.

"우리들까지 그 도적놈의 한 축이 될 뻔했으니 말이 안 나오지……"

"마리엘 미치광이 말을 듣기에 그랬지. 그 할멈의 잘못이야."

그때에 각 지방으로 돌아다니면서 인심을 얻으려는 포르데 데파트가 수행원과 함께 들어온다. 일동은 그에게 호소한다.

호소할 사이도 없이 그는 높은 단에 올라서서,

"네, 네, 여러분의 사정은 누구보다도 내가 제일 잘 알고 있습니다."

하고 백성들의 울음소리에 맞춰서 엉엉 울며 없는 눈물을 훔친다.

제7장

포르데 데파트의 가정부(假政府)와 레드류 등의 혁명군과는 필경 충돌하게 되었다. 포르데 데파트는 수많은 병정을 이끌고 위원회를 습격하러 온다.

"그들 가운데로 뛰어들어가자. 한 사람, 한 사람씩 각 단체 속으로. 그래서 그들의 정신을 차려주어야 한다. 짐승들을 정복한다. 사람을 만들자. 그들은 사람이다. 우리의 동무다. 우리들 자신이다."

레드류는 이렇게 부르짖으며 습격대를 기다리고 있다. 들어온 선봉은 전 동지 파브롤이다. 우르르 모여든다. 달려들어 싸우던 레드류는 누구의 총에 맞았는지 그 자리에 힘없이 떨어진다.

"동지 제군! ……만약 제군이 기억한다면, 만약 제군이 명예를 잊지 않는다면……" 말을 마치고 죽는다.

포르데 데파트는 갇혀 있던 원수를 맞아서 다시 주권을 회복시킨다. 그리고 다시 최후의 전체적 승리를 얻기 위하여 전쟁을 계속한다고 성명한다. 비열한 군국주의적 제3공화국이 조직되어 황제까지 바친 적국을 다시 쳐들어간다. 인심은 그리로 쏠리고 혁명을 잊어버린다. 잊어버리지 않는 이는 오직 마리엘뿐이다.

제8장

전쟁은 계속된다. 동리는 시체와 피로 차고 사람들은 공포에 운다. 마리엘의 집에 모여든 사람들은 모두 마리엘(그래도 혁명만을 믿고 있는)을 저버리고 나간다.

목사는 "이제는 예배당으로 오시오" 하고 나간다.

아무 말도 아니하고 있던 마리엘은 나중까지 남아 있는 한 사람의 간절한 말에 이렇게 대답한다.

"당신들은 지금 다 행복스러운 것 같소. 아아, 이 사오 년 동안에 죽어간 젊은 사람들이, 내 어깨에 시달려 내리누르고 있소. 이 가슴이, 이 가슴이 터질 것 같소. 자, 어서 가시오. 가서 주무시오."

사람들이 다 나간 후에 (소년[孫]은 침대에서 자고 있고) 안느 마리는 남편의 생사를 염려하며 이층으로 올라가고 마리엘은 난로 앞에 앉아서 움직이지도 않는다.

밤이 이미 깊은 때, 문을 두드리는 사람이 있다. 마리엘의 장남의 시체가 들어온다. 마리엘은 시체를 안고 운다. 모두가 절망이다. 마리엘도 죽으려 나가려고 하다가 다시 들어온다. 그리고 시체 앞에 가서 울면서 장차 어떻게 해야 하겠느냐고 가르쳐달라고 한다.

날이 새고 동편 하늘이 밝아온다. 새로운 희망이 떠오른다. 마리엘은 소년[孫]의 자는 얼굴을 부면서, "너는 살아 나이기겠지. 우리들은 너의 일을 도와주마" 하고 다시 피곤한 줄도 모르고 선듯선듯 걸음 걸어 층층대를 한층 두층 올라가 맨 윗층에 올라가서 힘껏 소리 내 부르짖는다.

"안느 마리!

일어나거라.

밤이 새었다."

일어날 때가 되었다.

어서, 어서,

일어날 때가 되었다."

그것은 물론 안느 마리만을 깨우는 말이 아니다. 마리엘은 오히려 관객석을 향하여 팔을 뻗치고 힘껏 힘껏 외친다.

*

이 최후의 절규를 외칠 때 장내는 텅 빈 것처럼 외치는 소리만 크게 크게 반향되었다.

흥분된 관객의 온몸에 소름이 쭉 끼친 것을 나는 상상할 수가 있었다. 어떠한 연극을 하든지, (무대에서) 어떻게 침묵이 계속되든지, 조용히 앉아서 보고 있는 것이 쓰키지의 관객이다. 그런데 그런 특종의 관객이란 말을 듣는 쓰키지의 관객도 이날만은 발을 구르고 소리를 질렀다. 레드류의 연설 중에 "옳다, 옳다" 만세를 부르고 포르데 데파트가 나올 적마다 "이 도적놈 죽어라, 죽어버려라. 죽여 없이하자" 하고 발을 구른다. 관객이 온전히 혁명군의 동지가 된 것 같이…… 좌우간 몹시 감격 받은 연극이다. 나도 수개월 동안을 잊어버리지 않고 있었다.

*

검열 문제로 중단되는 대사가 많고 황제란 것을 '적군의 장군'이란 이름으로 고쳤다마는, 그런 것은 문제가 아니었다. 각인(各人)의 연설, 더욱 레드류의 연설 같은 것은 보옥(寶玉) 같은 대사라고 생각했다. 즉시에 몇 번 몇 번 대사를 낭독해본 일이 있다.

*

 '혁명극'으로 '무산계급문학'으로 제일가는 작품이라고는 아니한다. 그러나 「모원」과 같이 현금(現今)의 사람들에게 널리널리 보이고 싶은 연극의 하나이다.
「밤」은 모든 약한 자의 밤이다. 피압박적 계급의 밤이다.
일어나거라
밤이 새었다
일어날 때가 왔다.
마리엘 할머니는 이렇게 외치고 있다. (6월 28일)

(『조선일보』 1927년 7월 3-5일)

4. 「프린스 하겐(Prince Hagen)」

 28일 무더운 날, 석양의 긴자(銀座)를 거닐다가 쓰키지(築地)로 가다. 전위좌(前衛座)의 「프린스 하겐」(제2회 공연)을 보려 함이다. 이렇게 더운 날 연극을 보러 가다니⋯⋯ 하고 혼자 웃으면서. 그러나 웃음은 놀라움이 되고 말았다. 문전에는 수백 명 군중이 열을 짓고

문 열기를 기다리고 있더라.

「프린스 하겐」은 미국의 유명한 문명비평가 —그보다도 창작가로 많이 소개된— 업튼 싱클레어(Upton Sinclair)의 초기작이다. 우리 고한승(高漢承) 군이 소개한 일이 있는 독일 신화 『니벨룽겐 이야기』의 이야기 가운데 지그푸리드를 죽이는 하겐이라는 사람이 있다. 그 하겐이다. 신화 전설 가운데 있는 사람 아닌 사람을 끌어다가 희곡의 주인공을 삼았다. 그럼으로 자연 연극도 현실과 현실 아닌 곳을 왕래한다.

원래 작가가 쓰기는 이십 년 전에 4막으로 쓴 것인데, 이곳에서는 그것을 현 일본에 가깝게 하기 위해서 2막과 3막 사이에 새로운 한 막을 넣고 다른 막도 많이 고쳐서 상연했다.

제1막 제1장

철도왕 존 이스만의 아들 제라르드는 젊은 시인이다. 깊은 삼림 속에 들어가서 천막생활을 하고 있을 때에 이상한 늙은이가 나와서 그를 유인한다. 지하의 세계 니벨룽겐에 가볼 생각은 없느냐고. 제라르드는 항상 동경하던 곳이라 니벨룽겐에 가기를 약속한다. 해가 저물자 천막의 주위에는 이상한 작은 이들이 기괴한 소리를 지르며 나타난다. 제라르드는 그들의 꾀임으로 지하의 세계를 찾아간다.

제1막 제2장

지하의 세계 니벨룽겐의 왕자 하겐은 절대의 자유를 주장하고, 누구에게든지 굴하지 않는 성질이었다. 왕은 그를 걱정하고 지상의 인간 한 사람을 초청해서 그를 교육시키려고 생각하고 시자(侍者) 미미를 보내어 인간을 이끌어온 것이었다.

제1장의 늙은이가 미미요, 끌려온 인간이 제라르드이다. 제라르드는 왕의 청을 승낙하고 지상에서 인간의 교육을 줄 약속을 하고 하겐과 같이 지상으로 나간다. 철쇄(鐵鎖)에 매어서 감금을 당하고 있던 하겐은 해방되어 '자유, 자유'를 부르면서 지상으로 나아간다.

제2막

하겐은 인간의 학교에서 교육을 받게 되었다. 그러나 끝까지 자유를 요구하는 하겐은 학교 교육의 허위, 신, 종교, 도덕의 가면 등에 견디지 못해 그곳에서 도망친다. 도망해서 사회운동가가 된다. 사회운동가가 되어서 명성을 박(博)한다. 그런데 어느 날, 그가 연설하다가 청중 가운데의 한 여자에게 몹시 반한다. 그는 그 여자가 자기의 환경과 다른 상류사회의 여자인 것을 직감하고, 이 년 전에 뿌리친 제라르드를 생각하고 그에게 의논하면 혹 그 여자를 만나볼 도리가 있으려니 하고 제라르드를 찾아갔다.

"대사건이 돌발해서 야단일세. 웬 계집아이에게 바짝 반해서……"

하겐은 이렇게 말한다. 제라르드가 잠깐 나간 사이에 제라르드를 찾으러 들어온 여자. 그 여자를 볼 때에 하겐은 깜짝 놀란다. 하겐이 반한 여자가 그 여자였다.

"당신은 누구요, 어째 여기 계시오?"

"나는 에스텔 이스만이올시다. 제라르드가 내 오빠올시다."

그때에 이 집 주인 철도왕과 석탄왕, 동철왕(銅鐵王) 등이 돈 모을 의논을 하며 들어온다. 필경 야인적, 또 사회운동가인 하겐과는 일장(一場)의 충돌이 일어난다.

제3막

뉴욕의 주막. 창밖에는 비가 쏟아진다. 노동자들이 들어와서 이야기한다. 철도왕이 새로 한 철도를 샀다. 그 철도로 수송되는 두 개의 석유회사가 있다. 한 회사는 철도왕이 중역인 회사이고, 다른 한 회사는 상적(商敵)인 회사이다. 철도를 매수한 철도왕은 즉시 상적인 석유회사의 석유수송비를 배징(倍徵)한다. 따라서 상대 회사와 경쟁할 능력이 전연 없어짐으로 회사가 파산하게 된다. 수천의 노동자는 해고된다. 일변 철도왕이 관계하는 회사는 번성해서 노동자의 임금은 점점 증액된다. 쌍방 노동자의 다툼이다. 그 가운데 한 사람은 부르짖는다.

"되지 않게 떠들지 마라. 너는 지금 임금이 조금 올랐으니까 좋은 것 같지만 이제 철도왕보다 조금 더한 사람이 나오면 그때에 너희들이 어떻게 되겠나?"

그때 비가 그친 거리에서는 요란한 연설 소리가 들려온다. 자임 사회운동가 하겐의 선전 연설이다.

"내게 투표하시오. 당신 자신을 위하여 내게 투표하시오."

연설이 중단되고 하겐은 질타성(叱咤聲)과 같이 주막으로 들어온다. 지하의 세계 니벨룽겐의 시자(侍者) 미미가 찾아온 까닭이다. 미미는 니벨룽겐 왕의 죽음을 고하고, 즉시 동행하기를 청한다. 그때 하겐은 생각한다. '옳다. 지하의 재물을 가져다가 지상의 모든 권세를 유린하리라.' 그리고 미미에게 묻는다.

"니벨룽겐의 금은 누가 가졌나?"

"다 그대로 있습니다. 모두 프린스 하겐의 소유올시다."

하겐은 자임하던 사회운동가와 민중을 버리고 환호하며 지하로 간다. 보고 있던 노동자 사회주의자가 그를 지적한다.

"보아라, 현실주의자의 정체를."

그리고 부르짖는다.

"우리의 일은 엄정한 이론과 논리에 의한 행동으로써만 이룰 수가 있다. 하겐은 한 만웅(蠻雄)에 지나지 못한다."

제4막

하겐은 기어코 무한한 지하의 재물을 이용해서 금융시장을 혼란케 한다.

제3막에서 한 노동자가 부르짖은 말은 불과 십 분 내에 무대 위에 현실로 나타나고 만다. 철도왕도 하겐을 감당할 수 없었다. 파산에 빈(瀕)한 철도왕 석탄왕 강철왕들이 몰려들어 와서 눈물을 흘린다. 철도왕은 하겐에게 묻는다.

"대체 어쩔 셈으로 이러십니까?"

"네 딸을 얻고 싶어 그런다."

그의 명령에 의해서 철도왕은 에스텔을 불러온다. 강철왕과 석탄왕은 하겐에게 묻는다.

"대체 어쩔 셈으로 이러십니까?"

"꿇어앉아라!"

그들은 꿇어앉는다.

"그 꼴이 보고 싶어서……"

하고 하겐은 금융계의 경제적 독재군주가 되어서 쾌재를 부른다.

에스텔 이스만을 껴안고 쾌재를 부른다.

제5막

하겐은 권력의 절정에 이르렀다. 그러나 역사적 필연과 민중의 의지는 그를 그대로 두지 못했다. 때는 왔다. 경찰청은 그의 주위에 무수한 경위병을 제공했으나 민중 일치의 반항은 모든 위험을 무시했다.

드디어 하겐의 경위병 자신이 반란에 참가한다. 하겐은 지하의 세계로 피하려고,

"에스텔! 피아노를 타라, 피아노를 타라, 니벨룽겐을 타라!"

하고 층(層)을 날아가려 했으나 이미 길은 끊어졌다. 지하로도 못 가고 하겐은 에스텔과 함께 사무소의 일실(一室)에서 몰락하고 만다. 노래 부르며 무섭게무섭게 몰려들어 오는 군중……

*

금융과두정치(金融寡頭政治)의 폭로와 그 붕괴의 과정을 그리고, 단결하는 민중의 힘과 자본주의 사회에 있어서의 도덕, 종교, 학교의 소행 폭로를 기도한 것이다.

(4월 하순에 공연하려던 것을 '모라토리엄' 때문에 중지를 당한 것이었다는 말을 나는 부기하여야겠다.)

(『조선일보』 1927년 7월 11-12일)

5. 「두견(杜鵑)」

「릴리옴」을 본 다음 날(6월 18일) 나는 쓰키지의 「마티네」(주[晝] 흥행 1막물 3곡)를 보러 갔다. 토요일과 일요일만 하는 동 극장의 「마티네」는 까딱하면 놓치기 쉬운 까닭에 이번에는 그 초일(初日)에 보러 간 것이다.

제일의 「두견」이란 미국의 규수(閨秀) 시인이요 극작가인 자네트 마르크스의 작이다. 원래 그는 소극장용 소곡(小曲)을 많이 쓰는 사람으로, 또 웰스 지방의 소박한 목가적 전원생활을 많이 그리는 사람이라, 이 「두견」 1막도 역시 그 지방의 생활을 그린 서정적 전원시의 하나라고 한다.

나무 그늘에 우물이 있고 우물 앞에서는 주부 안니가 빨래를 하고 있다. 우물과 울타리 안쪽으로 집채와 조그마한 들창이 보이고 그 창 안 침상에 누워 있는 늙은이, 주부의 남편이 자고 있는 것이 보인다. 주부는 빨래를 가져다 넌다. 새끼줄에 매인 큰 나무 저편에는 울타리 너머로 예배당의 울긋불긋 장식한 유리창이 어렴풋이 보인다.

예배당의 풍금 소리와 찬미 소리가 아름답게 들려온다. 주일이다.

그러나 안니는 어찌하여 주일날 예배당에 아니 가고, 또 안식일에 빨래를 하고 있느냐?

노쇠해빠진 남편은 호흡조차 가빠하면서도 오십 년 전 옛 꿈을 꾸고 있다.

"그때도 요사이와 같은 봄날이었다. 뻐꾸기가 이 나뭇가지 저 나뭇가지에서 뻐꾹뻐꾹 울었지" 하면서, "그 뻐꾸기가 울 때가 되었는데 어째 이때껏 울지 않느냐"고 안니에게 묻는다. 뻐꾸기만 울면 나도 나을 것 같다.

"오! 인제 석양에는 울겠지. 벌써 울 때가 되었으니까……"

그때에 예배를 마친 동리 사람들이 지나가다가 이 꼴을 보고 들어와서 꾸짖는다. 목사님께 고하겠다고.

나이 젊은 목사가 온다. 목사도 놀란다. 동리 사람을 돌려보내고 안니에게 말한다. 그러나 안니는,

"지금 내 남편은 다 죽게 되었습니다. 죽어가는 남편을 앞에 놓고 아무것도 할 수 없습니다. 앞을 떠나지 않고 시종(侍從)이나 잘 해주려고……"

"그렇지만 예배를 잊어서는 안 됩니다. 또 뻐꾸기는 아직 울 때가 멀었는데, 적어도 이 주일은 더 있어야 울 터인데, 그런 거짓말을 해서 쓰겠소?"

하고 노인에게 바른말을 해주려고 목사가 가는 것을 안니는 울음 반으로 이끌어낸다.

다 내보낸 후에 그래도 노인은 두견의 노래만을 기다린다. 안니는

일책(一策)을 생각해서 저편 나무 밑으로 가서 두견의 노랫소리를 입내 내본다. 기어코 '뻐꾹 뻐꾹' 하고 소리 크게 부르고 말았다. 노인은 반가워서 안니를 부르며,

"두견이 왔다, 두견이 왔다."

하며 기뻐한다. 그러나 울타리 밖에 있던 동리 사람들이 들어와서 안니를 욕한다. 사람을 속이는 짓이라고 목사를 불러온다. 그때에 목사도 안니의 울음 반의 이야기를 듣고 감복한다. 그리고 또다시 두견의 노래를 입내 내려는 안니를 보고 한참 동안 주저하다가 기어코,

"응, 입내 내시오. 입내 내시오. 내가 울타리 밖을 지키고 있을 것이니……" 한다.

안니의 두견의 노랫소리를 들으며 그의 남편은 고요히 잠들고 만다. 막.

달콤한 연극이다.

(『조선일보』 1927년 7월 19일)

6. 「가을의 불」

「두견」의 막이 내리고 무더운 극장을 나와서 정원을 거닐 때, 개막의 징소리가 울리고 이어서 「가을의 불」의 막이 열리다. 덴마크 출생 구스터브 위드의 작이다.

침침한 간방(間房)은 양육원의 일실이다. 늙은 몸을 이곳에 맡기

고 있는 헬무트와 클라크의 방이다. 한 방에 두 사람씩 두는 것 같은 이 양육원 방 안에는 왼편과 오른편에 똑같은 기구가 설비되어 있고, 테이블과 의자도 각각 하나씩 가지고 있다. 사이가 좋은 이 두 늙은이는 테이블을 한가운데 모아놓고 지낸다. 막이 열리면 헬무트는 신문을 보고 있고, 클라크는 장기를 두고 있다. 때는 오후이다. 이런 침침한 기분 가운데 사는 사내 두 사람의 정다우나 그러나 권태로부터 생기는, 마치 부부의 싸움 같은 싸움으로 극이 시작된다. 오늘은 헬무트의 80세 되는 생일이다.

헬무트는 안드레라는 딸이 있어서, 시집을 보내서 지금은 군트라는 17세 되는 손자까지 있다. 그러나 클라크는 아직까지 무처(無妻)의 생활을 해왔다. 헬무트와 친한 동무였으므로, 군트의 이름을 지어준 일이 있다. 그러나 클라크가 어찌해서 독신생활을 하고 있었을까?

신문을 보고 있던 헬무트는 딸의 남편이 우편 서기로 승급했다는 기사를 발견하고 몹시 기뻐하며 클라크에게 자랑한다. 딸을 자랑하고 또 손자 자랑을 한다. 무처였던 클라크를 조소한다. 분해 못 견디는 클라크는 기어코 입을 벌린다. 몇십 년 전 비밀을 토하고 만다.

"나는 이 비밀을 내 몸과 같이 무덤 속으로 가지고 가려 했다. 그러나 그러나, 너의 횡포한 태도를 참을 수가 없다. 더 견뎌낼 수가 없다. 너는 너는, 너의 계집에게 대해서 악마였다. 그리고 나에게 대해서도 악마였다. 십오 년간 이 방 안에 있을 때도……"

하고 딸이 내 딸이요 손자라는 증거를 제시한다. 헬무트는 분격한다. 두 사람은 테이블을 이곳저곳으로 옮겨놓고 서로 헤어져 앉아 있다.

헬무트의 생일을 축복하러 옆방 노인들이 일제히 찾아온다. 술을 마시며 헬무트의 행복을 부러워한다. 딸이 있고, 딸의 남편이 우편서기로 승급이 되었고, 학교에 다니는 귀여운 손자가 있으니, 부족할 것이 있겠느냐고 노인들은 그를 부러워한다. 그러나 그 말을 듣고 헬무트는 점점 견딜 수 없이 괴로워한다. 손자 군트가 생일 인사를 하러 온다. 제(諸) 노인은 맞아서 기뻐한다. 소학생인 군트는 제 노인의 나이를 합산해보겠다 하고 나이를 묻는다.

"아흔둘."

"여든."

"일흔여덟."

"일흔."

"일흔셋."

"당신은?"

고부장하고 앉아서 대답을 안 하는 노인이 있다. 자꾸 물어도 대답은 아니한다.

"부끄러워서 대답을 못하지."

"대답하기가 무서워서 그러지."

그때야 대답을 한다.

"무섭기는 무에 무서워. 나의 나이는 예순이야."

그러니까 노인들이 놀란다.

"아직 어린애야, 코흘리는……"

"지금부터 자라지."

"가엾이……"

군트는 다시 인사를 하고 학교로 간다. 제 노인은 그를 견송(見送)하고, 각기 헤어져 돌아간다. 아주 석양이 된다. 침침한 방 안에는 다시 헬무트와 클라크 둘만이 남아 있게 되었다. 이편 구석 저편 구석에 앉아 있던 두 늙은이의 마음에는 마음 늙은 단념이란 것이 일어난다. 마치 사라지기 쉬운 가을의 불과 같이 분개했던 마음의 불꽃도 점점 사라진다.

헬무트는 이렇게 말하였다.

"클라크! 너는 무서운 말을 해주었다. 너는 이 나이나 된 나에게서 손자를 빼앗아가려고 했다. 나의 유일한 재산을…… 사람이 젊으면 칼질이라도 없지 않을 일이되, 나이를 먹으면 달라져서…… 나는 그만 노하지 않겠다. 노할 기운도 없고…… 너무 묵은 일이야…… 아주 과거…… 내게 아무 관계없는 일같이…… 잘 기억할 수 없는 꿈과 같다……"

"아니, 우리 둘이서 그 아이를 나누어…… 지금부터 그 애를 우리들의 군트로 해…… 네가 그 애 아버지가 되고 내가 어머니가 된 것같이……"

"아니, 내가 어머니가 되지…… 그래서 그 애 일로써 우리들은 싸움을 하지…… 물론 정답게, 사이좋게……"

그리고 두 노인은 낄낄 웃으며 마음으로 기뻐한다. 다시 테이블을 가운데로 모아서 이어놓고 장기를 두며 신문을 보며 가을날의 석양을 평화롭게 보내고 있다.

*

그 다음 버나드 쇼의 「현실을 보다」 1막 물(一幕物)이 있었으나, 이것은 역시 쇼의 극이라 처음부터 졸아버렸다. 다음 기회로 미루자. (8월 1일)

(『조선일보』 1927년 8월 5-6일)

7. 「벌레의 생활」

세계대전 후에 오스트리아의 압제에서 벗어나 독립한, 고대 보헤미아의 서울을 서울로 하고 새로이 일어난 가장 새로운 나라 체코슬로바키아는 인조노동자(RGR)의 산지로 이미 조선에도 누차 소개된 일이 있다. 그 인조노동자 ― 인간의 고로(苦勞)를 없이하기 위하여 로봇이라는 인조인간을 제조하여 그로 말미암아 인류가 멸망하기에 이르는 4막을 써서 이름을 일세에 휘날린 젊은 극시인 카렐 차페크(Karel Capek)는 그의 형 요세프 차페크과 같이 「벌레의 생활」이란 희곡을 썼다.

벌레의 세계를 빌려서 인간의 생활을 면경과 같이 비쳐준다. 호접(胡蝶)의 세계를 빌려서 음탕한 학욕(學慾)생활과 비생산적 사교생활을 그리고, 파충(爬蟲)의 세계를 빌려서 축재 탐욕의 이기적 생활을 그리고, 개미의 세계를 빌려서 아욕(我慾)과 적요(寂寥)의 국가생활을 그린다. 그것은 벌레의 생활인 동시에 인간의 생활이다. 벌레의 생활의 형태를 빌려서 인간의 생활을 말함이다. 음탕하고 나태하고 교활하고 이기적인 잔인한 인간의, 가정의 사회의 국가의 무서운 생활과 도덕과 법칙에 대한 엄숙한 해부와 비평을 가한 것이다. 그리고 종곡(終曲)에 '생과 사'의 의미 깊은 장면이 나타난다. 사람은 반드시 사멸한다. 그러나 사멸하는 한편에는 영아(嬰兒)의 울음소리와 탄생의 기쁨이 있다. 전시대와 구도덕의 붕괴를 보이고 인간의 행복을 위하여 반드시 신시대와 신정신이 나타날 것을 암시했다. 이야말로 오스트리아 제국의 압제를 벗어난 체코슬로바키아 공화국의 음참(陰慘)한 과거와 희망에 빛나는 미래를 말하는 것이 아닐까?

서곡

깊은 삼림 속에 부랑인(?) 한 사람이 누워서 뒤룽뒤룽하고 있다. 곤충학자가 날아가는 호접을 잡으려고 채집망을 휘두르며 쫓아온다. 애써 잡으려고 하는 곤충학자를 보고 부랑인은 그를 말린다.

"잘 노는 것을 왜 그렇게 잡으려고 하오?"

"놀아? 흥! 당신은 아마 과학적 지식이 없는 모양이구려. 자연법의 서막이란 것이오. 저렇게 해서 자연이 번식을 유지하는 것이라오. 당신이 놀고 있다는 것이 그것이지. 사내는 계집을 쫓아다니고, 계집은 유인하고 거절하고 선택해. 성의 영원한 순환이라오."

곤충학자는 다시 호접을 쫓아가고 부랑인은 누워서 뒤룽뒤룽거린다. 호접이 날아온다. 부랑인은 그것을 잠착해서 보고 있다. 호접의 세계가 열린다.

제1막 호접의 세계

바위 위의 꽃 속에 식탁[蜜]이 있고 의자가 있다. 호접이 날아온다.

나는 당신을 사랑합니다.

나는 당신을 위하여 시를 지었습니다.

'내 소원은 님이라

아름다운 이리쓰

내 그리는 별은 님이라

눈부신 이리쓰……'

계집은 달아난다. 시인은 그를 쫓는다. 같이 이야기한다. 다른 나비가 와서 다른 나비와 재미있게 논다. 계집은 그를 유인한다.

"나는 당신에게 키스를 드리고 싶어졌어요. 자, 따라오시오."

자기의 계집을 버리고 그를 쫓아간다.

"나를 사랑, 나를 사랑, 나를 사랑, 나를 사랑해주시오!"

"에이, 귀찮아! 좀더 기다려! 이다음에……"

"나를, 나를, 나를, 나를 사랑해주시오."

"에이, 그럼 나를 붙들어봐!"

달아난다. 쫓아간다.

계집(물론 나비의)이 돌아온다. 남자는 어찌했느냐고 묻는다. 그런 남자는 이미 버린 지 오래라는 것같이 대답한다.

"저…… 하하하, 우스워. 나를 쫓아오다가 새가 한 마리 후루룩 날아와서 후룩 하고 채가겠지. 하하하, 그만 죽어버렸지. 하하하! 그런데 그 뒤에 또 당신 남편이 헐떡거리고 쫓아오겠지. 나를 사랑해 주시오, 하고."

"하하, 그래서 그래, 하라는 대로 했소?"

"하하하, 남자만 우스운 거야."

시인은 인세(人世)의(호접세[胡蝶世])의 무상을 읊는다.

부랑인은 밖에서 가만히 보고 있다.

제2막: 파충의 세계

용(蛹, 번데기)은 "나는 지금 탄생하려고 한다."

대모험이 개시된다.

영원의 밤은 지금 새려고 한다.

우주는 지금 눈뜨려고 한다.

나는, 나는 지금 탄생하려 한다, 하고 혼자 큰 소리를 지르고 있다.

갑충(甲蟲) 부부의 생활로 시작된다. 갑충 부부가 큰 분괴(糞塊) 한 개씩을 땀을 흘리며 굴려 온다.

"우리 재산이다. 우리 자본이다. 나는 몸이 후끈후끈 한다" 하고.

"우리 재산! 하나님이 주신 것! 일생 소원!"

"그런데 나는 걱정이 되네. 누가 도적질이나 해가지 않을까 하고……"

"그러게 잘 지켜야지!"

아구아구, 잠깐 나간 사이에 다른 은갑충이 분괴를 가져간다. 용은 부르짖는다.

마미봉(馬尾蜂, 말총벌)은 자충을 귀여워한다. 먹이를 갖다 준다.

실솔(蟋蟀, 귀뚜라미)의 부부는 신혼의 부부다. 새로운 생활을 하려고 멀리 좋은 자리를 구해왔다. 귀뚤귀뚤 하고 노래하며 정답게 놀고 있다.

먹이를 얻지 못하고 돌아온 마미봉은 실솔을 잡아 들여간다.

부랑인은 앗! 소리 지른다.

마미봉은 귀여운 자충에게 갖다 준다. 산 벌레를 짝짝 찢고 싶다는 자충은 실솔을 보고 소리 지른다. 배가 출출한 기생충이 등장한다.

분개하고 있는 부랑인에게 기생충은 얼룽얼룽하며 마미봉의 욕을 한다. 마미봉은 또 여러 가지 곤충을 잡아들인다. 기생충은 악독한 마미봉을 총벌(總伐)하겠다고 마미봉의 구멍으로 들어간다. 잠깐 있다가 몸뚱이가 네다섯 배나 되어 둥깃둥깃 걸음을 못 걸으며 기생충이 나온다.

"다 먹어버렸지! 겍겍!"

부랑인은 얼굴을 돌린다.

"죽어버려라! 이 과격파!"

제3막: 개미의 세계

"아시지요! 곤충들의 결점이란 여러분도 아시다시피 집단의식이 없다는 것이지. 곤충들은 제각기 자기만을 위해서 일을 하니까…… 공동 단결해서 일을 하려고는 꿈에도 생각지 않지…… 그것을 생각하면 인간이란 훌륭하지! 옳다, 나는 진리를 알았다! 곤충은 공동해서 일할 줄을 모른다. 인간은 그것을 한다. 인간은 공동 단결의 계획을 세운다. 인간의 마음속에는 훌륭한 것이 있다. 국가를 위해서 싸우고 죽기까지 한다. 인간은 참으로 훌륭하다. 그런데 보자! 이제 이곳은 아마 개미굴 같은 모양인데, 그 안에 있는 수백 수천의 개미들은 무엇을 하고 노나 좀 보자!"

부랑인의 독백이 끝나고 개미의 세계가 열린다. 용이 역시 탄생의 희망을 소리 크게 예고하고 있다.

"오! 완성의 때는 가까워 오도다.

우주는 밝게 빛나기 시작하도다.

내 말을 들어라! 내 말을!

전 세계에는 얼마 아니해서 자유의 때가 오리라!"

개미굴에는 과격한 노동이 개시되어 있다. 여러 가지 물건을 보조를 맞춰서 고속도로 운반하고 있다. 소경[盲] 개미 한 마리가 가운데 앉아서 시계 대신 수를 세고 있다.

"하나, 둘, 셋, 넷…… 하나, 둘, 셋, 넷……"

마치 기계와 같이 손을 흔들며 수를 세고 있다. 그 소리에 맞춰 노동은 계속된다. 기사장(技師長)은 채찍을 치며 "빨리! 빨리!" 소리 지른다. 차석 기사가 등장해서 새로이 신식 속력 증진법을 발견했다고 보고한다.

"하나, 둘, 셋, 넷이라고 하지 말고, 영, 둘, 셋, 넷! 영, 둘, 셋, 넷!"

소경 개미는 고쳐 부르기 시작한다.

"영, 둘, 셋, 넷! 영, 둘, 셋, 넷! 영, 둘, 셋, 넷! 영, 둘, 셋, 넷!"

채찍이 날린다. 빨라진다. 고속도의 운동이다. 부랑인은 현기(眩氣)가 난다고 소리 지른다.

차석 기사가 부랑인에게 묻는다.

"어디서 왔소?"

"인간의 세상에서."

"저기 저기도 있고, 저기도 있고…… 하하하, 저기도? 거기도 있어?"

"있고말고. 인간은 만물의 영장……"

"뭐, 만물의 영장? 우리들 개미가 만물의 영장이다!

만물의 영장!

세계의 주권자!

개미의 왕국!

최대 개미국!

세계의 강국!

최대의 민주국!

세계는 우리에게 복종하지 않으면 안 된다. 그의 명령에는 누구든지 복종해야 된다. 그의 명령하는 대로!"

"'그'란 누구요?"

"그는 국(國) 자 전체다. 국민이다!"

"그럼 우리 인간과 같다. 인간에는 대의사(代議士)가 있다. 의원이 있다. 민주적이다."

"그런 것은 무요(無要)다. 전체가 있다! 명령하는 한 사람이 있다. 명령하는 한 사람은 '그'다. 그는 전체다! 이성이다. 법률이다! 국가의 이익이다! 전체의 권위를 위하여. 전체의 적에게 대항하기 위하여. 우리들은 적에게 포위되어 있다. 우리는 검정 개미를 정복했다!

타색(他色) 개미를 굶겨 죽였다! 회색 개미를 정복했다. 지금은 황색 개미가 남아 있을 뿐이다! 그도 아사(餓死)시키지 않으면 안 된다."

"왜?"

"전체의 이익을 위하여!

전체의 이익은 최고의 일이라!

종족적 이익을 위하여!

공중적 이익!

식민지적 이익!

세계적 이익!

세계의 이익!

이익은 전체의 이익이다! 이익은 전체를 유지한다! 전쟁은 이익을 기른다!"

"국민은 다만 세계의 강국 되기를 희망한다. 세계의 평화를 위하여! 세계를 지배하기 위하여! 우리는 시간을 정복하려 한다! 시간은 공간보다 위대하다. 시간을 정복한 일은 과거에 없다! 시간의 주권자는 모든 것의 주권자다!

시간의 정복자다!

속력을 명령하는 그는 시간을 지배한다."

"영, 둘, 셋, 넷! 영, 둘, 셋, 넷!"

노동은 윤전기와 같이 속도를 가한다. 개미는 쓰러진다. 채찍! 죽는다. 던져버린다!

속력이다! 명예의 사(死)다!

노동은 쉬지 않는다. 발명가 개미가 등장한다. 생명 분쇄기를 발명했다.

위대한 능력자! 위대한 과학자!

과학만큼 국가에 봉사하는 것은 없다. 과학은 침계(侵界)한다. 전쟁은 개시된다.

참말로 전쟁은 개시된다.

"제1사단과 제2사단은 적의 정면 공격, 제4사단은 송림(松林)을 포위, 부인과 아동은 살육하라. 제3사단은 예비! 예비군 출동! 국민 총동원! 적에게 육박하라! 본분을 잊지 마라!"

악전고투(惡戰苦鬪) 패전하고 전멸한다. 황색군의 개미국을 점령하고 만세를 고창(高唱)한다. 황색군 지휘관은 선언한다.

"황색군의 승리! 정의와 진보의 승리! 두 잎 풀잎 사이의 좁은 길은 우리의 것이 되다! 세계는 우리 황색국의 것이다! 우리는 우주의 주권자가 된 것을 선언한다."

그리고 꿇어앉아서 기도한다.

"개미의 가장 위대한 신이여! 우리들이 다만 정의를 위하여, 우리의 승리를 위하여, 우리의 국민적 명예를 위하여, 또 우리의 상업적 이익을 위하여 싸운 것을 신은 아시겠지요……"

에이, 못된 놈! 부랑인은 참다못하여 그들을 밟아버린다. 용은 탄생하려고 우물거린다.

종곡: 생과 사

서곡 장면과 같은 삼림 속이다. 캄캄한 밤이다. 부랑인이 소리친다. 악몽이다. 공포, 악한(惡寒), 절규…… 이때까지 본 꿈의 전부가 단편적으로 명멸한다. 호접, 갑충, 마미봉, 개미 지휘관의 소리 소리가 부랑인을 괴롭게 한다. 병든 부랑인은 신음한다. 용은 탄생하려고 움직인다.

"나를 부르는 이는 누구냐? 나는 왔다. 나는 왔다! 나의 날개는 뻗쳤다. 나는 영원히 살리라! 기어코 탄생하도다! 아(蛾, 나방이)의 무리가 모여 와서 춤추며 노래한다.

"그 속으로! 그 속으로! 그 속으로! 날개를 펴고! 황홀한 그 속으로! 빛의 심장 속으로!"

광명을 찾는 '아'의 무리는 당조(撞操)하는 그 속으로 들어가기를 희망하고, 들어가면 당연히 소사(燒死)한다. 죽는다! 노래하며 들어가서 죽는다! 생명을 찬앙(讚仰)하고는 죽는다. 노래하고는 죽는다. 그 읊는 시는 모두 좋은 노래다. 용은 기어코 용을 깨뜨리고 탄생한다. 제2막부터 각 막에 있어서 몹시 부르짖던 용은 한 개 '아'가 되어서 탄생한다.

오! 생의 광명이여! 사랑! 황홀! 들어라! 천(天)! 지(地)! 나는 신비를 여기에 보이리라! 전 세계의 의의를 말하리라! 그리고 춤추며 광명을 찾아서 불속으로 뛰어들어 죽는다. 다 죽는다. 부랑인은 신음한다.

이제는 내 차례인가 보다. 잠깐만 참아라. 죽기 싫다! 잠깐만 참아라! 누르지 마라! 가슴을 누르지 마라! 아! 아!

신음하는 가운데 두 개의 와우(蝸牛, 달팽이) 바위 위에 양편에서 기어 나온다. 마치 부랑인의 가슴을 누르는 것같이 잔뜩 엎드려서 언실언실 기어 나온다. 둘의 대화는 아주 소름끼치는 대화다.

(『조선일보』 1929년 9월 17-10월 1일)

재하방(在何方)

해방 전년 6월부터 다음 해 정월에 걸쳐서 짐짝 한 개 소포 백여 개로 이사 온 것이 사 년 만에 다시 짐을 꾸릴 때에는 엄청나게 많아졌다. 알맹이 없는 상자와 속 빈 장독이 한 트럭은 되었다.

차페크의 「벌레의 생활」이란 연극에 나오는 '똥벌레'가 생각났다. 똥벌레 부부가 각기 자기 몸뚱이보다도 큰 덩어리를 땀을 뻘뻘 흘리면서 "우리의 위대한 재산…… 누가 볼세라…… 탐낼세라……" 하고 굴려간다.

그 짐을 꾸리노라고 부부는 일주일 동안이나 법석을 하여 안방 건넌방 큰마루 등 온 집 안에 쌓아놓았다. 마침 친구가 와서 이 꼴을 보고 한참 만에,

"여보! 이렇게 해놓고 어떻게 한 시간인들 지낸단 말요?"

"한 시간이 무어야요. 대엿새! 정리는 안 되고, 버려만놓게 됩니다그려."

"가만히 계시오. 내가 일꾼을 데리고 와서 정리해드리리다."

이윽고 일꾼 세 사람을 데리고 와서 친구는 감독하고 일꾼은 가마니와 새끼를 사와서 부부가 멍하니 보고 있는 동안에 산뜻이 짐을 꾸려 헛간 한 간에 착착 쌓아놓고 마당과 방과 마루까지 깨끗하게 해주었다.

"아이구, 인제는 사람이 살 것 같소."

4~5자 누락 정할 생각하였다.

그 사람이라야 그 일을 할 수 있다.

*

'학질(瘧疾)'은 모기가 매개한다고 한다. 파리 많고 모기 많은 금년이라 학질이 성한 것도 할 수 없는 일일 것이나, 좋은 신약(新藥)이 많이 들어온 작금인 만치 '그까짓 학질쯤' 단번에 뿌리를 뽑으려고 하다가 약효가 지나쳐서 실성하여 정신병원 신세를 지는 사람이 있다. 어떤 의사는 이렇게 말하였다.

"요새 그런 일이 있어요. 아무래도 조선 사람은 지금 영양이 부족하지요. 그러니 체질로 보아도 그렇고, 그 사람들과 같이 생각할 수는 없는데, 덮어놓고 좋다고 연령만 따져서 그 약을 그 분량대로 쓰니요."

인삼이 만인에게 좋다 하나 맞지 않는 사람은 조금만 먹어도 눈에 눈곱이 끼고 화(火)가 떠서 부스럼까지 난다.

고기가 맛있고 좋다 하나 채식만 하던 사람이 이사 왔다고 해서 선사 받은 황육(黃肉) 제육(猪肉)을 포식한다면 전부를 통설사(洞泄瀉)하거나 배탈이 날 것은 다시 말할 것도 없을 것이다. 가슴알이(위경련)가 심하면 진정시키는 주사를 준다. 상습이 되면 그 주사 맛에 아편쟁이가 되는 사람이 많다 '스트렙토마이신'은 원자탄에 비할 과학의 승리요 인류 최고의 신약이라고 하나, 그 약이라야만 발생하는 새로운 균이 최근에 발견되었다고 한다.

새 약이 나오면 '생병균(病菌)'도 따라 나온다.

民之難治 以其上之有爲 是以難治.*(老子)

정치가가 꾀를 부리면 백성은 더욱 꾀를 부리게 되는 것이다.

*

"원! 장독들은 웬 게 이렇게 많단 말이오!"

"모르시는 말이오! 금년은 텅 비었지만, 장 담글 때 김장할 때면 그것도 부족하다오. 그렇지만 나는 그 소용으로 가져온 것은 아니오. 내 고향에서는 이사하는 집만 많아서 팔려면 한 개에 오백 원인데, 서울서 사려면 육칠천 원을 한다니, 한 달에 한두 개씩 정리하려고 가져온 것이오."

"어쨋든 조선 집 조선 살림에는 필요한 것이니 이것을 졸업하게 되면 이야 더 좋을 수가 없지만 당분간은 이사하드래도 집에 있는 것으로 대여섯 개씩 두고 가게 되었으면 서로서로 좀더 간편할 것이야!"

---

* 백성을 잘 다스리지 못하는 것은 위정자가 권모 술책을 농하기 때문이다. 그래서 다스리지 못하는 것이다.

*

그렇듯 꾸려서 굴려서 올라왔대야 별로 신통한 일도 시원한 것도 없건만 거진 한 달 동안을 온 집 안이 뒤숭숭하였으니 이 역(亦) '황총일퇴초몰료(荒塚一堆草沒了)'가 '유유공명망불료(惟有功名忘不了)'하고 '지유금은망불료(只有金銀忘不了)'*하는 소이라 할 것인가!

爲者敗之 執者失之.** (老子)

이사를 하건 인생이 어떻든, 학질을 떼고 발광을 하였건 장독이 깨어졌건, 그동안에도 지구는 돌고 그 지구 위에 경계선 없는 두 세계의 치열한 싸움이 쉬일 줄을 모르고 심각해 가는 것만은 모르는 체할 수 없는 사실인 것 같다.

(『자유신문』 1948년 7월 27일)

---

* 풀숲에 잠겨 있는 무덤도 공명과 금전을 잊어버릴 수는 없다.
** 자연을 거역하여 사의(私意)를 끼우면 실패하고, 굳게 지키려 드는 자는 도리어 잃어버리는 결과를 초래한다.

양심적(良心的)

 종이 값이 뚝 떨어졌다고 한다. 구멍 빵빵 뚫어지고 시꺼먼 선화지(仙花紙)나 안양지(安養紙)로 인쇄하던 신문도 소위 마카오 종이를 써서 한결 깨끗하고 보기 좋게 되었다. 그러나 이 마카오 종이란 것의 대부분이 일본 종이라는 말이 있다. 그것이 사실이라면 일본과의 교역이 터지지 않았기 때문이요 [1행 누락] 자유항인 마카오를 거치여서 조선으로 들어오는 것이요, 그의 대가(代價)로 요구하는 오징어, 김, 명태, 한천(寒天), 중석(重石) 등이 또 마카오를 들러서 일본으로 가는 것일 것이다. 들어올 때마다 거칠 때마다 이윤을 떨어뜨릴 것이니 대단한 고가(高價)로 수입하게 되는 것이요, 고가란 것은 지전(紙錢)이 아니요 우리들도 필요한 물 [1행 누락] 가(價)대로 제공하게 되는 것일 것이다. 이렇게 해서 깨끗한 종이에 인쇄한 것을 흔히 '양심적'이라고 칭찬하는 일이었다. 독자로 하여금 읽기 좋게 하는 일이 소위 '양심적'이라고 하는 것일 것이요, 그것을 이해할 수 없지도 않다.
 1923년대에 '조선물산장려운동(朝鮮物産獎勵運動)'이란 거족적인 운동이 있었다. 방방곡곡에서 일어났다. 나도 한 지방의 간부로 일한 일이 있었다.
 오지 그릇, 사기 그릇, [1행 누락] 선종이가 같은 것을 우차에 신고 시위 행렬을 한 일도 있었다. 국산을 재인식하고 사랑하게 된 효과는 컸었다.

그렇다고 지금 외화(外貨)를 배척하자는 것은 아니다. 문제는 어느 것이 '양심적'이냐는 것이다. 좋은 종이 깨끗한 인쇄보다도 그 내용에 치중하여야 할 것이니, 당리당략(黨利黨略)을 위하거나 우리 사장, 우리 자본주의 정치적 입장이나 모리(謀利)의 수단을 위하여서는 붓을 고부리고 눈을 감는 일이 있다면 그것은 결코 인민의 벗이 될 수도 없을 것이요, 국민의 지표 될 수도 없고, 따라서 '양심적'이라고는 할 수 없는 일일 것이다.

아동독물(兒童讀物)에 있어서 양심의 문제는 더욱 심하다. 확실히 자본의 경쟁으로 화한 이 땅 출판 사정으로는 국산 종이에 가난하게 인쇄된 책에서 오히려 양심적인 내용을 볼 수 있는 일이다.

삼사백 년 전 서양 왕국의 왕조 찬송하는 동화나 주먹과 딱총으로 인근 소년들을 정복하여서 대장이 되었다는 등의 만화(蠻話)를 오늘의 조선 어린이들에게 읽히려는 출판 행동은 결코 양심적이라고는 볼 수 없는 것이다. 그러나 어린이는 빛 좋은 개살구를 택하기 쉬우니 어린이들로 하여금 자유로 선택하게 하여야 할 이때에 오히려 어른이 골라서 사주어야 하게 되는 일도 교통화(交通禍)를 겁내어 밖에 내보내기를 무서워하는 세상과도 같다 할 것인가.

『자유신문』 1948년 9월 13일)

언론의 자유

일본 군벌(軍閥)이 루거우차오(盧溝橋)로부터 대중전(對中戰)을 시작하였을 때에 정부는 신문 잡지 등 언론기관에 대해서 '이번 사건에 관해서는 당국 발표 이외의 기사를 게재치 말 것'이라는 명령을 내렸다. 상하이(上海)로 육전대(陸戰隊)가 상륙할 때에도 그리하였다. 독·이(獨伊)와 방공협정(防共協定)을 체결할 때에는 '이에 대한 비판적 기사를 게재치 말 것'이라고 명령하였다. 게재금지사항의 통고는 하루에도 몇 장씩 통달되었다. 그뿐 아니라 게재할 기사의 종류와 내용을 지시하였다.

쇼와(昭和) 13년*도쯤부터 잡지는 편집자의 두뇌 활동이 필요치 않았다. 순전히 정보국(情報局), 육군성정보부(陸軍省情報部), 해군성정보부(海軍省情報部), 내무성출판회(內務省出版會)에서 도맡아 편집해주는 것과 같다. 그러므로 맥아더 사령부의 '언론인 공직추방령'도 "쇼와 16년 12월 7일 이전에 솔선하여 전쟁에 협력한 신문인 잡지인"이라고 규정하였다. 이것은 쇼와 15년부터는 일본의 신문이나 잡지가 편집의 자유, 언론의 자유를 절대로 가지지 못하였다는 것을 증명하는 것이 될 것이다.

* 1938년.

누가 그 자유를 박탈하였느냐! 민주주의 국가가 아닌 일본 제국은 '인민의 의사로 인민이 선택한 정부'가 아니고, 천황이 지명한 한 사람이 천황의 이름으로 국민의 자유를 생살여탈(生殺與奪)하는 권한까지도 가질 수 있는 국가이기 때문이었다. 국민의 의사를 대표할 국회의원까지도 딴소리를 못하게 야당도 아니지만 여당도 아니라는 헌정회(憲政會) 일당으로 모이는 것이 국가를 위하는 길이라고 해서 몰아넣고, 이견(異見)을 가진 자는 나카노 세이고(中野正剛)와 같이 구류모욕(拘留侮辱)하여 자인(自認)하게까지 한 일도 있다.

국민의 언론 헌사(憲思) 발표의 자유와 세계정세의 정확한 보도의 자유가 없을 때에 그 나라의 진보 발전은 불가망(不可望)일 뿐 아니라 퇴보일로(退步一路)일 뿐이다.

*

국민의 모든 힘을 거부하고 한 사람의 명령에 복종할 것과 일사봉공(一死奉公)을 가리키기에 망살(忙殺)한 군벌 일본은 반면 극도로 인지(人智)를 요구하였지만, 그런 상태하에 인지가 나올 리가 없었다. 독일이 유태인을 살육 추방하고 원자탄의 완성을 기대한 무모와 같이 인지를 추방 거세 잠복케 하고 인지의 출현을 호령한들 그것이 가능할 리가 없었다. 국가의 진보 발전은 호령으로는 될 수 없는 것이다.

모든 의사와 모든 힘이 아무 구니(拘泥) 없이 자유롭게 발아 성장할 수 있는 진정한 자유 분위기에서만 국가는 진보 발전할 수 있는 것이다. 독일 특파원으로 그의 통신 일 편 일 편이 세계의 관심을 끌던 모리야마(守山) 특파원은 패망(敗亡) 독일을 뒤로 하고 귀일(歸日) 도중에 "일주일만 더 일찍 항복하였더라면 이다지도 무참하지는 않았을 것이오, 더 많은 인민이 살육을 면하였을 것이다"란 통신을 썼다고 해서 전세(戰勢) 이미 기울어진 일본은 그를 패전주의자라고 암살하였다는 말이 전하였었다. 그러나 항복하자 전시 중에 항복 혹은 수감되었던 학자 식자(識者)는 신국가(新國家)의 근간으로 나타나고, 전시 중에 문명(文名)을 날리던 문사와 기자는 자취를 감추게 된 것은 주지의 사실이다.

언론 보도, 의사 발표에 대한 제재나 금지나 정간이나 폐간이란 것은 결코 진보하는 상태에 있는 민주주의 국가에는 있지 않았던 것이다.

미국은 '언론 인쇄 집회의 자유'는 국회의 권한 외에 두고 있다. 국회라도 그 자유를 제한하는 입법을 할 수 없다는 것이다. 언론의 자유, 의사 발표의 자유가 그 국가 문화 수준의 척도가 되는 것이며, 그 국가가 진보하는 상태이냐 퇴보하는 상태이냐를 결정하는 척도 역(亦) 그것이다.

(『자유신문』 1948년 9월 26-27일)

올림픽과 인민

런던 올림픽에 갔다 온 사람들의 이야기는 이런 점에서 비슷비슷하였다.

"국민들이 대단히 냉정해서 올림픽에 관심을 가지지 않는 것 같습니다. 이 식량난 틈에, 전후(戰後) 처리와 재건이 급한 이때에, 국제 제전이 무슨 소용이냐는 듯이 각자의 할 일에만 열중하고 있는 것 같습니다. 그래서 정부도 이런 국제 빈객(賓客)의 식량은 전혀 미국의 찬물(饌物)이라는 점과, 어제 입장자는 몇 명이고 그 수입이 얼마여서 적자를 내지는 않게 되리라는 점을 매일같이 강조하고, 내일 경기의 종목과 프로그램까지도 신문에 발표하지 않고 전일(前日) 밤중에 인쇄해서 직매(直賣)를 하여 그 수입까지도 계산하여 수지(收支)를 맞추려고 애를 쓰고 있습니다."

사실 올림픽을 런던에서 하게 되었을 때에 영국민은 반대하였고, 영국민의 일주일분 육류를 일일량(一日量)으로 먹는 미국인과 경기를 한다는 것은 비참한 일이라고 지적하였다. 그렇기 때문에 미국에서 이번 빈객의 식량은 전부 미국이 부담하겠다고 제의하였다는 보도는 본지(本紙)에도 누차 게재되었던 것이지만, 좋은 구경거리를 거부하는 국민의 심사도 진정으로 전후부흥(戰後復興)을 제일로 생각하는 애국심에서였을 것이다.

국민의 반대를 물리치는 정부도 "기왕 결정된 것이니 잠자코 있으라"는 것이 아니고, "이번 행사로 결코 국가 재건을 지연시키지도 않을 것이요, 국력의 소모도 없을 것이요, 반드시 국력에 플러스함이 있게 할 것이라"는 언약으로 □□하여 그에 어그러지지 않는 성과를 얻은 모양이니, 이것이 '정부는 인민의 의사(意思)를 의사로 하고' 정치하는 민주주의 정치 형태라 할 것이다. 국회의원은 인민을 두려워하고 정부는 국회를 두려워하여야 인민을 정부가 두려워하게 되는 것이다. 한 의원은 십만 인민의 의사를 봉재(奉載)하여 유루(遺漏)가 없어야 할 것이요, 정부 역(亦) 국회를 통하여 인민의 의사를 봉재하여야 인민을 대표하는 정부라 할 것이다.

　을사조약(乙巳條約)을 체결하였을 때에 날인(捺印)한 대신들은 날인하지 않고 퇴장하는 대신을 미친놈이라고 하였다고 한다. 그러나 미친놈의 낙인을 내릴 수 있는 것은 인민뿐이요, 또 그것을 내리기에 그다지 시일이 걸리지는 않았다. 조약 체결을 반대하여 비관 자결한 사람들을 존경하고 애도하는 마음은 은연한 가운데 전 국민을 휩쓸었으니, 이것이 말없는 인민의 뚜렷한 의사 표시인 것이다.

(『자유신문』 1948년 9월 29일)

신문의 자유

'신문의 자유가 인간의 자유의 제일 목표이며, 신문의 자유가 다른 모든 자유의 기초가 되어 있다는 것을 될 수 있는 대로 많은 사람들에게 가르치'기를 희망한다 하였는데, '신문의 자유가 인간의 자유의 제일 목표이며 신문의 자유가 다른 모든 자유의 기초가 되어 있다는 것을 될 수 있는 대로 많은 사람들에게 가르치'려고 한다는 말은 거듭 음미할 말입니다.

그것은 우리 신문업자의 조합이 주최하여 '전국신문주간(全國新聞週間)'을 개최하는 주지(主旨)와 합치합니다. 그것은 또 우리들의 금년의 표어인 '알권리는 당신의 모든 자유의 열쇠다'란 표어의 배후에 있는 원리이기도 합니다. 귀하의 말씀 '될 수 있는 대로 많은 사람들에게 가르칠' 것이 일본의 과제인데, 미국에 있는 우리들은 '신문의 자유가 인간의 자유의 제일 목표이며 다른 모든 자유의 기초가 되어 있는 것을 한 사람도 잊어버리는 사람이 없게 하고 싶다'고 생각합니다. 우리들이 과거 9년간 신문주간에 쓴 자료의 제공에 대해서는 달게 귀하의 요구에 응하리다. 그러나 '전국신문주간위원회(全國新聞週間委員會)'와 여(余)는 그 이상의 것을 요청합니다. 우리들은 전국신문주간을 우리들과 같이 맞이하기 위해서 일본의 신문, 전 세계의 신문을 초대하고 싶습니다. 일본의 행사에도 우리들의 슬로건이 사용되면 기쁩니다. 10월 1일부터 10월 8일까지가 미국의 신문주간입니다.

　이것은 십구 년 동안 매년 해오는 미국의 신문주간에 참가하기를 청하기 위하여 전국위원장이 일본 '맥 사령부' 신문과장에게 보내온 서간의 내용이다.
　10월 1일부터 8일까지 미국은 물론 일본에서도 일본 방송·통신·신문사 등 135개 회사가 참가하여 이 신문주간을 다채로운 행사로 거행하여 신문의 자유 옹호가 민주사회의 모든 자유의 기초됨을 민중에게 널리 이해시키기에 노력하였을 것이다.
　같은 미군 진주하에 있는 우리나라가 이런 행사에 참가치 않은 것은 초청이 없어서인지 거부해서인지는 알 수 없으나, 우리나라 신문계가 이 주간에도 세계에 자랑할 수 없는 일이 많았음은 민주주의 국가로서의 민주 능력이 있음을 세계에 널리 인식시키기에 유감이 없다고 할 수 있을는지 생각해야 할 문제일 것이다.

　　　　　　　　　　　　　　　(『자유신문』 1948년 10월 8일)

한글날과 한자(漢字)

한글 반포 503년을 맞이하여 "우리나라 공문(公文)은 한글로 쓴다"는 법률을 가지게 되었음은 503년 만에 명실(名實)이 같이 한글을 국문자로 결정하였다는 기쁨을 가질 수 있게 된 것이다.

그러나 한자(漢字)를 쓰지 않고 토(吐)만 쓰는 것은 결코 법률의 정신에 철(徹)하는 것은 못 되는 것이니, '신문대금인상(新聞代金引上)에 관(關)한 건(件)'을 '신문대금인상에 관한 건'이라고 쓴다면 그것은 결코 한글을 국어국문자로 □하는 일은 되지 않는 것이다. '신문 값을 올리는 데 따라서'라든지, 새로운 서식도 생겨야 할 것이요, 관청·학교·공장·회사에서도 우리말을 찾는 공부와 철자 공부를 시작해야 할 것이다.

세계에서 제일 '틀리기 쉬운 말이 적은 말'이라고 해서 항용 국제회의 용어로 쓰던 프랑스어도 정확한 발음과 표준어를 보급시키기 위해서 정부가 현재까지도 노력을 게을리 하지 않고, 국립극장 코메디 프랑세즈(Comédie-Française)는 매 목요일 □흥행(興行)을 표준어로 된 시·소설의 낭독, 정확한 발음의 대어(對語) 등으로 소·중학생을 지도하는 데 전용하고 있는 사실에 비춰 보아도, 아직 정리도 미완성인 한글과 우리 표준어의 보급을 위해서는 더욱이 국가적인 노력이 대단히 필요할 것을 알아야 할 것이다.

또 사실 일편의 법률만으로 수천 년래의 습성을 완전히 불식하기는 어려울 것이며 한자 일절을 외국 것으로 규정하기는 어려운 일이니, 한문을 통해서 문화를 수입하기도 하였고 그것으로 민(民)이 성장하기도 하였으니 이미 우리의 것이 되었다는 사실도 부정할 수는 없는 일이다. 다만 하루 속히 전 민족이 문자를 해득하고 의사의 소통을 도모하기 위하여 '쉽사리 익히고 일용에 편한' 한글을 써야 할 것은 물론 사랑해야 할 것도 물론이나, 한자도 '쉽사리 익히고 일용에 편한' 문자는 역시 병용(倂用)함이 옳을 것이니, 법률에도 그 조항이 있음은 다행이라 할 것이다. 이로써 '한자 제한' 내지 '상용한자제(常用漢字制)'에 대해서 편편자(片片子)도 누차 본란에서 언급한 바 있었거니와, 이것은 현하(現下) 시급히 요청되는 바일 것이다.

여기에 나의 일사안(一私安)을 초(抄)해보자. 관민(官民)의 국가적인 위원회가 설치될 것은 물론이나 조속 결실을 기하기 위해서는 학교의 협력이 요청된다.

자수(字數)의 문제는 『천자문』 한 권을 배우면 일용에는 그다지 불편을 느끼지는 않는 것이지만, 1천 자로 제한한다면 일본 현행 상용한자 1,850자에 비춰 보아 이론도 있음직한 일이니 그 숫자는 위원회의 결정에 맡길 것이요, 어떤 한자를 우리들이 가장 많이 상용하고 있느냐는 문제를 조사하기 위해서는 유명 신문 잡지 12종의 각 1개월분으로 각 월분으로 12개월분을 자료로 하여 사용된 한자의 수를 계산하면 우리 상용한자의 순위 등급은 요연(瞭然)하게 나타날 것이다. 통계조사를 학교에 위탁하되 한 학교가 신문 한 달치를 맡을 필요는 없다. 단 이삼 일치로 넉넉할 것이다.

단군님이나 세종대왕님이나 공자님 맹자님의 이름자 혹 내 이름자가 빠졌다고 해서 물의를 일으키는 일이 없다면 우리나라 상용한자는 반년 이내에 결정할 수 있을 것이다.

이 1,500자 내외의 상용한자를 국민학교 육 년 동안에 배우게 하면 오늘과 같이 신문을 읽지 못하는 중학생은 만들지 않게 될 것이요, 신문 잡지 문서 인쇄에도 편익을 주는 일이 클 것이다.

한글날에 한자를 논함도 우리나라에 있어서는 한글을 사랑하는 소이가 될망정 한글을 모독하는 일이 되지는 않을 것이다.

(『자유신문』 1948년 10월 9일)

빈람(貧婪)

 칠순 노인이 15세 소녀를 잉태시킨 사건은 의학자들까지 재판정에 나와서 가능하니 불가능하니 하여 화제가 되고 있다.
 일본 경찰청에 '인사상담계(人事常談係)'란 것이 있었다. 여기 칠순 노인과 21-22세의 여자가 나타난 일이 있었다. 애초에 인사상담계로 온 것이 아니다. 여자가 "사람 살리시오" 하고 호소하러 온 사건을 청취한 후에 "저리로 나가보라"고 해서 넘어온 사건이었다.
 노인은 부자요, 본처 외에 첩도 있었다. 사건의 여자는 노인이 그 모(母)에게 "집에 보내면 수삼년 동안 살림살이도 배우게 하고, 내 방 시중이나 하게 하고, 시집갈 때에는 부끄럽지 않게 준비도 하여 줄 것이라"는 고마운 말을 듣고 보내온 여자였다.
 비단옷 깨끗이 입고 분칠할 줄도 배우고 하는 동안에 어찌어찌하여 부인과 가족에게는 작별인사를 하고 깨끗이 차려놓은 딴집 살림을 살게 되어 노인의 제3-4호쯤이 된 지 삼사 년 만에 노인은 이렇게 말했다고 한다. "자, 인제 너는 네 마음대로 좋은 사람 만나서 잘 살 도리를 해라." 섭섭한 체했지만 여자는 물론 좋아했다. 이제는 노인이 아주 발을 들여놓지 않을 줄만 알았더니 여전히 왔다. 여기서부터 문제가 일어난 것이었다.
 "분부대로 근일(近日) 결혼을 하겠습니다" 하니 노인은 상대가 누구냐고 묻고 그런 사람은 너를 행복되게 할 수 없으니 단념하라 하고, 다음날은 "너를 행복되게 할 수 있는 사람이라야 허락하겠다"고 다시 고르라고 하였다. 그러나 노인이 드나드는데 젊은 남자를 고를 수는 없는 일이다. 노인이 집에 오지 않아야 사람도 고르고 행복을 찾을 수도 있으리라는 말을 했더니, 노인은 펄쩍 뛰며 "나 가라는 말이냐? 그러면 여태까지 사준 것 장만해준 것을 다 내놓으라"는 둥, "어떤 놈인지 그놈도 너도 죽이고 나도 죽겠다"는 둥 야단이 일어났다. 결혼 상대의 이름을 대라는 것으로 식도를 들고 협박하기도 하니, "이건 꼭 나를 죽이려고 하니, 사람을 살려주시오!" 하고 호소 온 것이었다.

계관(係官)은 듣고 우습기도 하고 어처구니도 없었으나, 웃어버릴 수도 없어서 한참 생각한 후에 노인에게 물었던 것이다.

"그럼 왜 당신은 이 여자에게 자유를 준다고 하였소?"

노인은 천만의외란 듯이 대답했다.

"나 아니면 못 살겠다고 할 줄 알았지요."

"하하, 자유는 주었으나 당신을 택하는 자유뿐이구려!"

"자유 자유 하지만 내가 나가면 나쁜 놈에게 유혹을 당하거나 거지가 될 것밖에 있습니까? 평생 내가 봐주어야 행복이지요."

"그렇지만 저 여자의 행복이란 저 여자가 택해야 할 것이 아니오? 시집을 가건 말건 간에!"

"나리는 모르시는 말씀이야요. 마음을 돌리게 해주시고 그 나쁜 놈을 제발 붙잡아주시오. 사례를 하지요."

"예끼!"

계관은 그만 소리를 질렀다. 그러나 노인은 주저앉아서 여자에게 쓴 돈 계산을 하며 중얼거리기에, "집과 세간을 돌려주면 되겠소?" 하면 "제발 그런 말씀 마슈! 나는 제가 없으면 못 살아요!" 하고 울기까지 하였다.

"아주 생명선(生命線)이로군! 그렇다면 네 행복을 찾으라느니 네 마음대로 하라느니 말이나 말지!" 계관도 놀리게까지 되었고, 새파란 젊은 여자 붙들고 늘어지려는 악귀 같은 칠순 노인을 볼 때에 주위의 사람들도 증오를 느끼었다.

이 노인이 반드시 변태성욕자는 아니다. 국제 관계에 있어서도 '빈람자(貧婪者)'란 있는 일이다.

(『자유신문』 1948년 10월 13일)

암속도(闇速度)

 꿈에도 못 잊어 하는 나의 고향이지만, 1944년부터의 사 년 동안 개성 살림에 혼이 났다.
 "여보, 장손마늘이 장에 나왔습디다."
 나는 마늘장을 좋아하였다. 시장이 가까워서 일찍 일어나는 날은 산보 삼아 나가 보고 살 줄은 모르지만 아내에게 사오기를 종용하는 말을 하였다. 그러나 펄쩍 뛰어나간 아내는 장손마늘을 구경도 못하고 돌아왔다. 내가 본 것은 이틀 전의 일이었기 때문이다.
 북부 끝에서 마늘을 캐는 날은 남부 끝에서도 캐는 날이요, 그것은 결코 이삼 일을 지체하는 일은 없고, 그때를 놓치면 좀처럼 구하기는 어려웠다. 마늘이 그렇고 고추가 그렇고 김장이 역시 그러하였다. 입동 전후 이삼 일에 개성 장안은 대부분이 김장을 한다. 이 이삼 일이란 시기를 놓치지 않으려고 여름부터 마음먹고 미리미리 준비하여 백채 한 포기 18원으로 예약해서 김장한 제3년에는 며칠 후에 한 포기 8원으로 저락(低落)하여 아차차한 일도 있다. 서부 끝에서 10원 하는 것이면 동부 끝이고 남부 끝이고 10원이지 이상도 이하도 아니다. 신문 하나로 알지만 시세나 소문은 무전 이상으로 빠르고 틀림이 없다.
 중일전(中日戰)이 시작되었을 때 상하이(上海)에 있던 사람의 이야기가 생각났다. 일본 육전대(陸戰隊)가 상하이에 상륙할 때에 '일군 상륙'의 신문을 호외로 싣고 가는 전차의 속도보다 입으로 귀로 쑤군쑤군 전해서 철시하는 상점들의 문 닫아가는 속도가 더 빠르더라는 것이다.

 기계를 지니지 못한 사람들이 기계에게 지지 않으려는 자연 발생적으로 진보된 생활수단이요 방어태세라고 할 것이다. 그러나 문 닫아가는 속도 가운데는 수군수군 전해 가는 말의 내용도 속도를 가(加)할 것을 잊어서는 안 될 것이다. 출발 지점에서는 '상륙 준비 중'이라는 말이 오 리쯤 가는 동안에는 '상륙해서 중앙지대 전부 점령. 십만 명 학살'이라고 전해졌을 것도 짐작할 수 있는 일이다.

(『자유신문』 1948년 10월 26일)

해설

'아기별'을 위한 이야기와 '바위나리' 산문정신

우찬제(문학평론가)

1. 동화 「바위나리와 아기별」과 마해송 산문의 수사학적 연계

한국 최초의 창작동화 「바위나리와 아기별」(1923)은 슬픈 현실에서 길어낸 아름다운 이야기다. 남쪽나라 바닷가에 '바위나리'라는 오색영롱한 꽃이 피어난다. 바위나리는 쓸쓸한 바닷가에서 "세상에 제일가는 / 어여쁜 꽃은 / 그 어느 나라의 무슨 꽃일까. // 먼 남쪽 바닷가 / 감장 돌 앞에 / 오색 꽃 피어 있는 / 바위나리지요"라는 노래를 부르며 애타게 친구를 찾고 때때로 운다. 어느 날 하늘나라에서 그 울음소리를 들은 아기별이 임금님 몰래 내려와 바위나리를 찾는다. 아기별은 아름다운 바위나리와 시간 가는 줄 모르고 재미있게 놀다가 하늘문이 닫히기 직전인 새벽녘이 되어서야 가까스로 하늘나라로 올라간다. 다음 날 밤에도 남쪽 하늘에서 가장 먼저 뜨는 아기별은 바위나리에게 내려온다. 이렇게 하여 둘은 정이 들고 아름다운 우정을 나누게 된다. 그러던 어느 날, 아름답던 바위나리가 병들게 된다. 병들어 힘들어하는 바위나리가 가여워 아기별은 지극정성으로 간호하다가 그만 하늘문이 닫히는 시간까지 올라가지 못한다. 이를 알게 된 하늘나라 임금님은 아기별에게 외출 금지령을 내린다. 그렇게 아기별을 만나지 못하게 된 바위나리는 점점 더 시들어가다가, 어느 날 바람에 날려 바닷속으로 빠져들게 된다. 바위나리를 만나지 못하게 된 아기별은 슬퍼서 매일 울다가 그만 임금님에 의해 하늘나라로부터 추방된다. 동화의 마지막 장면이 매우 인상적이다.

　하늘에서 쫓겨난 아기별은 정신을 잃고 한정 없이 떨어져 내려갔습니다.
　그런데 그것은 참 이상한 일이었습니다.
　아기별이 풍덩실 빠져 들어간 곳은 오색 꽃 바위나리가 바람에 날려 들어간 바로 그 위의 바다였습니다.
　그 후로도 해마다 아름다운 바위나리는 바닷가에 피어 나옵니다.
　여러분은 바다를 들여다본 일이 있습니까?
　바다는 물이 깊으면 깊을수록 환하게 맑게 보입니다.
　웬일일까요?
　그것은 지금도 바다 그 밑에서 한때 빛을 잃었던 아기별이 다시 빛나고 있는 까닭이랍니다.(「바위나리와 아기별」)

　하늘에서 쫓겨난 아기별이 떨어져 빠진 곳이 마침 오색 바위나리가 날려 들어간 그 바다였고, 그 후로도 그 남쪽나라 바닷가에는 해마다 아름다운 바위나리가 피어나게 되었다고 했다. 이러한 아기별과 바위나리의 슬프면서도 아름다운 이야기를 펼친 다음, 서술자는 어린 독자들에게 질문한다. "바다를 들여다본 일이 있습니까? 바다는 물이 깊으면 깊을수록 환하게 맑게 보"이는데 "웬일일까요?" 그리고 그 대답이 일품이다. "그것은 지금도 바다 그 밑에서 한때 빛을 잃었던 아기별이 다시 빛나고 있는 까닭이랍니다." 깊은 바닷물이 환하게 맑게 보이는 이유가 바위나리와 아기별의 애틋한 사랑과 우정 때문이라는 이 상상력, 다시 말해 오로지 바위나리를 위한 아기별의 사랑이 하늘에서 추방되면서 잃었던 빛을 다시 회복할 수 있게 하여 환하게 빛을 발하게 되었다는 이 상상력에 우리는 감동하게 된다.

이런 「바위나리와 아기별」을 비롯하여 「토끼와 원숭이」 「떡배 단배」 『모래알 고금』 등의 창작 동화로 한국 동화의 근대적 기원을 형성한 작가 마해송(1905~1966)의 문학사적 의의는 우뚝하다. 동화작가 조대현은 외국 동화나 전래동화들이 아동물 출판의 주를 이루고, 창작물이라고 해봐야 "어린이의 현실을 재현한 생활동화 일색이라 문학세계가 단조롭기 그지 없었"던 시절에, "마해송 선생의 작품은 유독 특이해 보였나"고 했다. "일제의 한국 침략을 상상석으로 고발한 「토끼와 원숭이」, 대한제국 말의 민족 주체성 부재를 풍자한 「떡배 단배」, 자유당 말기의 독재를 비판한 「꽃씨와 눈사람」 등, 이러한 작품을 읽으면서 아동문학에서도 상징과 풍자와 고발이 가능하고, 또 의미도 있다는 사실"을 알았으며, "이러한 수법과 주제의식의 개발이 우리 아동문학의 지평을 넓혔을 뿐 아니라 내용의 질과 수준을 한 단계 끌어올리는 데도 크게 기여했음을"(조대현, 「만날수록 커지는 거인」) 알게 되었다고 술회했다.

마해송의 동화 세계에 비해 그의 산문에 대한 논의는 덜했던 것이 사실이지만, 일련의 '편편상' 시리즈를 비롯한 여러 산문들은, 아동문학가로서 마해송의 면모뿐만 아니라 그가 어떤 현실을 통과하면서 나름의 동화 세계를 구축해 나갔는가를 추론하는 데 도움이 되는 자료들이 많다. 그의 산문들은 대개 현실에서 체험한 흥미로운 이야기에다가 짧은 단상을 보태는 형식으로 이루어져 있다. 간결하고 담백한 이야기들이지만, 그것들은 단순히 당대에 있었던 현실의 이야기만이 아니라, 현실 체험을 바탕으로 작가가 문화적으로 새롭게 구성한 이야기들이다. 그러기에 짧지만 의미심장하고 이어지는 촌철살인 같은 단상들에 대한 서사적 근거로서 충분하다.

가령 「유아 의자」는 외국의 사범대학에 갔을 때 유치원 의자를 연구하는 사람에 관한 이야기가 전개된다. "사 년 육 개월 아(兒)보다 오 년 아는 얼마나 높게 해주어야 되나 연구 중입니다. 개전(開戰)한 연도의 출생아는 그 전년 아보다 일반적으로 체위가 저하되어 표준 의자가 높습니다." 이렇게 말하는 태도며, 평생 의자만을 연구할 수 있는 환경에 놀란다. 이런 이야기에 이어 단상이 펼쳐진다. "일평생을 유아 의자 연구에 바치고도 살아갈 수 있고 그렇게 함으로써 인류에 기여할 수 있다는 사실은 사십 년 식민지 백성으로 지내온 우리들에게는 경이(驚異) 아닐 수 없다." 왜 그런가? "우리들의 사십 년은 도저히 한 가지 일에 전 정력(精力)을 경주하기는 어려웠다. '무엇을 시키든지 한몫 볼 수 있다'는 말을 듣게 되어야 먹고살 수 있었다. 시만 쓰고는 살 수 없으니 장부(帳簿)도 알아야 하게 되고, 음악가가 목수 일을 한 사람도 있었다." 단상은 이런 소망으로 마감된다. "우리는 하루 속히 안심하고 제 재주 한 곬으로 여념 없이 몰두할 수 있는 세상을 찾아야 할 것이다. 배우는 연기, 동화가는 동화, 곤충 학자는 곤충 연구에 몰두함으로 그것이 곧 나라와 인류에 기여하는 사실을 인정하고 보장하는 국가를 말함이다"(「유아 의자」122~23쪽).

마해송의 많은 산문들은 이렇게 '이야기(서사적 논거)+단상(주장)'이라는 수사학적 구조로 이루어져 있는데, 이는 앞에서 잠깐 눈여겨본 첫 동화 「바위나리와 아기별」에서도 여실하게 확인할 수 있다. 맨 마지막에 깊은 바닷물이 환하게 보이는 이유는 빛을 잃었던 아기별이 그 바닷속에서 다시 빛을 회복하여 빛나기 때문이라는 '단상'을 핵심 메시지로 한다. 그리고 앞의 이야기는 그 메시지를 논증하기 위한 '서사적 논거'에 해당한다. 환상적인 분위기 속에서 창안되었지만 그 서사적 논거가 매우 흥미롭고 감동적이기에 작가 특유의 상상력으로 빚어낸 단상의 이유로서 설득력을 확보할 수 있게 된다.

한 가지 더. 「바위나리와 아기별」은 수사학적 구조뿐만 아니라 마해송 산문의 의미론적 구조를 헤아리는 데 있어서도 의미 있는 단서를 제공한다. 이 동화는 사실 여러 측면에서 상징적 해석이 가능할 터이고, 그렇게 해석되어온 것으로 알고 있다. 그 여러 가능성 중의 하나로 나는 '아기별'을 어린이로, '바위나리'를 현실로 맥락화해볼 수 있지 않을까 싶다. 남쪽 하늘에 가장 먼저 뜨는 아기별은 순수한 마음을 지녔다. 그러기에 다른 별들은 잘 듣지 못하는 바위나리의 울음소리를 들을 수 있었다. 순수한 아기별은 우는 바위나리를 찾아 내려와 그를 달래기도 하고 그 아름다움에 감탄하기도 한다. 순진성으로 공감하고, 천진하게 협력하는 풍경이다. 어린이는 그런 존재이다. 한편 바위나리는 식물성의 현실이다. 식물은 싹 트고 자라고 개화하고 시들게 마련이다. 아기별이 발견했을 때는 오색영롱한 아름다운 모습이었지만 곧 시들고 병들게 된다. 현실은 그렇다. 어떤 순간의 영원성이 지속될 수 없다. 아름다운 모습 이면에 시들고 병든 모습이 끼어들기 일쑤다. 산문적 현실이 그렇다.

그러니까 마해송은 '어린이=아기별'을 위한 이야기를 창작하는 데 상상력의 수고를 아끼지 않으려 한 작가이다. 그 과정에서 어린이를 위한 이야기라고 해서 바위나리의 오색영롱한 아름다움만을 초점화하지 않았다. 그것은 동화 세계에서나마 진실하지 않다. 한국 동화의 근대성을 성취하기 위해서는 아름다운 바위나리의 이면에서 시든 풍경을 발견하고 그 산문적 현실을 깨우쳐 나가면서 어린이가 새로운 도전과 희망의 지표를 발견할 수 있도록 해야 한다. 그러기에 '산문적 현실=바위나리'에 대한 성찰이 마해송에게 중요했던 것으로 보인다. 여기서 잠깐, 반론의 여지가 있을 수 있다. 동화에서 아기별과 바위나리는 서로 슬프면서도 아름다운 사랑을 나눈 친구들이다.

그런데 바위나리가 산문적 현실이라는 것은 좀 문제가 있지 않을까? 그렇게 물을 수도 있다. 이런 반론에는 '슬프면서도 아름다운 사랑 이야기'라는 요약을 같이 공유할 수 있다면, 그 기반에서 재반론할 수 있다. 그냥 아름다운 사랑 이야기라고 하지 않고 슬프면서도 아름다운 이야기라고 한 데서 그 단서를 찾을 수 있기 때문이다. 아기별이 바위나리를 만났을 때의 풍경을 다시 상기해보자. 먼저 바닷가 배경은 황량했다. 나무도 풀도 없는 곳에 홀로 피어났다. 그래서 외로웠고 누구 아름다운 바위나리를 알아주고 놀아줄 친구 없느냐고 울었던 것이다. 이 상황에 대한 순진하지만 전면적 인식이 아기별로 하여금 바위나리에게 공감하게 하고 위로하게 한 것이 아닐까. 요컨대 마해송의 산문은 바위나리에 대한 진실한 성찰로 산문정신을 충전한 작가가 그것을 논증하기 위해 '아기별'을 위한 이야기를 앞부분에 빚어놓은 형상으로 이루어져 있다. 물론 그 효과는 '아기별=어린이' 세계를 위해 바쳐지길 소망했던 것으로 보인다.

2. '아기별'을 위한 고뇌와 소망

1921년 일본으로 건너간 마해송은 1924년 문예춘추사에 입사하여 일하다가 1932년부터 『모던니혼』을 경영하였다. 1923년 기쿠치 칸이 창간한 『문예춘추』는 1923~24년 경에는 3,000부에서 22,000부 정도 발매되었고, 1926년에는 10만 부를 돌파한 잡지다(곽형덕, 「마해송의 체일시절—문예춘추, 모던일본에서의 행적을 중심으로」, 『현대문학의 연구』 33, 15쪽). 이 잡지사에서 일할 무렵 마해송은 낮에는 잡지사 일을 돌보고, 밤에는 "어린이들이 말도 모르고 글씨도 모른다는 이야기를 듣고 그곳에서 야학을" 하고, "어린이들을 모아놓고 동화며 동극(童劇)까지" 하게 된다. 이 시절 자신의 생활을 『역군은』에서는 이렇게 적고 있다. "낮에 일 보아주는 것은 생활의 방편이요, 밤의 생활에 나의 생활의 의의를 두게 되었습니다. '나는 불행한 길을 걸어왔다. 너희들은 이런 길을 밟지 마라.' 이러한 마음으로 어린이를 대하고 어린이를 위해서 글을 썼습니다. 이때에 「홍길동」을 비롯하여 여러 가지를 썼습니다"(「역군은」, 91쪽). 훗날에도 비슷한 얘기를 거듭하고 있는 것으로 보아, 이런 생활신조는 이후에도 지속되었던 것으로 보인다. "직업은 생활의 방편이요 생활의 의의는 '혼조(本所), 후카가와(深川)'의 어린이들을 가르치고 아동 문제를 연구하는 점에 두었다"(「조선을 사랑하자」, 183쪽). 미리 말하자면 마해송 산문의 심층의식은 바로 '어린이=아기별'을 위한 고뇌와 연구와 소망이라고 해도 과언이 아니다. 이런 어린이를 위한 문학 의식의 형성 과정을, 그의 산문들을 시간 순서로 읽다보면 어렵지 않게 짐작하게 된다.

  이 책의 앞부분에 놓인 「역군은」은 구습에 따라 조혼한 후 연상의 유부녀와 한때 열렬한 사랑을 했고, 주변 상황 때문에 불행하게 헤어진 후 십육 년이 지난 다음에 재혼하고 아들 마종기(시인)를 얻는 장면까지 다룬 회고록이다. 이 회고록에는 욕망하지 않은 제도적 결혼의 억압과 욕망하는 자유연애의 금지 사이에서 갈등하고 방황하는 드라마가 생생하게 펼쳐진다. 상대 여인 이 씨의 일기나 서한까지 제시되어 실감을 더한다. 1937년 마해송은 "십육 년 동안 지니고 온 꿈. 희망. 비밀"을 뒤로 하고 "새로운 생"을 출발하면서 남들은 "너도 또한 모든 사람들이 걸어온 길을 뒤따라 가려는구나"고 조소할지 모르지만 스스로는 "나는 다르다"는 다짐을 한다. 1939년 아들 종기를 얻으면서 "좋은 아버지가 돼야지"라고 다짐하는 장면은 특별히 인상적이다.

> 나는 또, "네가 어떠한 일을 하든지, 무에 되든지, 네 자유를 속박하지는 않으련다. 네가 생각하는 큰일에 몸을 바친대도 나는 말리지 않으련다. 비겁한 남자를 만들고 싶지 않다. 아비의 권세란 것을 휘두르지 않으리라."
> 그러고 나서 다시금 생각했다.
> '그런 아비가 되고 싶다', '좋은 아비가 돼야겠다'고.
> 이러한 생각이 다 내가 아버님께 반항하는 마음에서 우러난 것임을 짐작할 때, 나로 하여 비록 삼십이 지나서나마 좋은 지아비, 좋은 아버지가 되려고 힘쓸 생각이 들게 된 것이 또한 아버님의 크신 은혜임을 깨닫고 나는 또 이렇게 생각하였다.
> '나는 네가 훌륭한 사내가 되도록 힘써야겠다. 그러나 네가 자란 뒤에 나는 네게 아무것도 요구하지 않으련다. 내게는 의무가 있을 뿐이다. 그 의무를 되도록 완전히 지키자. 아비의 권리란 없노라'고.(「역군은」 115~16쪽)

이 대목을 특별히 주목하는 이유는 둘이다. 1939년에 이미 가부장적인 아버지상에서 훌쩍 벗어나 있다는 점이 그 하나라면, 좋은 아버지가 되기로 작정하는 마음의 심층에서 '어린이=아기별'을 위한 간절한 소망을 어렵지 않게 읽어낼 수 있다는 점이 그 둘이다. 즉 진정한 동화작가에 의해 빚어진 아버지상이요, 어린이상이라는 것이다. 두말할 필요도 없이, 좋은 아버지가 되겠다는 다짐은, 좋은 아들로 키우겠다는 의지와 통한다. 그것은 아동문학가 입장에서도 한결같다. 좋은 아동문학가가 되겠다는 다짐은 곧 좋은 어린이를 육성하겠다는 의지의 동반 없이는 그 진정성 자리를 마련하기 곤란한 것이다. 마해송 산문의 어떤 부분을 보더라도 위대한 인간으로 어린이를 교육시켜야 한다는 소망과 의지는 늘 핵심 상수의 형태로 존재한다. "우리는 '세상에 일명(一命)을 타고 났으니, 세상을 행복되게 할 의무와 그 행복을 받을 권리를 위하여서는 물불을 가리지 않을 용감한 사람이 되게' 지도할 것이요, 그러기 위하여 우리는 '현실을—가장 정확한(즉 과학적인) 똑똑한 눈으로 본 현실을—가장 교묘한 방법과 기교로써 가르치며, 또한 정확히 볼 수 있도록" 지도할 것이다. 이것이 우리의 주장이다"(「방정환 군」 179쪽). 어린이를 제대로 교육하기 위해서는 환상이나 공상에서만 머물지 않고 어린이 스스로 현실 인식을 할 수 있도록 안내해야 한다는 것이 그의 생각이었고, 그가 자신이 동화에 현실 인식을 바탕으로 한 알레고리나 탈식민적 가치를 추구하고자 했던 것은 이런 인식과 통하는 것이었다.

인간의 위대함을 아는 자만이, 인간을 교육하는 일이 위대한 일임을 알 수 있다.
인간에 관한 천부(淺薄) 비속(卑俗)한 해석, 인간에 관한 무지(無知)와 무감격(無感激), 이것만큼 교육상 유해한 것이 없다.
자기에게서 인간의 위대함을 믿을 수 있는 자는 가장 행복된 자다. 고금(古今)의 위대한 천재에게서 인간의 위대함을 알아낸 자는 다음

가는 행복자이다. 그 사람은 인간이 어느 만큼 위대할 수 있는가를 사실의 증명에 의해서 항상 감격을 받고 인간에 대한 신념을 갖고 인간을 교육할 수 있는 까닭이다.

아동을 위대하게 만들려는 것이 아니다. 그 아동이 위대하게 될 것을 믿고 교육하는 것이다.

이 아동이 대성인(大聖人)이 될는지도 모른다. 이 아동이 베토벤이 될는지도 모른다. 나는 놀라서, 뒤로 물러서서 그 아동을 본다. 그때의 나의 눈에는 대성인이나 베토벤에게서 배워 알은 '인간의 위대'를 가지고 그 아동을 보게 된다.(「아동·인간·위대」 174쪽)

어린이의 가능성과 잠재력에 대한 무던한 신뢰의 미덕을 읽을 수 있는 대목이다. 어린이가 위대한 존재로 성장하고 발전할 수 있다는 가능성을 발견할 수 있는 인식의 눈과 그 잠재력을 북돋아줄 수 있는 상상적 조력자로서 위대함의 도정을 도와줄 수 있다는 심미적 눈을 동시에 지녀 가진 존재가 바로 아동문학가이고, 마해송 자신이 그런 역할을 할 수 있기를 바랐던 것이 아닐까 추정하게 하는 산문이다. '아기별=어린이'를 위한 마해송의 심미적 눈은, 제 아무리 깊은 바다에서라도 빛을 발하는 그런 '아기별'의 에너지와 소통하고 교감하면서 더욱 흥미로운 상상력의 지평을 열어 나갔다.

3. 민족현실의 발견과 '바위나리' 산문정신

일본 체류 십오 년 즈음에 쓴 글인 「조선을 사랑하자」는 간결성의 미학으로 빛나는 '편편상' 시리즈의 핵심적 특성을 잘 알려준다. 이미 '동경 생활 십오 년간의 편상(片想)'이라는 부제를 달고 있거니와, 그 십오 년 동안의 행적과 의식을 일목요연하게 응집하고 있어 인상적이다. "십오 년 전, 개성을 떠나 동경 왔을 때에는, 혼자서 먹고 살고 있다는 점에 생활의 의의를 의식하고 있었다. 그때 벽에 붙여놓았던 조그만 쪽지—너는 의지할, 아무도 없다. 사랑하는 부모 형제도—단지 너 하나가 있을 뿐이다./ 제2년. 직업은 생활의 방편이요, 생활의 의의는 '혼조(本所), 후카가와(深川)'의 어린이를 가르치고 아동 문제를 연구하는 점에 두었다./ 그다음, 중병으로 일 년 동안 병원에 누워 있을 때, 피를 토할 때, '일 년만 참아다오. 일 년만 참아다오' 하고 애원할 때에는 퇴원해서 일 년만 더 살 수 있으면, 하고 싶은 일을 다 하고, 언제 죽든지 한이 없을 줄 믿었다./ 일 년 후, 퇴원 후는, 다만 고이고이 생명을 유지하고 연명하기에 전 노력을 경주하였다./ 건강을 얻은 후에는 비로소 훌륭한 조선 사람으로서의 '생활의 의의'를 찾고자 한다./ 조선을 사랑하는 법을 생각할 필요가 있다./ 조선인 악(惡)은 각자 이위(以謂) 대장(大將). 존경하는 사람을 가지지 못하는 점"(「조선을 사랑하자」 183~84쪽). 그러면서 점점 더 민족 현실에 관심을 많이 가지게 된다.

『편편상』이 출간된 1948년 당시 비평들에서도 이런 점이 언급된다. "씨의 단문이 가진 표현의 묘미는 능숙한 풍자에 있다. 불합리한 세태의 가지가지를 포착하여 조소와 분노로써 적발(摘發)하고 있는 다채(多彩)한 필치는 특히 해방 이후 조선 사회에 차 있는 위선의 범람에 대하여 그것을 부정하고 그것을 근절하기 위하여 싸우고 있는 지사(志士)의 열의를 볼 수 있다."(석생); "저자는 다만 어린 이의 생활을 관찰하고 그 씩씩한 성장에만 열정을 기울이는 데 끝 이지 않았다. 생활 문화의 전반을 통하여 우리의 반성할 바를, 따라서 개신(改新) 개선(改善)할 바를 지적하고 제언하기에 애쓴 자취를 우리는 높게 사야 할 것이다. 이 『편편상』은 비록 그 구체적 지도서는 아니로되 예리한 관찰로써 생활 개선에의 많은 시사와 지표를 던져준 것만으로도 저자에게 사의를 표하는 바이니, 저자가 들춘바 모든 문제는 국부적(局部的) 소소한 '편상(片想)' 같되 기실은 민족 재생(再生)의 근본 문제인 것이다."(염상섭)

앞에서도 잠깐 거론했던 것처럼, 마해송은 동화를 창작하면서도 현실성의 획득을 위한 고심을 많이 한 작가이다. 「엄마 생각」은 1974년 어린이날 기념 동요 공모전 심사 후 소감을 적은 글이다. "명랑하고 유머러스하고 건전한 작품"은 먼저 합의가 되었는데, 하교 후 집에 없는 엄마를 기다리며 슬퍼하는 어린이의 측은한 정경을 담은 「엄마 생각」이라는 작품에 이르러서는 "심각한 현실에 부딪혀 심각한 표정으로"(「엄마 생각」 156~57쪽) 채택했다는 이야기다. 자직 동화 「도끼와 원숭이」에 대해 "현금(現今)의 나의 사상과 입장을 확실히 하고, 나의 현금의 아동 지도의 정신을 구체화한 것"(「토끼와 원숭이」 182쪽)이라고 언급한 것도 같은 맥락이다. 민족 현실에 대한 새로운 발견에의 의지는 다양한 스펙트럼으로 나타나는데, 그중에서 으뜸 되는 것은 아무래도 어린이의 현실이다. "어린이의 인격을 인정하자는 것과 어린이의 개성을 존중하여 자유로운 발전을 도모하자는 것과 어린이를 학대 말고 해방하자는 것"(「가난한 조선 어린이」 200쪽)이 '어린이날'을 제정한 의의였는데, 가난한 조선 현실 때문에 아직도 어린이들이 마냥 행복할 수만은 없는 현실에 대해 마해송은 무척 안타까워한다. 그러면서 어린이들에게 이렇게 고하고 싶어 한다.

> 질풍(疾風)에 지경초(知勁草).
> 바람이 셀 때, 굳센 풀을 알 수가 있다.
> 가난한 조선의 어린이!
> 그러나 그 가운데에서 오히려, 씩씩하고 굳세게 자라나는, 우리 어린이!
> 가장 뒤떨어진 우리들로 하여금 하루 속히 앞서게 하느라고, 이러한 불우(不遇)와 역경(逆境)이 있는 줄로 우리들은 생각하자! 씩씩하고 참된 소년이 됩시다. 그리고 서로 돕고 사랑하는 소년이 됩시다.(「가난한 조선 어린이」 202~03쪽)

유치원 문제를 비롯해 어린이와 관련한 여러 현안들에 마해송이 관심을 두는 것은 자연스럽게 받아들여진다. 그가 보기에 유치원을 맡을 사람을 선정하는 과정에서 가장 먼저 고려해야 할 일은 경력이 아니다. "일을 맡길 사람은, 수십 년간 유치원에 관계가 있었다는 경력보다는 인제부터의 조선 사람의 살아갈 길을 잘 알므로써 다음 대를 옳게 지도할 수 있는 사람들이어야 할 것이다."(「유치원의 위기」 120~21쪽). 어린이들이 그 가능성과 잠재력을 십분 발휘하며 성장하기 위해서는 교육이 잘 되어야 하고, 그러려면 수사학과 의사

소통의 합리성이 중요하다는 생각도 강조한다. 이분법적 사고, 흑백 논리를 넘어서 진정한 대화적 태도를 견지하면서도 합리적으로 토론하고 새로운 의견의 지평으로 나갈 수 있는 "진보된 수사"를 소망한다. "'네 말은 틀렸다' '내 생각이 옳다'는 것보다는, 의미는 다르지만 '부정(否定)할 수도 없고 긍정(肯定)할 수도 없다' '너의 생각은 좋은 생각이다. 그러나 나는 이렇게도 생각한다' 식의 수사가 '저편을 존중하고 저편의 자유를 인정'하는 태도로, 확실히 진보된 수사임에는 틀림이 없으나, 이해하기 어려운 것도 숨길 수 없는 사실이다"(「수사 변천」 153쪽).

진보된 수사는 진화된 문화도와 연계된다. "질서 없는 행동도 반복하면 습관화하고, 습관은 품성을 결정하고, 그것이 민도(民度)를 결정하게 된다. 그것이 또한 문화도(文化度)인 것이다"(「문화」 227쪽). 그리고 그것은 문화적 측면에서 그치지 않고 과학과 정치, 경제 등 사회 전 분야에서 새로운 가능성의 지평을 열 수 있다. 마해송이 "과학을 믿지 못하는 사람만큼 불행한 사람은 없다"(「과학성」 220쪽)라고 말하거나, "단순하게 생각할 수 없는 복잡성이 잠재하여 있음을 감늑(感得) 못해서는 안 될 경우가 있다. 경제를 초월하고, 정립 고결한 외교나 정치가 있을 수 없는 것이다"(「복잡성」 222쪽) 라고 언급한 것은 그런 까닭이다.

재론의 여지없이 마해송이 살았던 시절의 민족 현실은 비루하기 짝이 없었다. 황량한 해변가에 홀로 버려진 채 시들어갔던 '바위나리' 신세나 한가지였다. 하여 많은 이들이 딸에게 고무신 한 켤레 제대로 사줄 형편이 못 되고(「속 고무신」), 어린이들은 공부할 방은 물론 몸 둘 곳조차 없기에 마냥 "나가 놀아라!"(「조선 살림」) 소리를 듣기 일쑤이다. "어린이는 제2의 국민이요 민족의 희망이라고는 하나, 그 어린이가 마음놓고 활개 펴고 힘껏 놀 수 있는 데가 어디인가? 거리마다 아동 유원(遊園), 소공원을 만들고, 철봉, 그네, 목마, 모래밭, 갖은 것을 설치해놓은 외국에서 자라난 아이들에게는, 조선이란 악몽과도 같을 것이다. 배우는 것은 욕지거리와 고약한 장난이다. 장난감은 위험천만한 자기 그릇 깨진 것, 유리 조각이다." 그밖의 여러 이유로 "외국에서 해방 후 고국에 돌아온 사람들이 다시 외국으로 되돌아가려는 사람이 많다"는 것을 마해송은 슬프게 보고하면서 다짐한다. "그러나 우리는 역시 이 땅 이 나라를 살기 좋은 세상으로 만들기 위해서, 이 땅에서 힘을 써야 할 것이다"(「조선 살림」 147~48쪽). 물론 마해송 산문의 핵심은 이런 다짐의 웅변에 있지 않다. 바위나리가 처한 상황에 대한 구체적이고 실감 있는 탐색과 문제의 발견에 있다. 그의 발견하는 산문정신은, 동화 「바위나리와 아기별」에서 아기별의 빛을 다시 가져다주었듯이, 산문적 현실에서 소망의 빛을 꿈꾸기 위해 엄정하게 현실을 인식하게 한다. 그것이 간결하지만 날카로운 마해송 산문의 특징이다. 요컨대 마해송의 '편편상' 시리즈는 현실성과 가능성, 이야기성과 관념성, 시대성과 미학성, 비판과 소망 등이 얽히고설키며 빚어낸 의미심장한 산문들이다.